Christian Homburg / Daniel Daum
Marktorientiertes Kostenmanagement

Christian Homburg / Daniel Daum

Marktorientiertes Kostenmanagement

Kosteneffizienz und Kundennähe verbinden

**EDITION
BLICKBUCH
WIRTSCHAFT**

Die Deutsche Bibliothek – CIP-Einheitsaufnahme

Homburg, Christian:
»Marktorientiertes Kostenmanagement« : Kosteneffizienz und
Kundennähe verbinden / Christian Homburg/Daniel Daum. –
Frankfurt am Main : Frankfurter Allgemeine Zeitung, Verl.-
Bereich Wirtschaftsbücher 1997
    ISBN 3-929368-71-4
NE: Daum, Daniel:

Frankfurter Allgemeine Zeitung
Verlagsbereich Wirtschaftsbücher

Verantwortlich Verlagsbereich Wirtschaftsbücher: Helmut Klinge
Gestaltung: F.A.Z.-Grafik
© Frankfurter Allgemeine Zeitung GmbH
60267 Frankfurt am Main
Alle Rechte, auch die des auszugsweisen Nachdrucks, vorbehalten
Druck: Druckwerkstätten Stollberg GmbH, Stollberg
Erste Auflage 1997

ISBN 3-929368-71-4

Vorwort

Effektives Kostenmanagement stellt gerade für Unternehmen in Hochlohnländern eine dauerhafte Kernaufgabe dar. Dieses Buch ist ein Plädoyer in Sachen Kostenmanagement. Es basiert auf Beobachtungen, die wir in zahlreichen Unternehmen gemacht haben: Kostenmanagement wird vielerorts zu kurzsichtig und zu symptomorientiert betrieben. Bestes Beispiel hierfür sind zahlreiche undurchdachte und hastige Personalanpassungen, die ohne eine Anpassung zugrundeliegender Strukturen vorgenommen werden. Ein weiteres Kernproblem, das wir identifiziert haben, liegt darin, daß Kostenmanagement sich (naheliegenderweise) an den auf der Basis der Kostenrechnungssysteme verfügbaren Informationen orientiert. Viele Kostenrechnungssysteme, die wir kennengelernt haben, geben exakte Antworten auf irrelevante Fragen. Folgende Fragen halten wir dagegen beispielsweise für *nicht irrelevant*:

- Welche Kosten entstehen langfristig durch unzufriedene Kunden?
- Welche Kosten entstehen durch Langsamkeit im Unternehmen (beispielsweise in der Produktentwicklung)?
- Welche Kosten entstehen durch eine hohe Komplexität der Produktpalette?
- Welche Kosten entstehen durch ein oberflächliches, vordergründiges Beschaffungsmanagement, das sich nur auf die Erzielung möglichst niedriger Einkaufspreise konzentriert?
- Welche Kosten entstehen durch komplexe, nicht marktorientierte Unternehmensstrukturen für die Koordination im Unternehmen?

Wir fordern den Leser auf, sich bereits an dieser Stelle die Frage zu stellen, ob die Kostenrechnung in seinem Unternehmen in der Lage ist, auf diese Fragen überzeugende Antworten zu geben. Das Resultat dürfte eindeutig sein. Wahrscheinlich ist es nicht ganz falsch zu behaupten, daß viele Unternehmen ein besseres Kostenmanagement betreiben würden, wenn sie überhaupt keine Kostenrechnung hätten.

Im Mittelpunkt dieses Buches stehen zwei zentrale unternehmerische Ziele: Kosteneffizienz und Kundennähe. Wir sind der Auffassung, daß es durchaus möglich ist, diese beiden Ziele dauerhaft zu realisieren. Basis hierfür ist ein langfristiges, durchdachtes und ursachenorientiertes (im

Gegensatz zum symptomorientierten) Kostenmanagement. Die vielfältigen Ansätze im Rahmen eines solchen Kostenmanagements weisen einen gemeinsamen Kern auf: Sie berücksichtigen in viel stärkerem Maße marktorientierte Aspekte, als klassische Ansätze des Kostenmanagements dies tun. Wir haben daher für diese Ansätze den Oberbegriff *Marktorientiertes Kostenmanagement* gewählt.

Dieses Buch ist kein »Management-Kochbuch«. Wir treten nicht mit dem Anspruch auf, einfache Rezepte zur Lösung komplexer unternehmerischer Entscheidungen zu liefern. Dieses Buch ist auch kein »Guru-Buch« (von denen es ohnehin unerträglich viele gibt). Es ist nicht unser Anliegen, mit Hilfe oberflächlicher Erfolgsgeschichten pauschale Erfolgskonzepte zu propagieren, die sich in der Umsetzung dann allzuoft als »Seifenblasen« entpuppen.

Dieses Buch möchte den Leser zum Nachdenken anregen: Nachdenken über langfristige Kostenauswirkungen von Entscheidungen; Nachdenken über latente Kosten im Unternehmen (die die Kostenrechnung nicht darstellt). Der Leser soll neue Zusammenhänge erkennen, er soll Zusammenhänge anders bewerten. Es ist uns durchaus bewußt, daß wir hiermit dem Zeitgeist nicht gerade Rechnung tragen. Der Zeitgeist ist eher durch kurzfristigen, oberflächlichen Aktionismus als durch langfristig angelegtes, wohldurchdachtes Handeln geprägt. Dennoch glauben wir, daß genügend Leser existieren, die ein starkes Bedürfnis zur grundsätzlichen Durchleuchtung von Zusammenhängen haben. Unser Ziel ist es, daß diese Leser aus unserem Buch einen dauerhaften Nutzen ziehen.

Das Buch basiert sowohl auf Erfahrungen, die wir in Kooperation mit zahlreichen Unternehmen sammeln konnten, als auch auf wissenschaftlicher Beschäftigung mit dem Thema Kostenmanagement. Es ist kein wissenschaftliches Buch im engeren Sinne. Allerdings verlangen wir dem Leser ein gewisses Abstraktionsvermögen ab. Dies ist vor dem Hintergrund der soeben erläuterten Intention unerläßlich. Die trügerische Einfachheit von »Management-Kochbüchern« wird der Leser in unserem Buch vergeblich suchen.

Es verbleibt abschließend die angenehme Pflicht, denjenigen Dank zu sagen, die uns bei der Entstehung dieses Buches unterstützt haben.

An erster Stelle möchten wir hierbei den zahllosen Praktikern in Unternehmen der verschiedensten Branchen danken, mit denen wir in den letzten Jahren im Bereich des Kostenmanagements zusammengearbeitet haben. Sie namentlich hier zu nennen, würde den Rahmen eines Vorworts sprengen und auch in vielen Fällen die zugesagte Vertraulichkeit verletzen. Diejenigen, die durch diese Zeilen angesprochen sind, werden sich ohnehin wiedererkennen. Wir bedanken uns für die Offenheit bei der Weitergabe von teilweise sehr vertraulichen Informationen, für die Offenheit gegenüber neuen Ansätzen des Kostenmanagements und für die Bereitschaft, in schwierigen wirtschaftlichen Zeiten unkonventionelle Ansätze des Kostenmanagements anzuwenden. Die Zusammenarbeit mit den hier erwähnten Managern war jederzeit getragen von der Überzeugung, daß Wissenschaft und Praxis voneinander lernen können, sowie von der Bereitschaft, dies auch zu tun.

Dank schulden wir auch Dipl.-Kfm. René Aust, Dipl.-Kfm. Jan Becker, Dr. Martin Faßnacht, Dipl.-Wirtsch.-Ing. Bernd Garbe, Dipl.-Volksw. Hermann Gern, Dipl.-Kff. Annette Giering, Dipl.-Wirtsch.-Ing. Kjell Gruner, Dipl.-Kfm. Gregor Hocke und Dr. Harald Werner. Sie haben einen Entwurf dieses Buches überarbeitet und zahlreiche Ansätze für Verbesserungen aufgezeigt. Unser Dank gebührt insbesondere Frau Michaela Rüber, die bei der technischen Umsetzung des Buches eine wertvolle Hilfe war.

Koblenz, im Februar 1997

Christian Homburg   Daniel Daum

Inhalt

1. Marktorientiertes Kostenmanagement: Erfolgskonzept für schwierige Zeiten

Die Steigerung der Kosteneffizienz gehört zu denjenigen Zielen, die in den letzten Jahren in zahlreichen Unternehmen mit hoher Priorität verfolgt wurden. Unter Bezugnahme auf Begriffe wie *Lean Production* bzw. *Lean Management* wurden Produktionsabläufe optimiert, Lagerbestände reduziert, Wertschöpfungstiefen verringert und Hierarchien verflacht. Vor dem Hintergrund der teilweise rezessionsbedingten Ertragsprobleme konnten so vielerorts beträchtliche Produktivitätssteigerungen realisiert werden.

Wir vertreten die Auffassung, daß sich die Bedeutung eines effektiven Kostenmanagements gerade für deutsche Unternehmen in den nächsten Jahren sogar noch *erhöhen* wird. Diese These stützt sich auf fünf zentrale Argumente: Zunächst ist in vielen Branchen festzustellen, daß die Unterschiede zwischen den konkurrierenden Unternehmen hinsichtlich der Leistungsfähigkeit der angebotenen Produkte immer geringer werden, vielerorts gar nicht mehr vorhanden sind. Gerade im technischen Bereich verlieren immer mehr Unternehmen diese gewissermaßen klassische Quelle von Wettbewerbsvorteilen. Zahlreiche Unternehmen reagieren auf diese Entwicklung, indem sie mehr oder weniger erfolgreich versuchen, sich durch produktbegleitende Dienstleistungen vom Wettbewerb abzuheben. Diese Strategie ist sinnvoll – an der Tatsache, daß der Kostendruck bei fortschreitender Angleichung der Produkte zunimmt, wird sie jedoch letztendlich nichts ändern können.

Die weiteren vier Argumente stehen im Zusammenhang mit der zunehmenden Internationalisierung des Wettbewerbs. Aus dieser Entwicklung resultieren u. E. insbesondere *vier zentrale Probleme für deutsche Unternehmen*:

– Zunächst einmal führt die Internationalisierung tendenziell zu einem sinkenden Preisniveau auf den meisten angestammten Märkten. Die Tatsache, daß seit dem Zusammenbruch der sozialistischen Systeme in Osteuropa zahlreiche Niedriglohnländer (teilweise mit guter industrieller Struktur und hervorragend qualifizierten Arbeitskräften) gewissermaßen direkt vor unserer Haustür existieren, hat in einigen Branchen bereits zu einem drastischen Preisverfall geführt.

– Deutsche Unternehmen haben im internationalen Wettbewerb einen massiven Wettbewerbsnachteil aufgrund der immensen Lohnnebenkosten. Daß die Politik nicht in der Lage ist und sein wird, dieses Problem zu lösen, dürfte für jeden objektiven Beobachter offensichtlich sein. Angesichts des geistigen Klimas und der demographischen Entwicklung in Deutschland erscheint es uns schon als ausgesprochen optimistische Annahme, daß es der Politik gelingen wird, die diesbezügliche Belastung der Unternehmen nicht massiv weiter anwachsen zu lassen.

– Wir sind des weiteren der Auffassung, daß sich deutsche Unternehmen in den meisten Branchen mit einer anhaltenden Rezession bzw. Stagnation auf ihrem Heimmarkt abfinden müssen. Die hohe Steuer- und Abgabenbelastung des privaten Einkommens – auch sie wird in Zukunft eher steigen als sinken – wird als dauerhaftes und ausgesprochen zuverlässiges Wachstumshemmnis wirken.

– Schließlich ist in Deutschland das Umweltbewußtsein stärker ausgeprägt als in fast allen anderen Ländern. Die Bereitschaft, einzelnen Teilen der Gesellschaft, z. B. Unternehmen, die Externalisierung ökologischer Kosten zuzugestehen, nimmt kontinuierlich ab. So sinnvoll diese Entwicklung sowohl in gesellschaftspolitischer als auch in gesamtwirtschaftlicher Perspektive sein mag, für das *einzelne Unternehmen* führt sie im internationalen Wettbewerb zu einer Verschärfung der Kostenproblematik.

Der Kostendruck wird sich vielerorts also nicht abschwächen, sondern sich im Gegenteil noch nachhaltig *intensivieren*. Wir sind der Überzeugung, daß zur Bewältigung dieses Problems die herkömmlichen Ansätze des Kostenmanagements nicht mehr ausreichen werden. Daher stellt dieses Buch eine Reihe von modernen Konzepten des Kostenmanagements vor. Charakteristisches Merkmal dieser Ansätze ist eine stärkere Marktorientierung, als diese bei den herkömmlichen Konzepten und Methoden gegeben ist. Wir verwenden daher als Oberbegriff die Bezeichnung *Marktorientiertes Kostenmanagement*.

Wer heutzutage in der Managementliteratur einen neuen Begriff in den Raum stellt, muß sich auf Skepsis und kritische Fragen einstellen. Diese kritische Grundhaltung gegenüber neuen Vokabeln hat einen offensichtlichen Grund: Immer häufiger werden Manager mit vermeintlich neuen Konzepten und Methoden – häufig aus den USA lanciert –

konfrontiert. Attraktive Vokabeln (*Lean Management, Business Process Reengineering* usw.), nebulös gehaltene Darstellungen der Ansätze sowie im wahrsten Sinne des Wortes märchenhaft anmutende Erfolgsbeispiele sind Katalysatoren einer schwer nachvollziehbaren Euphorie mit hysterisch anmutenden Zügen. Die nähere Betrachtung der Konzepte endet für den nüchternen Betrachter allzu häufig wie die ebenfalls aus der Märchenwelt bekannte Suche nach des Kaisers neuen Kleidern. Ist eine solche Pseudo-Innovation erst einmal als solche entlarvt, so taucht zumeist am Horizont bereits die nächste Seifenblase auf, schillernd und die Linderung aller Nöte versprechend.

Es erscheint vor diesem Hintergrund angebracht, zu Beginn dieses Buches umfassend darzustellen, was wir mit dem Begriff *Marktorientiertes Kostenmanagement* meinen. Auch sollen die einzelnen Facetten des *Marktorientierten Kostenmanagements* überblickartig dargestellt werden. Hiermit wird zugleich ein Überblick über den Inhalt des Buches gegeben.

Um den Begriff des *Marktorientierten Kostenmanagements* zu präzisieren, ist eine Abgrenzung zu herkömmlichen Formen des Kostenmanagements sinnvoll. Um keine Mißverständnisse aufkommen zu lassen: Es geht uns nicht darum, pauschal und undifferenziert bisherige Bemühungen und Erfolge zahlreicher Unternehmen zur Steigerung der Kosteneffizienz abzuwerten. Hier wurden – teilweise auch unter Anwendung moderner Methoden – bereits bemerkenswerte Erfolge erzielt. Dennoch haben wir in zahlreichen Untersuchungen, Beratungsprojekten und Gesprächen mit Managern festgestellt, daß herkömmliche Ansätze des Kostenmanagements, wie sie heute in den meisten Unternehmen praktiziert werden, einige zentrale Schwachpunkte aufweisen. Im wesentlichen existieren u. E. *fünf Hauptdefizite*, die wir im folgenden in Thesenform kurz erläutern möchten.

These 1: Herkömmliches Kostenmanagement ist zu reaktiv.

Ein grundlegender Fehler besteht darin, Kostenmanagement nicht als permanente, sondern als vorübergehende Aufgabe aufzufassen. Während Innovation und Marktentwicklung dauerhaft betrieben werden, sind Kostensenkungsprogramme in vielen Unternehmen lediglich eine Reaktion auf massive Probleme. Die Tatsache, daß eine gute Auftragslage – grundsätzlich eine erfreuliche Konstellation – vorhandene Strukurpro-

bleme verdecken kann, wird allzu häufig übersehen. Die Probleme treten dann um so vehementer auf, wenn die Aufträge ausbleiben.

Eine solche reaktive Handhabung der Managementaufgabe Kostensenkung führt zwangsläufig zu Problemen: Steht man bei rückläufiger
Auftragsentwicklung vor der Notwendigkeit, Kosten zu senken, so ist
der Zeitdruck in der Regel beträchtlich. Langfristig angelegte Maßnahmen kommen aufgrund des kurzfristigen Erfolgsdrucks nicht zum Zug.
Nur was kurzfristigen Erfolg verspricht, hat eine Chance. Eine fundierte Ursachenanalyse der Kostenprobleme unterbleibt zumeist. In der entstehenden Atmosphäre »operativer Hektik« sind Fehler vorprogrammiert.
Der Ausspruch, daß man ein Geschäft in guten Zeiten kaputt macht, hat
seine Berechtigung: Die Vernachlässigung *proaktiven* Kostenmanagements ist einer der schwerwiegendsten Managementfehler in guten Zeiten.

These 2: Herkömmliches Kostenmanagement ist zu stark
symptomorientiert.

Allzu häufig haben Kostensenkungsmaßnahmen, bei Lichte betrachtet,
den Charakter eines Herumkurierens an Symptomen, ohne daß die eigentlichen Problemursachen angegangen werden. Insbesondere ist darauf hinzuweisen, daß überhöhte Personalkosten in der Regel lediglich
das *Symptom* eines Problems sind. Die Erkenntnis, daß die Personalkosten in einem bestimmten Bereich zu hoch sind, führt daher noch nicht
weiter – es geht um die *Ursachen*. Es gibt kaum etwas Gefährlicheres
als Personalreduktion ohne Beseitigung der Ursachen des Problems.

Hierzu ein kleines Beispiel, auf das wir vor einiger Zeit stießen: Das
Management eines Elektrounternehmens war zu der Erkenntnis gelangt,
daß die Fertigungsgemeinkosten im Wettbewerbsvergleich unvertretbar
hoch waren. Insbesondere im Bereich der Arbeitsvorbereitung glaubte
man, massive Überkapazitäten ausgemacht zu haben. Diese Analyse
wurde durch die Tatsache gestützt, daß der Personalbestand in diesem
Bereich in den letzten fünf Jahren um gut 20 Prozent zugenommen hatte, während das reale Umsatzwachstum in diesem Zeitraum lediglich
bei etwa 7 Prozent lag. Der neue Produktionsleiter wurde daher gebeten, ein Konzept auszuarbeiten, das eine zwanzigprozentige Senkung
der Personalkapazität in diesem Bereich ermöglichen sollte. Das Konzept, das der Produktionsleiter zwei Wochen später dem Management

vorlegte, basierte im Kern auf organisatorischen Verbesserungen innerhalb der relevanten Abteilung. Er tat sich mit dieser Empfehlung insofern leicht, als die Abteilung in ihrer bestehenden Struktur im wesentlichen von seinem Vorgänger geprägt worden war. Das Management befand das Konzept für gut und beauftragte den Produktionsleiter mit der Umsetzung.

Ein untypisches Beispiel? Wir meinen nicht. Das Problem liegt darin, daß der Produktionsleiter die Problemlösung zunächst einmal natürlich in seinem Verantwortungsbereich sucht. Unabhängig davon, wie sinnvoll in diesem Fall die vorgeschlagenen organisatorischen Änderungen sind, kann es jedoch sein – es ist u. E. sogar wahrscheinlich –, daß die wahren Ursachen für die im Produktionsbereich entstandene Kostenproblematik in anderen Bereichen liegen. Geht man den Ursachen zu hoher Fertigungsgemeinkosten konsequent auf den Grund, so stellt man häufig eine ausufernde Zahl der Produktvarianten im Verkaufsprogramm des Unternehmens fest. Auf diese Größe hat ein Produktionsleiter jedoch nahezu keinen Einfluß. Sie wird bestimmt von marketing- und vertriebspolitischen Entscheidungen. Eine grundsätzlich zu unkritische Einstellung im Vertrieb gegenüber der Variantenproblematik, eine falsche Preispolitik bei Produktvarianten sowie fehlende Mechanismen zur Elimination von Varianten mit marginalem Umsatzbeitrag sind mögliche Faktoren, die zu einer wahren Variantenexplosion im Unternehmen führen können. Das Problem wird also im Marketing- und Vertriebsbereich verursacht, es manifestiert sich aber in erster Linie in den internen Bereichen, wie z. B. in der Produktion oder auch in der internen Logistik.

Nochmals zurück zu unserem Beispiel: Einige Zeit nachdem die Personalanpassung in der Arbeitsvorbereitung vollzogen war, das Problem also »gelöst« war, traten dort massive Probleme im Hinblick auf die Qualität der geleisteten Arbeit auf. Dies führte zu großen Koordinationsdefiziten im Produktionsbereich, was letztendlich massive Lieferprobleme und einen drastischen Anstieg der Bestände zur Folge hatte. Eine daraufhin veranlaßte fundierte Ursachenanalyse brachte das wahre Problem zutage: Die Zahl der Produktvarianten im Verkaufsprogramm war in den letzten Jahren jährlich um durchschnittlich 12 Prozent gestiegen. Die Korrektur dieser Entwicklung lieferte letztlich den Schlüssel zur Lösung des Problems.

Dieses Beispiel verdeutlicht einen zentralen Punkt: Die eigentlichen

Ursachen von Kostenproblemen liegen in sehr vielen Fällen nicht dort, wo die Probleme sich am stärksten manifestieren. Wir haben festgestellt, daß bei *konsequenter* Zurückverfolgung der Ursachen diese häufig in den marktbezogenen Bereichen zu finden sind. Kostenprobleme werden – und dies ist eine der zentralen Thesen hinter dem Konzept des *Marktorientierten Kostenmanagements* – häufig durch Entscheidungen im Marketing- und Vertriebsbereich verursacht. Im Gegensatz zum symptomorientierten Kostenmanagement bedeutet *ursachenorientiertes* Kostenmanagement, die Probleme durch Beseitigung der Ursachen zu lösen, und dies führt sehr oft in die marktnahen Bereiche des Unternehmens.

Ein Kernproblem besteht häufig darin, daß den Verantwortlichen in Marketing und Vertrieb die Kostenauswirkungen ihrer Entscheidungen in anderen Funktionsbereichen des Unternehmens nicht bewußt sind. Bisweilen werden sie auch bewußt ignoriert. Letzteres ist z. B. dann nicht unwahrscheinlich, wenn die Größen zur Erfolgsbeurteilung in Marketing und Vertrieb lediglich auf das Absatzvolumen abzielen. Orientiert sich die variable Vergütungskomponente von Vertriebsleitern beispielsweise ausschließlich am erzielten Umsatzvolumen, so darf man sich nicht darüber wundern, wenn auch noch Varianten mit dem marginalsten Umsatzbeitrag als unbedingt notwendig empfunden werden und die dadurch induzierten Kosten nicht in die Betrachtung einfließen.

Ein weiteres Problem im Zusammenhang mit dem von uns propagierten ursachenorientierten Kostenmanagement liegt darin, daß die Wirkungsmechanismen, die von der Entstehung eines Problems in einem Bereich zu den Symptomen in einem ganz anderen Unternehmensbereich führen, in aller Regel eine gewisse Komplexität aufweisen. Häufig handelt es sich um mehrstufige kausale Ketten. Um dem Leser dieses grundsätzliche Problem und die Plausibilität unserer These zu verdeutlichen, haben wir in Abbildung 1-1 einige Beispiele für derartige Kausalketten dargestellt. Diese Darstellung verdeutlicht auch, wie komplex Ursachenanalysen im Zusammenhang mit der Bewältigung von Kostenproblemen häufig sind. An dieser Stelle sei auch nochmals an unsere im Zusammenhang mit der ersten These aufgestellte Forderung nach einer stärkeren Permanenz des Kostenmanagements erinnert: Bei kurzfristigem Erfolgsdruck hat man in der Regel weder die Zeit noch den Kopf frei für derart komplexe Betrachtungen von Ursachen und Wirkungen.

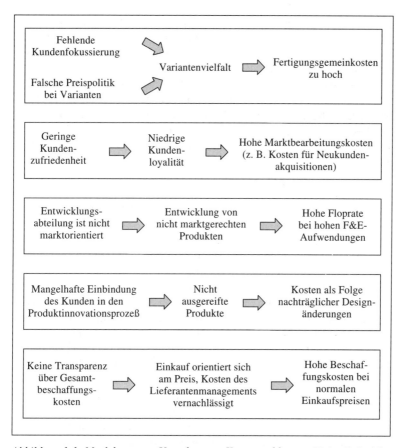

Abbildung 1-1: Marktbezogene Ursachen von Kostenproblemen: Einige Beispiele

These 3: Herkömmliches Kostenmanagement erfolgt zu undifferenziert.

»20 Prozent weniger Personal in allen Bereichen«, »30 Prozent weniger Sachkosten in allen Bereichen« – das ist Kostenmanagement »by Rasenmäher«. Unsere Kritik an dieser undifferenzierten (weit verbreiteten!) Vorgehensweise hängt im Grunde eng mit den Ausführungen im Zusammenhang mit der zweiten These zusammen. Derartige Kostensenkungsprogramme schließen sich nämlich häufig direkt – also ohne Ursachenanalyse – an die Erkenntnis an, daß die Kosten zu hoch sind. Je nachdem, wo die Ursachen der zu hohen Kosten liegen, fallen diese aber in der Regel in unterschiedlichen Bereichen an. Beispielsweise ergab eine Kostentreiberanalyse bei einem Hersteller von Wälzlagern die Notwendigkeit, die Wertschöpfungstiefe drastisch zu reduzieren, also mehr Leistung einzukaufen, anstatt sie selbst im Unternehmen zu erbringen. In diesem Zusammenhang wurde das Gemeinkostenpersonal im Produktionsbereich um 32 Prozent und im Verwaltungsbereich um 14 Prozent reduziert. Im Vertrieb wurde dagegen keine Personalanpassung vorgenommen, und im Bereich des Einkaufs und der Materialwirtschaft wurde der Personalbestand aufgrund der gestiegenen Anforderungen nach Reduktion der Wertschöpfungstiefe sogar erhöht. Man kann sich leicht ausmalen, wie verheerend sich eine pauschale Personalanpassung hier ausgewirkt hätte.

Es gibt aber noch einen zweiten Grund, weshalb die »Rasenmähermethode« nicht zu empfehlen ist: In den meisten Unternehmen findet man Bereiche, in denen seit jeher sparsam gewirtschaftet wird, und direkt daneben andere Bereiche mit horrenden Überkapazitäten. Hierbei handelt es sich häufig um Funktionsbereiche, die in der internen »Hackordnung« weit oben rangieren und bei Verteilungskämpfen regelmäßig das bessere Ende für sich haben. Diese genauso zu behandeln wie die traditionell Sparsamen kann offensichtlich nicht sinnvoll sein: Man läuft bei pauschalen Kostensenkungen Gefahr, die Funktionsfähigkeit einzelner Bereiche zu beeinträchtigen, während in anderen Bereichen das tatsächlich vorhandene Kostensenkungspotential gar nicht ausgeschöpft wird. So haben wir in zahlreichen Unternehmen beispielsweise beobachtet, daß im Controllingbereich versucht wird, Sparsamkeit vorzuleben, während der Vertriebsbereich auch die massivsten Kostensenkungsprogramme nahezu »unbeschadet« übersteht. In technisch orientierten Unternehmen hat häufig die Forschung und Entwicklung den Status einer »heiligen Kuh«, deren Wirtschaftlichkeit zu hinterfragen einem Sakrileg gleichkäme.

Das tückische Element der undifferenzierten Kostenanpassung liegt darin, daß es mit ihr häufig tatsächlich gelingt, die Kosten *kurzfristig* in den Griff zu bekommen. Die grundsätzliche Gefahr liegt jedoch darin, daß dies zu Lasten der *langfristigen* Wettbewerbsfähigkeit geschieht.

These 4: Herkömmliches Kostenmanagement ist zu stark intern orientiert.

Die Kostensenkungsaktivitäten zahlreicher Unternehmen konzentrieren sich bislang auf den Bereich der Produktion/Logistik sowie auf die Organisationsstruktur. Während in diesen Bereichen erhebliche Fortschritte erzielt werden konnten, klammerte man vielerorts den Marketing- und Vertriebsbereich von Kostensenkungsprogrammen weitgehend aus. Hierfür gibt es u. E. im wesentlichen drei Ursachen: ein Informationsproblem, ein Kulturproblem und ein Methodenproblem.

Zunächst zum *Informationsproblem*: Die Definition und Ermittlung relevanter Produktivitätskennzahlen gestaltet sich im Marketing und Vertrieb um einiges schwieriger als beispielsweise in der Produktion. Häufig geht es nicht um objektiv meßbare »harte« Größen, sondern um »weiche« Faktoren. Als Beispiel für einen solchen weichen Erfolgsfaktor sei die Größe Kundenzufriedenheit genannt. Sie hat, wie wir in Kapitel 2 verdeutlichen werden, nachhaltige Kostenauswirkungen. Ihre Messung gestaltet sich allerdings um einiges schwieriger als beispielsweise die Ermittlung der Kapazitätsauslastung für eine Produktionsanlage. Zahlreiche Beispiele für weitere derartige Erfolgsgrößen, die schwierig zu messen, aber von größter Bedeutung für die Kosteneffizienz sind, finden sich in den weiteren Kapiteln dieses Buches.

Diese Problematik hat dazu beigetragen, daß zahlreiche Unternehmen heute über detaillierteste Produktivitätsinformationen für den Produktionsbereich verfügen, während im Marketing- und Vertriebssektor nicht einmal elementare Effizienzmessungen durchgeführt werden. Zahlreiche herkömmliche Controllingsysteme beschränken sich im wesentlichen auf solche Größen, die leicht zu messen sind. Angesichts unserer bisherigen Ausführungen ist offensichtlich, daß diese Infomationssysteme nicht geeignet sind, *Marktorientiertes Kostenmanagement* zu unterstützen. An moderne Controllingsysteme ist die Anforderung zu stellen, daß sie die wesentlichen erfolgsrelevanten Größen beinhalten, unabhängig von der Schwierigkeit ihrer Messung (vgl. Abbildung 1-2).

Ein weiteres Merkmal, das die starke interne Perspektive zahlreicher Controllingsysteme verdeutlicht, ist die überzogene Produktorientierung vieler Kostenrechnungssysteme, die üblicherweise zu Lasten der kundenbezogenen Perspektive geht. Ein in dieser Hinsicht extremes Beispiel trafen wir in einem Geschäftsbereich eines weltweit tätigen Maschinen-

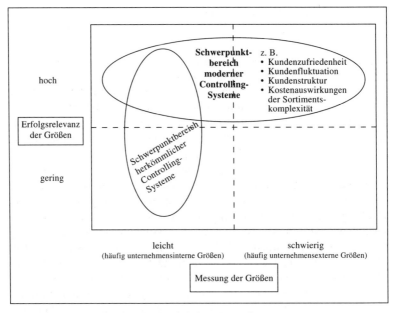

Abbildung 1-2: Problematik herkömmlicher Controllingsysteme

bauunternehmens an. Dieser Bereich mit einem jährlichen Umsatzvolumen von ca. 500 Millionen DM vermarktet 14 Produktgruppen, die insgesamt 230 Baureihen umfassen. Unterhalb der Ebene der Baureihen ist das Produktprogramm in sogenannte »Variantenhauptgruppen« untergliedert, von denen es insgesamt ca. 1500 gibt. Die Zahl der Kunden liegt bei etwa 200, wobei 40 Kunden ca. 80 Prozent des Geschäftsvolumens ausmachen. Das durchschnittliche Umsatzvolumen einer Variantenhauptgruppe liegt also bei ca. 330 000,– DM, während es für einen Kunden im Durchschnitt 2,5 Millionen DM beträgt; für die 40 A-Kunden liegt es sogar bei 10 Millionen DM. Die Kostenträgerrechnung des Geschäftsbereichs weist die produktbezogene Profitabilität bis auf die Ebene der Variantenhauptgruppen aus – eine kundenbezogene Profitabilitätsermittlung findet dagegen nicht statt. Das Unternehmen weiß demnach (oder glaubt zu wissen), wie profitabel es bei einer Produktkategorie agiert, die im Durchschnitt ein jährliches Umsatzvolumen von 330 000,– DM erzielt. Wie profitabel die Geschäftsbeziehung mit einem

Kunden ist, der jährlich für etwa 10 Millionen DM Umsatzvolumen steht, ist dagegen unbekannt.

Dies ist zweifellos ein extremes Beispiel – es verdeutlicht aber ein grundsätzliches Problem vieler Kostenrechnungssysteme: die überzogene Produktorientierung bzw. allgemeiner: die fehlende externe Orientierung. Solche Systeme sind nicht nur vor dem Hintergrund des Informationsaspekts problematisch. Über die reine Informationsvermittlung hinaus beeinflussen Informationssysteme auch Denkweisen im Unternehmen. Kostenrechnungssysteme, die keinerlei kundenorientierte Informationen enthalten, unterstützen die Parallelität einer marktbezogenen und einer kostenbezogenen Perspektive im Unternehmen und nicht die Integration dieser beiden Sichtweisen.

Zum zweiten ist in zahlreichen Unternehmen ein *Kulturproblem* festzustellen: Kostenmanagement geschieht vielerorts unter fachlicher Federführung des Controlling. In den meisten Unternehmen ist die Controllingfunktion aus dem internen Rechnungswesen hervorgegangen, dessen Hauptaufgabe häufig die Zuordnung von Kosten in der Produktion war. Diese historisch bedingte interne Perspektive des Controlling trägt wesentlich dazu bei, daß zu den extern orientierten Funktionsbereichen im Unternehmen eine mentale Barriere aufgebaut wurde, die vielerorts auch heute noch das Geschehen prägt. Viele Controllingverantwortliche kennen die Abläufe in Marketing und Vertrieb kaum und haben kein Verständnis für die kostenbestimmenden Faktoren in diesen Bereichen. Umgekehrt setzt ein effektives Kostenmanagement im Marketing- und Vertriebsbereich auch die Kooperation der Führungskräfte aus diesen Funktionsbereichen voraus. Allerdings besteht vielerorts bei Marketing- und Vertriebsleitern keine Neigung, sich dauerhaft und systematisch um Kostenmanagement in ihren Bereichen zu kümmern. Schon mancher Controller, der sich zu intensiv um Marketing- und Vertriebsabteilungen »kümmerte«, wurde mehr oder weniger explizit gebeten, man solle nicht bei der Arbeit stören, schließlich werde das Geld ja »im Vertrieb« verdient. Leistungsbeurteilungssysteme, die sich ausschließlich am Absatzvolumen orientieren, intensivieren dieses Problem.

Schließlich ist in vielen Unternehmen ein *Methodenproblem* erkennbar: Methoden und Konzepte, die das Kostenmanagement in den marktbezogenen Bereichen unterstützen können, sind vielerorts kaum bekannt. Auch dieses Problem kommt nicht von ungefähr: Es liegt sicherlich teilweise im Bereich der Hochschule verwurzelt. Zwischen Marketingwissenschaftlern und Wissenschaftlern, die sich mit Controlling befassen, gibt es nach unseren Beobachtungen viel zu wenige Kooperationen. Die akademische Ausbildung im Marketingbereich vernachlässigt häufig Produktivitätsaspekte, umgekehrt haben Controllinglehrbücher häufig nur einen sehr geringen Marketingbezug.

Unsere Aussage, daß herkömmliches Kostenmanagement in zu starkem Maße intern orientiert sei, bezieht sich also auf zweierlei: zum einen auf eine zu starke Konzentration auf die unternehmensinternen Bereiche (insbesondere Produktion sowie interne Logistik) und zum anderen auf eine Vernachlässigung unternehmensexterner Informationen beim Kostenmanagement. Wir sind der Auffassung, daß – als Resultat dieser Tendenz – die *wesentlichen* Kostensenkungspotentiale in den meisten Unternehmen heute im Bereich der marktbezogenen Aktivitäten und *keinesfalls* mehr im Produktionsbereich liegen. Mit »marktbezogenen Aktivitäten« sind hier in erster Linie die absatzmarktbezogenen Aktivitäten in Marketing und Vertrieb und in zweiter Linie die beschaffungsmarktbezogenen Aktivitäten gemeint. Darüber hinaus sind wir der Auffassung, daß das Kostenmanagement *generell* durch eine verstärkte Berücksichtigung von marktbezogenen Aspekten an Qualität gewinnen kann.

These 5: Herkömmliches Kostenmanagement ist zu »kundenfeindlich«.

Was ist mit dieser Aussage gemeint? Die Denkweisen zahlreicher Manager beinhalten u. E. mehr oder weniger explizit die Annahme, daß Kundenorientierung und Kosteneffizienz miteinander im Zielkonflikt stehen. Diese »Entweder-Oder«-Perspektive halten wir für sehr problematisch. Sie beruht auf einer ausgesprochen unvollständigen Sichtweise von Kosten, die teilweise durch die bereits angesprochenen Unzulänglichkeiten zahlreicher Kostenrechnungssysteme verursacht wird:

– Es ist leicht, die Kosten zu ermitteln, die dem Unternehmen durch einen Außendienst entstehen, der regelmäßig Kunden besucht. Wie hoch aber sind die *Kosteneinsparungen*, die das Unternehmen aufgrund der durch die regelmäßige Außendiensttätigkeit gewonnenen Informationsgrundlage und der daraus resultierenden höheren Entscheidungsqualität erzielt?

– Es ist leicht, die Kosten zu ermitteln, die durch die kulante Behandlung einer Kundenbeschwerde verursacht werden. Wie hoch sind aber die Kosten, die ein unzufriedener oder gar verärgerter Kunde verursacht, der über seine Verärgerung möglicherweise noch mit zahlreichen weiteren aktuellen oder potentiellen Kunden kommuniziert?

Das Problem der »Entweder-Oder«-Perspektive (Kundenorientierung und Kosteneffizienz als konkurrierende Ziele) liegt im Grunde darin, daß zwar die (zweifellos vorhandenen) Kosten hoher Kundennähe gesehen werden, während man die durch niedrige Kundennähe verursachten Kosten übersieht. Letztere sind aufgrund ihres latenten Charakters natürlich schwer greifbar. Eine exakte Quantifizierung ist in den wenigsten Fällen möglich.

Die Quantifizierungsproblematik darf allerdings nicht dazu führen, daß die Existenz dieser Kosten prinzipiell übersehen wird. Berücksichtigt man diese Kosten – wir werden an zahlreichen Stellen des Buches zeigen, wie substantiell sie sind –, so wird man feststellen, daß Kundennähe und Kosteneffizienz keineswegs zwangsläufig im Widerspruch zueinander stehen.

Die Ergebnisse der bislang weltweit größten Untersuchung über die Erfolgsstrategien kundennaher Unternehmen[1] sprechen hier eine deutliche Sprache: Hier wurde herausgefunden, daß der Erfolg kundennaher Unternehmen weniger (wie man vielleicht vermuten würde) auf dem Erzielen höherer Preise als vielmehr auf Effizienzvorteilen gegenüber der Konkurrenz basieren. Zum einen wurde festgestellt, daß kundennahe Unternehmen in Marketing und Vertrieb produktiver als ihre Wettbewerber agieren. Das Arbeiten mit zufriedenen und treuen Kunden ermöglicht ein effizienteres Arbeiten in Marketing und Vertrieb: Auf die Dauer ist eine große Kundenfluktuation der schlimmste Kostentreiber im Vertriebsbereich. Wir werden auf diesen Zusammenhang ausführlich in Kapitel 2 eingehen. Zum anderen steigert die Kundennähe massiv die Effizienz im Bereich Forschung und Entwicklung. Hier konnte festgestellt werden, daß kundennahe Unternehmen im Durchschnitt mit *geringerem F&E-Aufwand größere Innovationserfolge* als die Konkurrenz erzielen. Die intensiven Kontakte zu Kunden vermitteln offenbar Informationen, die sich systematisch zur Entwicklung marktgerechter Produkte und Dienstleistungen verwenden lassen (vgl. Abbildung 1-3).

1 Vgl. Homburg 1995 (a) und (b).

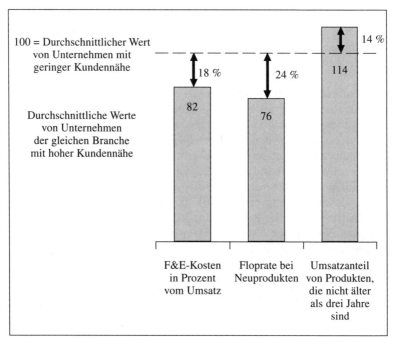

100 = Durchschnittlicher Wert
von Unternehmen mit
geringer Kundennähe

Durchschnittliche Werte
von Unternehmen
der gleichen Branche
mit hoher Kundennähe

18 %   24 %   14 %

82   76   114

F&E-Kosten
in Prozent
vom Umsatz

Floprate bei
Neuprodukten

Umsatzanteil
von Produkten,
die nicht älter
als drei Jahre
sind

Abbildung 1-3: Effizienzsteigerung im Innovationsbereich durch Kundennähe[2]

Insgesamt vertreten wir also die Auffassung, daß Kundennähe, richtig verstanden und praktiziert, und Kosteneffizienz durchaus miteinander in Einklang zu bringen sind. Was mit »richtig verstandener« Kundennähe gemeint ist, präzisieren wir ebenfalls in diesem Buch. Im Vorgriff auf die entsprechenden Ausführungen in Kapitel 3 sei allerdings angemerkt, daß erfolgreiche Kundennähe eine starke kundenbezogene Konzentration voraussetzt. Kundennähe nach dem Gießkannenprinzip wird dagegen fast zwangsläufig zu Kostenproblemen führen.

Zusammenfassend ist festzustellen, daß *Marktorientiertes Kostenmanagement* zweierlei meint: Zum einen geht es speziell um das Kostenmanagement in den marktbezogenen Unternehmensbereichen (Marketing, Vertrieb, Beschaffung), zum anderen generell um die verstärkte

2 Vgl. Homburg 1995 (b) und o. V. 1996.

Berücksichtigung von marktbezogenen Aspekten beim Kostenmanagement. Zur Verdeutlichung seien nochmals die folgenden Merkmale der von uns propagierten Form des Kostenmanagements zusammengestellt:

Marktorientiertes Kostenmanagement

– versteht Kostenmanagement als permanente Aufgabe,
– konzentriert sich auf proaktive zukunftsgerichtete Kostenvermeidung,
– basiert auf fundierten Ursachenanalysen von Kostenproblemen sowie der Erkenntnis, daß diese Ursachen häufig in marktbezogenen Aspekten liegen,
– konzentriert sich zwar auf die marktbezogenen Funktionsbereiche Marketing, Vertrieb und Beschaffung, beschränkt sich aber nicht darauf,

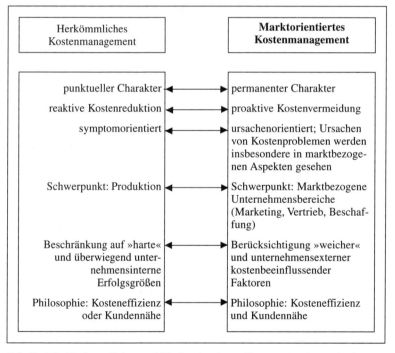

Herkömmliches Kostenmanagement	**Marktorientiertes Kostenmanagement**
punktueller Charakter	permanenter Charakter
reaktive Kostenreduktion	proaktive Kostenvermeidung
symptomorientiert	ursachenorientiert; Ursachen von Kostenproblemen werden insbesondere in marktbezogenen Aspekten gesehen
Schwerpunkt: Produktion	Schwerpunkt: Marktbezogene Unternehmensbereiche (Marketing, Vertrieb, Beschaffung)
Beschränkung auf »harte« und überwiegend unternehmensinterne Erfolgsgrößen	Berücksichtigung »weicher« und unternehmensexterner kostenbeeinflussender Faktoren
Philosophie: Kosteneffizienz oder Kundennähe	Philosophie: Kosteneffizienz und Kundennähe

Tabelle 1-1: Herkömmliches und Marktorientiertes Kostenmanagement in der Gegenüberstellung

- bezieht »weiche« kostenbeeinflussende Faktoren ein,
- berücksichtigt unternehmensexterne kostenbeeinflussende Faktoren,
- basiert auf der Überzeugung, daß Kosteneffizienz und Kundennähe, richtig verstanden, prinzipiell vereinbar sind.

In Tabelle 1-1 sind die zentralen Merkmale des neuen Konzepts nochmals aufgeführt. Zur Verdeutlichung haben wir sie den entsprechenden Merkmalen eines herkömmlichen Kostenmanagements gegenübergestellt.

Ansatzpunkte zur *Anwendung* des *Marktorientierten Kostenmanagements* existieren nach unseren Erfahrungen insbesondere in sieben Bereichen. Sie sind in Abbildung 1-4 überblickartig dargestellt. Jeder der sieben Bereiche entspricht einem Kapitel dieses Buches. Zunächst stellen wir in *Kapitel 2* dar, wie die Kosteneffizienz durch Management der Kundenzufriedenheit gesteigert werden kann. Im Anschluß daran zeigt *Kapitel 3* Ansätze zur Analyse und Optimierung der Kundenstruktur auf. Die beiden folgenden Kapitel befassen sich mit der Produktpolitik, der zentralen Komponente des Marketing-Mix. Hier geht es zunächst in

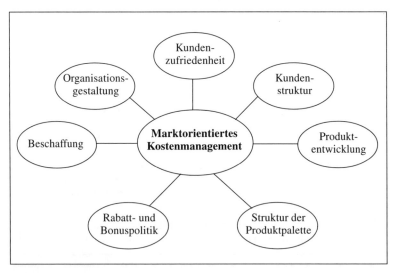

Abbildung 1-4: Marktorientiertes Kostenmanagement: Die zentralen Ansatzpunkte

Kapitel 4 um Kostenmanagement während der Produktentwicklung. *Kapitel 5* zielt auf Kostenbeeinflussung im Hinblick auf die Struktur der Produktpalette ab. Es steht dort insbesondere die Problematik komplexitätsbedingter Kosten im Vordergrund. Eine weitere Komponente des Marketing-Mix, die Preispolitik, ist Gegenstand von *Kapitel 6*. Wir zeigen auf, wie im Zusammenhang mit der Gestaltung der Rabatt- und Bonuspolitik beträchtliche Kosteneinsparungspotentiale realisiert werden können. *Kapitel 7* ist den beschaffungsmarktbezogenen Aktivitäten des Unternehmens gewidmet. *Kapitel 8* befaßt sich abschließend mit der Berücksichtigung marktbezogener Aspekte bei der Gestaltung der Aufbau- und Ablauforganisation und den entsprechenden Kostenauswirkungen.

2. Kosteneffizienz durch zufriedene Kunden

Wir haben bereits im einleitenden Kapitel betont, daß wir zwischen Kundenorientierung und Kosteneffizienz durchaus einen positiven Zusammenhang sehen. Die Möglichkeit, durch hohe Kundenzufriedenheit hohe Kosteneffizienz zu erlangen, steht nun im Mittelpunkt dieses Kapitels. Unterscheidet man grob die beiden Erfolgsdimensionen *Effektivität* (die richtigen Dinge zu tun) und *Effizienz* (die Dinge richtig, d. h. insbesondere mit sinnvollem Aufwand/Nutzen-Verhältnis zu tun), so wird das Anstreben einer hohen Kundenzufriedenheit üblicherweise dem Bereich der Effektivität zugeordnet. Daß Kundenzufriedenheit darüber hinaus aber auch wesentliche effizienzsteigernde Wirkungen haben kann, wird im ersten Abschnitt dieses Kapitels verdeutlicht.

Hieraus ergibt sich insbesondere die Folgerung, daß Kundenzufriedenheit regelmäßig und systematisch gemessen werden sollte. Ausgewählte methodische Aspekte einer solchen Kundenzufriedenheitsmessung sind Gegenstand von Abschnitt 2.2. Obwohl sich derartige Kundenzufriedenheitsmessungen in immer mehr Unternehmen durchsetzen, ist festzustellen, daß Informationen zur Kundenzufriedenheit vielerorts noch den Status einer »Nice to have«-Information haben: Die Informationen werden zur Kenntnis genommen, aber nicht systematisch in Maßnahmen umgesetzt und für Managemententscheidungen herangezogen. Der Übergang von der *Messung* zum *Management* der Kundenzufriedenheit findet in den wenigsten Unternehmen systematisch statt. Der dritte Abschnitt dieses Kapitels setzt sich daher mit Ansatzpunkten zum Management der Kundenzufriedenheit auseinander.

2.1 Kundennähe und Gewinn: Ein vielschichtiger Zusammenhang

Neuere Erkenntnisse, insbesondere aus der amerikanischen Managementforschung, sprechen eine deutliche Sprache: Immer häufiger berichten entsprechende Untersuchungen über eine positive Beziehung zwischen der Zufriedenheit der Kunden eines Unternehmens und dem Unternehmensgewinn.[1]

1 Vgl. die bei Homburg/Rudolph 1995 (a) angeführten Quellen.

Welches sind die Hintergründe dieses Zusammenhangs? Zur Beantwortung dieser Frage rufen wir uns zunächst den grundlegenden Sachverhalt ins Gedächtnis, daß der Gewinn, den ein Produkt oder eine Dienstleistung erzielt, von drei Größen bestimmt wird: der abgesetzten Menge, dem erzielten Preis und den angefallenen Kosten. Es ist festzustellen, daß die Zufriedenheit eines Kunden jede dieser drei Größen in einer für das Unternehmen günstigen Weise beeinflussen kann. Neben derartigen Effekten *innerhalb* der Geschäftsbeziehung mit einem speziellen Kunden gibt es auch Ausstrahlungseffekte der Zufriedenheit dieses Kunden auf *andere* Geschäftsbeziehungen (vgl. Abbildung 2-1): Die Tatsache, daß ein zufriedener Kunde seine positive Einschätzung anderen Kunden oder potentiellen Kunden kommuniziert, beeinflußt sowohl die Absatzmenge (Volumensteigerung durch positive Mund-zu-Mund-Werbung) als auch das bei anderen Kunden erzielbare Preisniveau. Aufgrund der positiven Mund-zu-Mund-Werbung kann hier ein Vertrauensbonus aufgebaut werden, der zu einer weniger kritischen Preisbeurteilung durch

Abbildung 2-1: Gewinnsteigernde Auswirkungen von Kundenzufriedenheit: Eine Systematik

die Kunden führt. Schließlich ist zu berücksichtigen, daß dies für das Unternehmen kostenlose Werbung darstellt. Der für die Neukundenakquisition erforderliche Aufwand reduziert sich somit, so daß auch im Hinblick auf die Kosten außerhalb der Geschäftsbeziehung ein günstiger Effekt verzeichnet werden kann.

Wir kommen nun zu den gewinnsteigernden Auswirkungen *innerhalb* der Geschäftsbeziehung. Die hier durch Kundenzufriedenheit erzielbare *Steigerung der Absatzmenge* basiert im wesentlichen auf drei Effekten:

- Steigerung der Produktnutzung,
- Nutzung anderer Produkte des Unternehmens,
- Reduktion alternativer Bezugsquellen.

Zur Verdeutlichung dieser drei Effekte betrachten wir das Beispiel eines Kunden eines Kreditkartenunternehmens. Dieser mag seinem neuen Zahlungsmittel am Anfang mit einer gewissen Skepsis gegenüberstehen, da er damit keine Erfahrung hat. Mit zunehmender Zufriedenheit wird er Vertrauen in das neue Zahlungsmittel fassen und es zunehmend zur Zahlung einsetzen, beispielsweise indem er öfter bargeldlos bezahlt. Dieser auf Kundenzufriedenheit basierende Effekt ist mit *Steigerung der Produktnutzung* gemeint. Gleichzeitig kann mit wachsender Zufriedenheit seine Neigung steigen, auch *andere Produkte*, die ihm das Unternehmen anbietet – hier kann es sich z. B. um die verschiedensten Finanz- oder auch Versicherungsdienstleistungen handeln –, zu nutzen. Dieser Effekt wird aus der Sicht des anbietenden Unternehmens auch als *Cross-Selling* bezeichnet. Mittelfristig ist auch zu beobachten, daß zufriedene Kunden dazu tendieren, die Zahl ihrer *alternativen* Bezugsquellen zu reduzieren. So kann z. B. ein Kreditkartenbenutzer, der mehrere Karten hat, sich dazu entschließen, zukünftig alle Transaktionen über die beiden von ihm favorisierten Karten abzuwickeln. Im Extremfall kann auch die Reduktion auf eine einzige Bezugsquelle erfolgen. In der industriellen Beschaffung spricht man in diesem Zusammenhang von *Single Sourcing*.

Im Zusammenhang mit der Auswirkung von Kundenzufriedenheit auf die *preisliche Situation* ist zum einen festzustellen, daß zufriedene Kunden in gewissen Grenzen bereit sind, höhere Preise zu akzeptieren. Wenn man diesen Effekt auch nicht überschätzen sollte, so ist er doch zweifelsfrei vorhanden. Zum anderen wirkt sich Zufriedenheit auch durch eine geringere Preiselastizität aus. Hiermit ist die Stärke der Reaktion der Kunden auf preisliche Veränderungen (z. B. die in regelmäßigen Abständen anfallenden Preiserhöhungen) gemeint.

Wir kommen nun zu den *kostensenkenden Auswirkungen von Kundenzufriedenheit*, die im Mittelpunkt unseres Interesses stehen. Um diesen Zusammenhang zu durchleuchten, sollte man sich zunächst klarmachen, daß Kundenzufriedenheit die Kundentreue beeinflußt. Abbildung 2-2 zeigt die Struktur des Zusammenhangs zwischen Kundenzufriedenheit und der Wiederkaufrate. Hiermit ist die Wahrscheinlichkeit gemeint, daß ein Kunde beim nächsten Kauf wieder die Leistung des gleichen Unternehmens in Anspruch nimmt. Interessant ist, daß im Bereich mittlerer Kundenzufriedenheit kaum nennenswerte Effekte auf die Loyalität des Kunden zu verzeichnen sind. Dieses Intervall wird auch als *Indifferenzbereich* bezeichnet. Massive Reaktionen sind dagegen links (Kundenabwanderung) und rechts vom Indifferenzbereich (echte Kundenbindung) zu verzeichnen. Insbesondere der starke positive Effekt auf die Kunden-

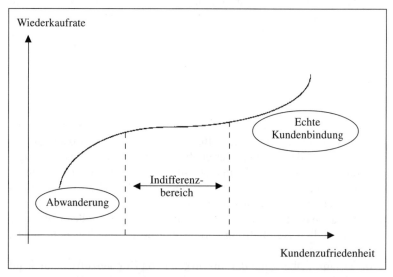

Abbildung 2-2: Kundenzufriedenheit und Wiederkaufrate: Struktur der Beziehung[2]

2 Quelle: in Anlehnung an Homburg/Rudolph 1995 (a), S. 47.

treue im Bereich hoher Kundenzufriedenheit ist unter Management-
gesichtspunkten interessant. Er liegt wohl darin begründet, daß nur ein
wirklich sehr zufriedener Kunde die Suche nach Alternativen vollständig einstellt und damit dauerhaft loyal wird. Dieser Verlauf legt die
Schlußfolgerung nahe, daß auch bei sehr zufriedenen Kunden weitere
Maßnahmen zur Steigerung der Zufriedenheit durchaus noch sinnvoll
sein können. Bei Kundenzufriedenheit kann ein gewisser Perfektionismus demnach durchaus wirtschaftlich sein.

Kundenzufriedenheit führt also zu Kundentreue und damit zu stabi-
len und dauerhaften Geschäftsbeziehungen. Welche Auswirkungen sind
wiederum hiermit verbunden? Es ist festzustellen, daß im Laufe einer
Geschäftsbeziehung die damit verbundenen Kosten tendenziell sinken.
Eine Verringerung des Koordinations- und Informationsbedarfs sowie
Lerneffekte auf beiden Seiten sind Determinanten dieser Entwicklung.
Wie massiv diese Kostendegression sein kann, verdeutlicht das in Ab-
bildung 2-3 dargestellte Beispiel. Hier wurden bei einem Hersteller von
Industriewaagen im Rahmen einer Sonderanalyse die kundenbezogenen
Vertriebskosten erfaßt und in Relation zu dem bei dem Kunden erziel-

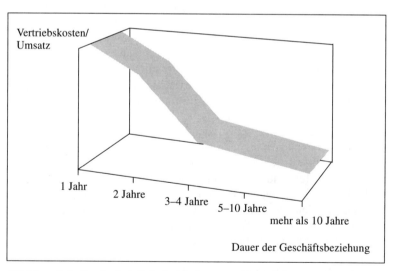

*Abbildung 2-3: Durchschnittliche kundenbezogene Vertriebskosten (in Relation
zum Umsatz) in Abhängigkeit von der Dauer der Geschäftsbeziehung am Beispiel
eines Herstellers von Industriewaagen*

ten Umsatz gesetzt. Diese Größe, die relativen Vertriebskosten also, wurde der Dauer der Geschäftsbeziehung mit dem Kunden gegenübergestellt. In diesem Beispiel hat sich eine Geschäftsbeziehung offensichtlich nach ca. drei Jahren so eingespielt, daß der relative Vertriebsaufwand drastisch zurückgeht. Unterschiede in Höhe des 15–20fachen Aufwands zwischen »alten« und »neuen« Geschäftsbeziehungen stellen nach unseren Erfahrungen keine Seltenheit dar. Die Dauer der Geschäftsbeziehung ist zwar nicht der einzige Einflußfaktor des kundenbezogenen Vertriebsaufwands, wohl aber einer der wichtigsten. Im Grunde handelt es sich bei dieser Beobachtung um die Generalisierung eines Phänomens, das Manager mit Verkaufserfahrung gut kennen: Man weiß, daß es kaum etwas Teureres gibt als die Akquisition eines Kunden. Ähnlich aufwendig wie die Neukundenakquisition gestaltet sich offensichtlich die Betreuung erst kürzlich gewonnener Kunden.

Aus diesem Sachverhalt ergibt sich die Folgerung, daß wirtschaftliches Arbeiten insbesondere – aber nicht ausschließlich – in Marketing und Vertrieb letztlich nur mit treuen Kunden und dauerhaften Geschäftsbeziehungen möglich ist. Es gibt keinen schlimmeren Kostentreiber im Marketing- und Vertriebsbereich als eine hohe Kundenfluktuation. Eine Untersuchung im Dienstleistungsbereich, die vor einigen Jahren in den USA durchgeführt wurde,[3] untermauert diese These eindrucksvoll (vgl. Abbildung 2-4): Der obere Teil der Grafik zeigt an zwei Beispielen, wie die bei einem Kunden erzielten Gewinne mit zunehmender Dauer der Geschäftsbeziehung steigen. Teilweise treten am Anfang einer Geschäftsbeziehung auch Verluste auf. Diese Anfangsverluste stellen eine Investition in die Geschäftsbeziehung dar. Die hier dargestellten Gewinnsteigerungen resultieren selbstredend nicht ausschließlich aus Kosteneinsparungen, sondern ergeben sich als Summe der drei in Abbildung 2-1 dargestellten Effekte.

Im unteren Teil sind für verschiedene Dienstleistungsbereiche potentielle Gewinnsteigerungen durch eine Steigerung der Kundentreue (Senkung der Kundenabwanderungsrate um 5 Prozentpunkte) dargestellt. Die Zahlen sprechen in ihrer Deutlichkeit für sich.

Ergänzend zu unseren bisherigen Ausführungen ist allerdings anzumerken, daß die aufgezeigten Wirkungsmechanismen sicherlich nur in gewissen Grenzen gelten. Selbstverständlich stehen den aufgezeigten

---

3 Vgl. Reichheld/Sasser 1991, S. 108ff.

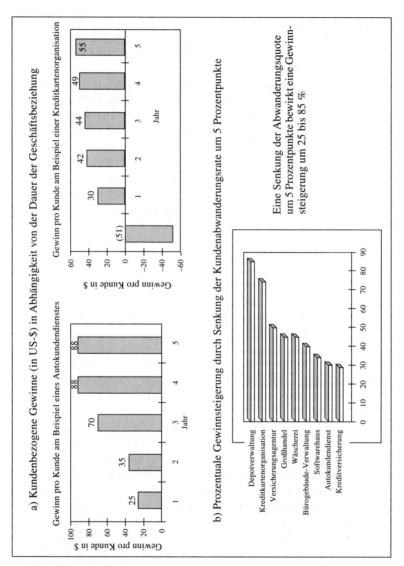

Abbildung 2-4: Profitabilität durch Kundenbindung im Dienstleistungsbereich[4]

4 Quelle: Reichheld/Sasser 1991, S. 110/113.

Kostensenkungspotentialen durch zufriedene Kunden entsprechende Kosten zur Erreichung der Kundenzufriedenheit entgegen. Insofern kann auch im Zusammenhang mit Kundenzufriedenheit nicht uneingeschränkt die Aussage »je mehr, desto besser« gelten. Es geht um die *optimale*, nicht die *maximale* Kundenzufriedenheit. Bei Messungen der Kundenzufriedenheit in Unternehmen stößt man erfahrungsgemäß immer wieder auf mögliche Maßnahmen, die offensichtlich zur Steigerung der Kundenzufriedenheit führen würden, allerdings mit nicht mehr vertretbarem wirtschaftlichen Aufwand (vgl. zu dieser Problematik auch Abschnitt 2.3). Wir sind jedoch der Überzeugung, daß die große Mehrheit der Unternehmen hinsichtlich der erzielten Kundenzufriedenheit noch weit *unterhalb* des Optimums liegt. Dies hängt wiederum mit dem bereits im ersten Kapitel beschriebenen Phänomen zusammen, daß man dazu tendiert, die zur Gewährleistung hoher Kundenzufriedenheit erforderlichen Kosten in den Vordergrund zu rücken und die *kostensenkenden* Auswirkungen hoher Kundenzufriedenheit gedanklich zu vernachlässigen.

Wir sind im übrigen der Auffassung, daß viele Unternehmen die Neukundenakquisition über Gebühr betonen – und dies zu Lasten der Pflege existierender Geschäftsbeziehungen. Auf der Basis der in diesem Abschnitt dargestellten Zusammenhänge propagieren wir ein Marketingverständnis, das die Pflege existierender Geschäftsbeziehungen in den Mittelpunkt stellt. Im Rahmen eines solchen *Relationship Marketing* spielt Kundenzufriedenheit eine zentrale Rolle. Hieraus ergibt sich die Folgerung, daß Kundenzufriedenheit regelmäßig und systematisch gemessen werden muß.

»Unsere Kunden sind zufrieden, sonst würden sie sich ja beschweren.« So oder ähnlich lautet häufig die erste Reaktion von Managern auf die Forderung nach systematischer Kundenzufriedenheitsmessung. Wer von niedrigen Beschwerdequoten auf hohe Kundenzufriedenheit schließt, erliegt allerdings einem fatalen Irrtum. Er läßt sich anhand des »Eisbergmodells« veranschaulichen: Ein Eisberg ist nur zu etwa 15 Prozent sichtbar, während ca. 85 Prozent der Eismasse im Wasser verborgen bleiben. Aus empirischen Untersuchungen weiß man, daß für das Beschwerdeverhalten unzufriedener Kunden ähnliche Relationen gelten. Wenn auch die Beschwerdequote sicherlich von Branche zu Branche unterschiedlich ist, so kann man doch davon ausgehen, daß sich *maximal* 15 Prozent der *unzufriedenen* Kunden beim Unternehmen beschweren. Viel häufiger kommt es vor, daß Kunden – abgesehen von der Abwanderung zur Konkurrenz – ihre Unzufriedenheit Dritten mitteilen. Hier existieren Schätzungen, daß ein unzufriedener Kunde seine Unzufriedenheit an bis zu 20 Personen weitergibt.

Dadurch wird klar, daß Beschwerdeanalysen und Beschwerdemanagement, so sinnvoll und wichtig diese auch sein mögen, Kundenzufriedenheitsmanagement lediglich ergänzen, aber niemals ersetzen können: Beschwerdemanagement zielt auf die sichtbare Spitze des Eisbergs ab, Kundenzufriedenheitsmanagement dagegen auf die gesamte Masse des Eisbergs.

Die Forderung nach regelmäßiger und systematischer Kundenzufriedenheitsmessung ist heute sicherlich nicht mehr revolutionär. Zahlreiche Unternehmen der verschiedensten Branchen befassen sich mittlerweile mit Kundenzufriedenheitsmessungen. Allerdings haben wir beobachtet, daß Kundenzufriedenheit vielerorts über den Stellenwert einer »Nice-to-have«-Information nicht hinauskommt. Das Management nimmt die Ergebnisse zwar zur Kenntnis. Wenn es um grundsätzliche Entscheidungen geht, verläßt man sich aber lieber auf die »harten« und exakten Größen, die das Controlling liefert (und deren Exaktheit häufig im krassen Gegensatz zu ihrer Aussagekraft steht). Ein Umdenken ist hier erforderlich: Wir plädieren dafür, Kundenzufriedenheit als *einen der zentralen Erfolgsfaktoren* – und nicht als irgendeine Marktforschungsspielerei – aufzufassen und ihr die entsprechende »Management Attention« zukommen zu lassen. Dies bedeutet, daß Kundenzufriedenheitsanalysen nicht wie bislang vielerorts in der Schublade verschwinden dürfen. Sie müssen Basis für Maßnahmenpakete und Managemententscheidungen sein. Daher befassen wir uns – nachdem der folgende Abschnitt einige methodische Grundlagen der Messung von Kundenzufriedenheit behandelt hat – in Abschnitt 2.3 mit Ansätzen zum Management der Kundenzufriedenheit.

2.2 Messung der Kundenzufriedenheit: Wie zufrieden sind Ihre Kunden?

Im folgenden soll die Vorgehensweise bei der Messung der Kundenzufriedenheit dargestellt werden. Grundsätzlich ist festzustellen, daß sich eine Kundenzufriedenheitsmessung in der Praxis häufig als sehr komplexes Unterfangen erweist. Es kann daher im folgenden nicht darum gehen, detaillierte Konzepte darzustellen. Vielmehr sollen dem Leser die grundsätzlichen Schritte einer solchen Messung veranschaulicht werden. Damit die Kundenzufriedenheit später erfolgreich gemanagt werden kann, sind an ihre Messung einige *grundlegende Anforderungen* zu stellen. Sie sollte

- systematisch,
- regelmäßig,
- differenziert nach Marktsegmenten (z. B. Regionen, Länder, Kundengruppen, Vertriebswege),
- differenziert nach Leistungskomponenten (z. B. Produkte, Dienstleistungen, kundenbezogene Prozesse) und
- im Industriegüterbereich zusätzlich differenziert nach Funktionsbereichen der Beantworter (z. B. Einkäufer, Betriebsingenieure, technische Planer, Normungs- und Qualitätssicherungsspezialisten) erfolgen.

Eine Kundenzufriedenheitsuntersuchung erfolgt in sieben Schritten (vgl. Abbildung 2-5). Im ersten Schritt gilt es, die *Zielgruppe* zu definieren: Wen wollen wir überhaupt befragen? Grundsätzlich ergeben sich als mögliche Zielgruppen bestehende Kunden, ehemalige Kunden und Kunden der Konkurrenz. Es ist in der Regel nicht möglich, mehrere dieser Zielgruppen mit dem gleichen Instrument zu untersuchen, da die Untersuchungsziele für jede der oben genannten Zielgruppen anders sein können. Darüber hinaus ergeben sich im Einzelfall speziellere Fragen zur Zielgruppendefinition. So hat ein Unternehmen, das seine Produkte über Händler vertreibt, festzulegen, ob Händler oder Endkunden (oder auch beide Zielgruppen) befragt werden sollen. Häufig existieren auch Entscheidungsbeeinflusser, die nicht direkt in den Absatzprozeß eingeschaltet sind. Auch sie können eine wichtige Zielgruppe sein.

Die *Untersuchungsziele* einer Kundenzufriedenheitsmessung liegen insbesondere in der Beantwortung folgender Fragen:

- Wie zufrieden sind die Kunden insgesamt, und wie zufrieden sind sie mit einzelnen Leistungskomponenten?
- Von welchen Leistungskomponenten hängt ihre Zufriedenheit stark bzw. weniger stark ab?

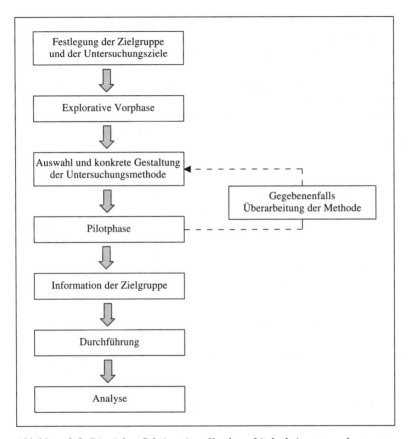

Abbildung 2-5: Die sieben Schritte einer Kundenzufriedenheitsuntersuchung

– Wo liegen die zentralen Ansatzpunkte zur Steigerung der Kunden-zufriedenheit?

Weitergehende Untersuchungsziele können z. B. in der Identifikation von Wettbewerbern, die Kunden in bestimmten Bereichen als vorbildlich erachten, liegen (*Benchmarking*). Allerdings sollte man nicht zu viele Dinge auf einmal erreichen wollen, da das Festlegen eindeutiger Priori-täten bei den Untersuchungszielen ein wesentlicher Erfolgsfaktor jeder Kundenzufriedenheitsmessung ist.

Unerläßlich ist es, vor der eigentlichen Durchführung der Untersuchung in einer *explorativen Vorphase* Klarheit darüber zu gewinnen, welche Anforderungen bzw. Erwartungen Kunden an Produkte und Dienstleistungen im einzelnen haben und wen man bezüglich dieser Leistungsmerkmale ansprechen sollte. Hilfreich ist hier eine Zielgruppen-Leistungskomponenten-Matrix, wie sie beispielsweise in Abbildung 2-6 für ein Unternehmen der Medizintechnik dargestellt ist.

Wie zu erkennen ist, existieren vier Zielgruppen der Befragung, die bezüglich der Leistungskomponenten, die erhoben werden sollen, sehr heterogen sind. Beschäftigte in Krankenhäusern sind im Gegensatz zu Fachhändlern z.B. nicht mit der Marketingkooperation konfrontiert. Fachhändler dagegen können z.B. bezüglich des technischen Services nicht befragt werden. Für Verwaltungsleiter sind nur zwei Leistungskomponenten von Belang (Außendienst des Herstellers und Auftragsabwicklung/Lieferung). Eine Differenzierung der Leistungskomponenten kann darüber hinaus nicht nur auf der gezeigten Grob-Ebene nötig werden, wenn, wie im vorliegenden Beispiel tatsächlich der Fall, zwar gleiche Leistungskomponenten abgefragt werden, die Bestandteile dieser Komponenten aber unterschiedlich sind. So kommt es beispielsweise für Ärzte bezüglich der untersuchten Produkte auf Faktoren wie Hand-

Leistungs-komponenten \ Zielgruppen	Ärzte und medizini-sches Personal	Tech-nische Leiter in Kranken-häusern	Verwal-tungsleiter in Kran-kenhäu-sern	Fach-händler
Produkte	✓	✓		✓
Außendienst des Herstellers	✓		✓	
Verkaufsberater des Herstellers				✓
Technischer Service	✓	✓		
Auftragsabwicklung/Lieferung	✓		✓	✓
Beratung/Schulung/Information	✓	✓		✓
Marketing-Kooperation				✓

Abbildung 2-6: Zielgruppen-Leistungskomponenten-Matrix am Beispiel eines Herstellers von medizinischen Ausrüstungsgegenständen[5]

5 Quelle: Homburg/Rudolph/Werner 1995, S. 325.

habung, Patientenkomfort, Hygiene etc. an, während für Fachhändler eher die Montage- oder Servicefreundlichkeit oder die Akzeptanz bei den Endkunden von Belang sind.

Aus dieser explorativen Vorphase ergeben sich wesentliche Erkenntnisse für die Auswahl und die Gestaltung der Untersuchungsmethode. Die Vorphase besteht in der Regel aus einigen ausführlichen Gesprächen mit ausgewählten Kunden aus der Zielgruppe (Tiefeninterviews). Es empfiehlt sich, diesen die Absicht, eine Kundenzufriedenheitsuntersuchung durchzuführen, mitzuteilen und um Unterstützung zu bitten. Auch Gruppendiskussionen unter Einbeziehung von Kunden können in dieser Phase hilfreich sein.

Bei der Entscheidung über die *Untersuchungsmethode* (Schritt 3) sollte zunächst geklärt werden, ob eine Totalerhebung (sinnvoll bei kleiner Zielgruppe) oder eine Stichprobenerhebung geeigneter ist. Normalerweise entscheidet man sich, vor allem aus Kostengründen, für die Befragung einer geeigneten Stichprobe. Folgende Fragen sind hierbei zu klären:

– Welches Verfahren soll angewendet werden: Trifft man eine Zufallsauswahl oder eine bewußte Auswahl, beispielsweise aufgrund von Quotenvorgaben (z. B. nach ABC-Kunden)?
– Soll die Stichprobe proportional (verkleinertes Abbild der Kundenstruktur) oder disproportional (Überrepräsentanz wichtiger, aber zahlenmäßig kleiner Kundengruppen) sein?
– Wie groß muß der Stichprobenumfang sein? Dies hängt u. a. stark davon ab, inwieweit man auch für Teilgruppen von Kunden aussagefähige Daten ermitteln möchte.

Der nächste Schritt besteht darin, sich für eine *Erhebungsmethode* zu entscheiden. Ob telefonisch, durch einen Fragebogen oder persönlich befragt werden soll, hängt von der Situation ab. So ist z. B. eine telefonische Befragung bei Entscheidungsträgern, die schwer erreichbar sind, kaum empfehlenswert. Bei langer Interviewdauer (detaillierte Fragestellungen) und einer kleinen, überschaubaren Zielgruppe ist die persönliche Befragung häufig die angemessene Methode.[6]

6 Für eine ausführliche Diskussion der Auswahl einer Erhebungsmethode vgl. Homburg/Rudolph 1995 (b).

Hat man sich für eine bestimmte Form der Befragung entschlossen, so ist die *Form der einzelnen Fragen* festzulegen. Hinsichtlich der Antwortformulierung lassen sich offene und geschlossene Fragen unterscheiden: Offene Fragen sehen keine festen Antwortkategorien vor. Sie verlangen vom Befragten, daß er seine Antworten selbst formuliert. Positiv ist, daß durch diese Art der Fragestellung unbewußte Sachverhalte entdeckt werden können. Besonders wichtig bei den offenen Fragen ist eine aktive Frageformulierung. Der Interviewpartner wird beispielsweise nicht danach gefragt, *ob* er Verbesserungsvorschläge hat, sondern *welche* Verbesserungsvorschläge er zu einem bestimmten Thema hat.

Bei geschlossenen Fragen werden die Antwortkategorien schon vorgegeben. Die häufigste Form ist die Skalafrage, bei der die einzelnen Antwortkategorien abgestufte Zufriedenheitsurteile repräsentieren. Meist wird noch eine neutrale Kategorie, wie »keine Antwort« oder »keine Beurteilung möglich« aufgeführt. Nicht jeder Kunde hat bereits Erfahrungen mit allen Leistungskomponenten eines Unternehmens und kann folglich auch keine Meinung dazu haben. Üblicherweise werden bei einer Kundenzufriedenheitsmessung sowohl geschlossene als auch eine begrenzte Zahl offener Fragen angewendet. Letztendlich muß bei der Gestaltung der Fragen, unabhängig davon, welche Form bevorzugt wird, darauf geachtet werden, daß alle Fragen einfach, eindeutig und neutral gestellt sind. Ein Fragebogen muß vollkommen selbsterklärend sein.

Bevor man die eigentliche Erhebung durchführt, ist die Untersuchungsmethode zu erproben (*Pilotphase*). Auch kleinere Fehler bei der Gestaltung der Untersuchungsmethode gefährden den Erfolg der gesamten Kundenzufriedenheitsmessung. Es empfiehlt sich daher, die Untersuchungsmethode in der Pilotphase an einer kleinen Zahl von Kunden zu testen. Gegebenenfalls kann dann die Untersuchungsmethode noch einmal überarbeitet werden.

Vor der eigentlichen Durchführung der Untersuchung der Kundenzufriedenheit sollten die Kunden über die anstehende Befragung informiert werden (Schritt 5). Dies wird am Beispiel eines Fragebogenversands verdeutlicht: Einige Tage vor dem eigentlichen Fragebogenversand sollte ein personifiziertes Anschreiben an die befragten Kunden verschickt werden, in dem die Befragung angekündigt wird. Das Schreiben enthält die Bitte um Zusammenarbeit. Dadurch wird es möglich, im Begleitschreiben des Fragebogens auf den ersten Brief Bezug zu nehmen. Die Distanz, die sich bei der schriftlichen Befragung zwischen Befrager und Befragtem durch den fehlenden unmittelbaren Kontakt zwangsläufig einstellt, wird durch die doppelte persönliche Ansprache reduziert, die Motivation zur Beantwortung vergrößert. Dies gilt insbesondere dann, wenn die Befragung von der Geschäftsleitung angekündigt wird.

Jetzt erst wird die eigentliche Untersuchung durchgeführt (Schritt 6). Nach Abschluß der Untersuchung kann zusätzlich ein Schreiben als Feedback an die Ansprechpartner gesandt werden. Das ist dann besonders wichtig, wenn Kundenzufriedenheit regelmäßig gemessen wird.

Wir kommen nun zur *Analyse* der erhobenen Kundenzufriedenheitsdaten (Schritt 7). Zur besseren Darstellung der errechneten Zufriedenheitswerte werden die Skalen üblicherweise auf eine Skala von 0 bis 100 transformiert. Abbildung 2-7 verdeutlicht dies an einem Beispiel einer Kundenzufriedenheitsuntersuchung einer Bank. Ein Kundenzufriedenheitswert von 68 ist sicherlich anschaulicher als ein Wert von 2,7.

Wie wichtig die eingangs an die Messung gestellte Anforderung der Differenzierung nach bestimmten Merkmalen ist, soll an dem Beispiel eines Industriegüterherstellers verdeutlicht werden (vgl. Abbildung 2-8a): Die Differenzierung nach Leistungskomponenten macht die Vernachlässigung der Dienstleistungen und kundenbezogenen Prozesse offensichtlich. Lediglich mit den Produkten sind die Kunden zufrieden – hier allerdings in hohem Maße. Doch auch die Funktionsbereiche der Befragten müssen differenziert gesehen werden (vgl. Abbildung 2-8b).

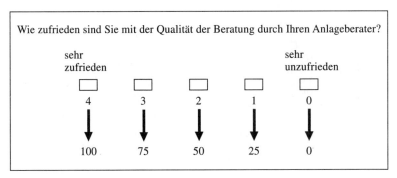

Abbildung 2-7: Skalentransformation am Beispiel einer Kundenzufriedenheitsuntersuchung einer Bank

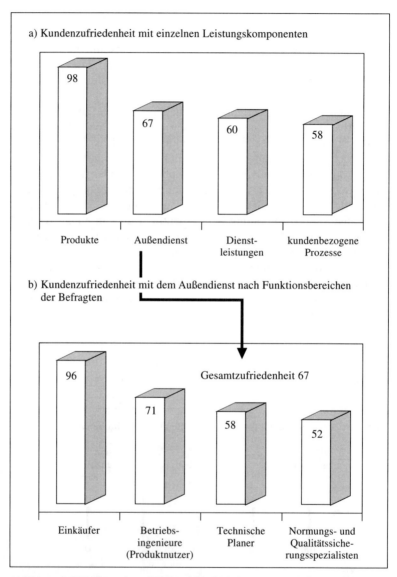

Abbildung 2-8: Differenzierte Kundenzufriedenheitsmessung (Index von 0 bis 100) am Beispiel eines Industriegüterherstellers

Schlüsselt man z. B. die Zufriedenheit mit dem Außendienst nach Funktionsbereichen auf, so tritt die zu starke Konzentration der Kundenbearbeitung auf den Einkaufsbereich deutlich zu Tage. Eine pauschale Auswertung der Kundenzufriedenheit ist zu oberflächlich, um Schwachpunkte im Unternehmen zu entdecken und damit Hinweise auf Verbesserungsmöglichkeiten zu geben.

Neben der Frage nach den Zufriedenheiten mit einzelnen Leistungskomponenten ist auch deren *Bedeutung* für die Kunden zu ermitteln. Dies ist insbesondere im Hinblick auf das Setzen von Prioritäten zur Steigerung der Kundenzufriedenheit wichtig. Von einer direkten Befragung der Kunden nach der Wichtigkeit der einzelnen Leistungskomponenten ist allerdings abzuraten. Zum einen wird der Fragebogen nur unnötig aufgebläht, zum anderen ist mittlerweile bekannt, daß eine solche Befragung keine sinnvollen Ergebnisse liefert.

Der beste Weg zur Ermittlung der Bedeutung einzelner Leistungskomponenten für den Kunden basiert darauf, daß man neben der speziellen Zufriedenheit mit einzelnen Leistungskomponenten auch ein allgemeines Urteil über die Gesamtzufriedenheit des Kunden erfragt. Darauf aufbauend wird mit Hilfe statistischer Verfahren[7] untersucht, inwieweit die Zufriedenheit mit einer speziellen Leistungskomponente die Gesamtzufriedenheit beeinflußt. Je stärker dieser Einfluß ist, desto höher ist die Bedeutung der jeweiligen Leistungskomponente für den Kunden.

Das Ergebnis einer entsprechenden Analyse wird am Beispiel unseres Industriegüterherstellers wiedergegeben (vgl. Abbildung 2-9). Die angegebenen Prozentwerte geben den Beitrag der einzelnen Leistungskomponenten zur Erklärung der Gesamtzufriedenheit an. Es zeigt sich, daß für die Gesamtzufriedenheit die Zufriedenheit mit kundenbezogenen Prozessen und Dienstleistungen ausschlaggebend ist. Das Produkt spielt eine geringere Rolle, was typisch für Marktsituationen ist, in denen die Produktqualität der Wettbewerber annähernd identisch ist. Solch eine Situation wird, insbesondere von Investitionsgüterunternehmen, häufig noch immer unterschätzt. Das Ergebnis der Fehleinschätzung ist dann die Überbetonung der Produktqualität und eine daraus resultierende Konzentration auf die Kundenzufriedenheit mit den Produkten.

---

7 Vgl. hierzu Homburg/Rudolph/Werner 1995.

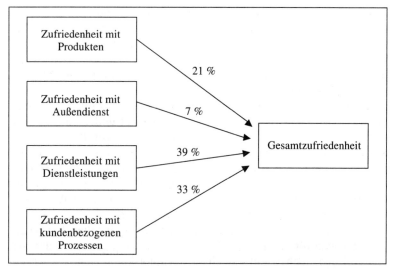

Abbildung 2-9: Bedeutung einzelner Leistungskomponenten im Hinblick auf die Gesamtzufriedenheit der Kunden am Beispiel eines Industriegüterherstellers

2.3 Management der Kundenzufriedenheit: Gewinnpotentiale treuer Kunden realisieren

Verkürzte Produktlebenszyklen, Produktdifferenzierungsstrategien zur Abgrenzung von Wettbewerbern und eine steigende Anzahl von Produktvarianten haben vielerorts zu einer Produktpalette geführt, die weit über den tatsächlichen Kundenbedarf hinausgeht. Eine Studie einer führenden Unternehmensberatung belegte z. B., daß Unternehmen eine Vielzahl von Varianten produzieren, auf die die Kunden keinen Wert legen. Produktmerkmale, die vom Kunden gar nicht honoriert werden, führen insbesondere im Vergleich zur internationalen Konkurrenz zu bedeutenden Produktivitätsnachteilen.[8] Eine Kernaufgabe des Managements ist daher die Identifikation zentraler Kundenwünsche und die entsprechende Gestaltung des Leistungsangebots des Unternehmens. Es gilt, das *Konsistenzprinzip des Kostenmanagements* anzuwenden. Dieses besagt,

8 Vgl. McKinsey & Company, Inc./Kluge, J. u. a. 1994, S. 15.

daß die Bereitschaft, für eine Leistungskomponente des Unternehmens Kosten in Kauf zu nehmen, sich konsequent an der Wichtigkeit dieser Leistungskomponente für den Kunden orientieren muß. Anders ausgedrückt: Nur was für den Kunden wirklich wichtig ist, darf viel Geld kosten.

So einfach dies gesagt ist, so schwierig gestaltet sich offenkundig – die Ergebnisse der soeben erwähnten Untersuchung verdeutlichen dies – die Umsetzung dieses Prinzips in der Praxis. Das *Kundenzufriedenheitsprofil* kann die Anwendung des Prinzips wirksam unterstützen. Es hilft, Handlungsbedarf zu erkennen und Maßnahmen in die richtige Richtung zu lenken und fungiert somit als Ausgangspunkt für das Management der Kundenzufriedenheit. Im Kundenzufriedenheitsprofil werden die Zufriedenheit des Kunden mit einzelnen Leistungskomponenten und die nach der soeben skizzierten Methode ermittelte relative Bedeutung der Leistungskomponenten gegenübergestellt (vgl. Abbildung 2-10).

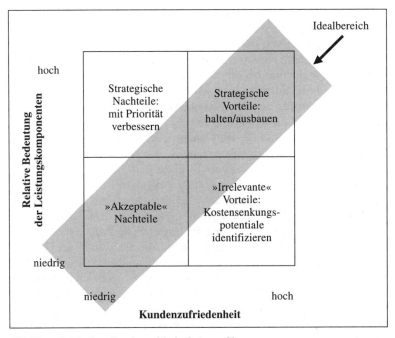

Abbildung 2-10: Das Kundenzufriedenheitsprofil

Im Feld links oben ist die relative Bedeutung der abgefragten Leistungskomponenten sehr hoch, das heißt, die dort angesiedelten Leistungen tragen in hohem Maße zur Gesamtzufriedenheit bei. Gleichzeitig ist die Kundenzufriedenheit aber niedrig. Hier ist es wichtig, die
Kundenzufriedenheit mit höchster Priorität zu steigern. Langfristig sollte
man versuchen, die Leistungskomponenten von hoher relativer Bedeutung rechts oben zu plazieren, um damit strategische Vorteile gegenüber
der Konkurrenz auszubauen.

Da die Leistungskomponenten, die im Bereich links unten liegen, von
den Kunden als nicht so wichtig eingestuft werden, kann man es akzeptieren, daß die Kundenzufriedenheit mit diesen Komponenten nicht sehr
hoch ist. Dies ist auch unter dem Gesichtspunkt zu sehen, daß man in
der Regel nicht bei allen Leistungskomponenten Spitzenwerte bei der
Kundenzufriedenheit erzielen kann. Solange die relative Bedeutung der
einzelnen Leistungskomponenten nicht steigt, ist die Steigerung der
Kundenzufriedenheit in diesem Fall nicht von hoher Priorität.

Die Vorteile, die sich durch eine hohe Kundenzufriedenheit mit den
Leistungskomponenten im Feld rechts unten ergeben, sind von geringer
Bedeutung, da sie von den Kunden als nicht sehr wichtig eingestuft
werden. Man sollte sich dort Gedanken darüber machen, ob die Lei-
stungsvorteile, die man bei diesen Leistungskomponenten besitzt, nicht
mehr Kosten als Nutzen verursachen. Insgesamt sollte das Kundenzufriedenheitsprofil also von rechts oben nach links unten verlaufen (vgl.
den Idealbereich in Abbildung 2-10).

Abbildung 2-11 zeigt das Kundenzufriedenheitsprofil für das bereits
betrachtete Industriegüterunternehmen. Es weist eine ausgesprochen
ungünstige Struktur auf, denn die Struktur läuft der des Idealbereichs
ziemlich genau entgegen. Das Konsistenzprinzip ist also massiv ver-
letzt. Deutlich wird eine Schwäche bei den Dienstleistungen und den
kundenbezogenen Prozessen, obwohl diese die höchste Bedeutung für
die Kunden haben. Die Steigerung der Einzelzufriedenheiten mit diesen
Leistungskomponenten trägt entscheidend zur Steigerung der Gesamtzufriedenheit bei. Bei der Gestaltung der Außendienstaktivitäten sollten
Wirtschaftlichkeitsüberlegungen im Vordergrund stehen. Die Produktpalette ist ebenfalls im Hinblick auf Wirtschaftlichkeitsaspekte zu durchleuchten. Hier drängt sich die Vermutung auf, daß vom Kunden nicht
mehr honorierte Überqualitäten und/oder ein Variantenreichtum, der die
tatsächlichen Bedürfnisse der Kunden übersteigt, vorliegen.

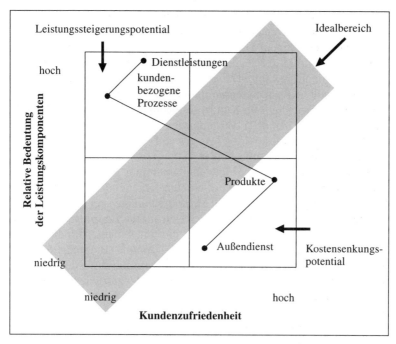

Abbildung 2-11: Das Kundenzufriedenheitsprofil eines Industriegüterherstellers

An dieser Stelle soll noch ein Hinweis gegeben werden, der vor möglichen Fehlanwendungen des Kundenzufriedenheitsprofils schützen soll: Die an der vertikalen Achse abgetragene Wichtigkeit der Leistungskomponenten bezieht sich »nur« auf deren Wichtigkeit zur Erzielung hoher Kundenzufriedenheit. Es ist also keine *absolute* Wichtigkeitsbeurteilung im Hinblick auf den Unternehmenserfolg. So kann man beispielsweise eine intensive Außendiensttätigkeit trotz eines geringen Beitrags zur Kundenzufriedenheit für wichtig halten, weil sie die Versorgung des Unternehmens mit marktbezogenen Informationen sicherstellt. Angesichts der zentralen Bedeutung der Kundenzufriedenheit muß es aber schon sehr stichhaltige Gründe für Abweichungen von den Empfehlungen des Kundenzufriedenheitsprofils geben. Des weiteren ist darauf hinzuweisen, daß die Wichtigkeitsbeurteilung sich nur auf die *derzeitige* Kundenzufriedenheit bezieht. Kundenbedürfnisse und damit auch die

Bedeutung einzelner Leistungskomponenten können sich im Zeitablauf aber ändern. Dies ist bei der Interpretation des Kundenzufriedenheitsprofils zu berücksichtigen. Um dieser Problematik Rechnung zu tragen, sollte man parallel zur Kundenzufriedenheitsanalyse einige Tiefengespräche mit ausgewählten *Lead User-Kunden* führen. Hierbei handelt es sich um solche Kunden, deren Bedürfnisse richtungsweisend für die zukünftige Entwicklung der Kundenbedürfnisse sind.[9] Derartige Gespräche erlauben es, *zukünftige Veränderungen* der Kundenbedürfnisse zu identifizieren. Auf diese Weise lassen sich Fehlanwendungen des Kundenzufriedenheitsprofils vermeiden.

Die durch die Kundenzufriedenheitsmessung gewonnenen und im Kundenzufriedenheitsprofil verdichteten Erkenntnisse führen in der Regel zu einer größeren Zahl von *Einzelmaßnahmen* zur Steigerung der Kundenzufriedenheit. Diese beziehen sich auf das *Leistungsangebot* eines Unternehmens (im wesentlichen die angebotenen Produkte und Dienstleistungen) oder auf die *Kunden-Interaktion* (Beratung der Kunden, Information der Kunden, Behandlung von Beschwerden usw.). Je nachdem, welche Defizite im Rahmen der Kundenzufriedenheitsanalyse erkannt wurden, können diese Maßnahmen unterschiedlichster Art sein. Einige Beispiele aus Kundenzufriedenheitsmessungen, die in letzter Zeit durchgeführt wurden, mögen dies verdeutlichen:

– Ein Großhandelsunternehmen revidierte seine Sonderangebotspolitik und führte Schulungen für die Außendienstmitarbeiter des Unternehmens durch, in denen kundenorientiertes Verhalten vermittelt wurde.
– Eine Bank entschloß sich auf der Basis einer Kundenzufriedenheitsmessung zu einer grundsätzlichen Neukonzeption der Anlageberatung.
– Ein Maschinenbauunternehmen überarbeitete einen Teil seiner Produkte mit dem Ziel der Steigerung der Bedienungsfreundlichkeit.
– Ein Hersteller von medizintechnischen Ausrüstungsgegenständen erweiterte sein Dienstleistungsspektrum, z. B. wurden den Kunden Beratungsleistungen angeboten, die im Zusammenhang mit Änderungen im Gesundheitswesen stehen.
– Ein Versicherungsunternehmen beschloß ein Bündel von Maßnahmen zur Steigerung der Erreichbarkeit seiner Kundenberater.

9 Vgl. hierzu von Hippel 1988.

- Ein Hausgerätehersteller gründete einen Kundenclub für seine Händler, da diese die Regelmäßigkeit der Information bemängelt hatten.
- Ein Industriegüterunternehmen entschloß sich aufgrund schlechter Bewertungen im Zusammenhang mit dem Preis-Leistungs-Verhältnis der Produkte dazu, neben den existierenden Produkten, die sehr hochwertig, leistungsstark und entsprechend teuer waren, »abgespeckte« Produktausführungen mit reduziertem Leistungsumfang und deutlich niedrigerem Preis in die Produktpalette aufzunehmen.
- Ein Elektrounternehmen initiierte ein Programm zur Optimierung der Durchlaufzeiten, da die Zufriedenheit der Kunden mit den Lieferzeiten ausgesprochen gering war.
- Ein Chemieunternehmen beobachtete starke Unterschiede der Kundenzufriedenheit zwischen einzelnen Verkaufsregionen. Auf dieser Basis wurden personelle Veränderungen im Management der regionalen Verkaufsbüros beschlossen.

Die Erarbeitung solcher Maßnahmen erfolgt im Rahmen strukturierter Workshops durch die verantwortlichen Führungskräfte. Ausgangspunkt sind die in der Kundenzufriedenheitsanalyse identifizierten Defizite. Jedes Defizit muß einer Bewertung unterzogen werden. Hierzu empfiehlt sich die Einordnung in eine von vier Kategorien:

- *Kategorie A* umfaßt solche Defizite, bei denen offensichtlich eine oder mehrere Maßnahme(n) zur Steigerung der Kundenzufriedenheit erforderlich ist (sind).
- Der *Kategorie B* werden solche Defizite zugeordnet, die bereits in der Vergangenheit erkannt wurden und zu deren Behebung bereits entsprechende Maßnahmen eingeleitet wurden. Derartige Phänomene sind durchaus plausibel, da eine eingeleitete oder bereits vollzogene Verbesserung erst mit einer gewissen Verzögerung von den Kunden wahrgenommen wird. Bei Defiziten, die der Kategorie B zugeordnet werden, empfiehlt es sich allerdings, nochmals den Stand und die Qualität der Umsetzung der in der Vergangenheit beschlossenen Maßnahmen zu prüfen.
- Die Erfahrung zeigt, daß im Rahmen von Kundenzufriedenheitsanalysen auch immer wieder Defizite identifiziert werden, deren Behebung zwar zu einer Steigerung der Kundenzufriedenheit führen würde, aber nicht mit wirtschaftlich vertretbarem Aufwand zu be-

wältigen wäre. Wir haben bereits darauf hingewiesen, daß Kundenzufriedenheit zu *optimieren* und nicht zu *maximieren* ist. Hundertprozentige Kundenzufriedenheit ist unter wirtschaftlichen Gesichtspunkten unrealistisch. Defizite, für die dies zutrifft, werden der *Kategorie C* zugeordnet.

– Schließlich zeigt sich auch immer wieder, daß auf der Basis einer breit angelegten Kundenzufriedenheitsanalyse Defizite zwar identifiziert werden, aber nicht bis ins Detail lokalisiert werden können. Hier sind unter Umständen ergänzende Informationen nötig. Diese können zum Beispiel durch Gruppendiskussionen mit Kunden gewonnen werden.[10] Defizite, für die dies zutrifft, werden der *Kategorie D* zugeordnet. Hierbei handelt es sich im Gegensatz zu den ersten drei Kategorien allerdings um eine vorübergehende Kategorie: Nach Gewinnung der benötigten Zusatzinformation hat eine Zuordnung zu einer der ersten drei Kategorien zu erfolgen.

Wurde im Zusammenhang mit einem Kundenzufriedenheitsdefizit Handlungsbedarf erkannt, so sind entsprechende Maßnahmen und Ziele zu formulieren. Dabei ist es wichtig, auf eine klare Terminierung und die klare Zuordnung von Verantwortung zu achten. Das Resultat eines solchen Maßnahmenworkshops sollte ein *Maßnahmenplan* sein, aus dem klar hervorgeht, wer was bis wann zu tun hat.

Unsere obigen Beispiele für Einzelmaßnahmen haben bereits verdeutlicht, daß diese nicht immer operativer Art sind. Es zeigt sich immer wieder, daß auf der Basis von Kundenzufriedenheitsanalysen auch grundsätzliche Veränderungen erforderlich sind. Diese beziehen sich (vgl. Abbildung 2-12) auf die einzelnen Komponenten des Führungssystems eines Unternehmens. Nimmt man Kundenzufriedenheit als Erfolgsfaktor ernst, so ist diese Größe auch in das *Planungs- und Kontrollsystem* des Unternehmens zu integrieren. Letztlich sind also auch bezüglich der Größe Kundenzufriedenheit Ziele (z. B. für einzelne Unternehmensbereiche oder Regionen) zu definieren, zu terminieren und auf ihre Erreichung zu überprüfen. Es empfiehlt sich, Kundenzufriedenheit ebenso wie herkömmliche finanzielle Kriterien in das Controllingsystem zu integrieren. Wir erinnern an dieser Stelle nochmals an unsere grund-

---

10 Vgl. McQuarrie 1995.

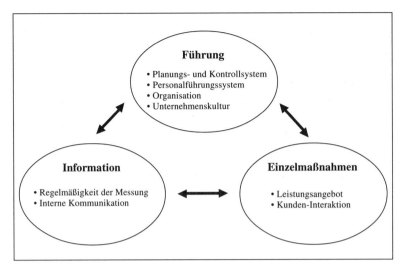

Abbildung 2-12: Ansatzpunkte für das Management der Kundenzufriedenheit

sätzlichen Ausführungen zur übertrieben internen Orientierung von Controllingsystemen im ersten Kapitel dieses Buches. Ebenso ist die Integration der Kundenzufriedenheit in das *Personalführungssystem* zu fordern. Ein sehr interessanter Ansatz, der bereits bei einigen US-amerikanischen Unternehmen praktiziert wird, besteht darin, die variable Vergütungskomponente von Führungskräften teilweise von der Kundenzufriedenheit abhängig zu machen. Dies ist sicherlich kein sinnvoller Ansatzpunkt für Unternehmen, die beginnen, sich mit dem Thema Kundenzufriedenheit auseinanderzusetzen. Um Vergütungsentscheidungen auf Kundenzufriedenheit zu stützen, benötigt man ein erprobtes und im Unternehmen akzeptiertes System zur Messung von Kundenzufriedenheit. Etwa drei Jahre Erfahrung mit der Messung von Kundenzufriedenheit sollten u. E. mindestens vorhanden sein, bevor man die Einbindung der Ergebnisse in das Vergütungssystem für Führungskräfte realisiert. Mittelfristig gibt es jedoch keinen Grund, weshalb sich die variable Vergütung von Führungskräften ausschließlich am Erfolg von heute (Umsatz und Profitabilität) und nicht an einer der wichtigsten Säulen des Erfolges von morgen, der Kundenzufriedenheit, orientieren sollte.

Ein weiterer interessanter Ansatz besteht darin, ergänzend zur Kunden-zufriedenheit die Zufriedenheit der Mitarbeiter im eigenen Unternehmen zu analysieren. Entsprechende Befragungen können sich z. B. auf

– das allgemeine Wohlbefinden,
– Personalangelegenheiten (Vergütungssystem, Sozialleistungen, Arbeitszeit, Aus- und Weiterbildung etc.),
– die Zusammenarbeit (im eigenen Bereich, bereichsübergreifend, Informationsfluß, Führungsverhalten o. ä.),
– die externe Kundenorientierung,
– das Innovationspotential (Spielraum, Bereitschaft zur Innovation, Möglichkeiten der Eigeninitiative o. ä.) oder
– die Bindung an das Unternehmen (Organizational Commitment, Corporate Identity)

beziehen. Im Kern geht es darum, »internes Marketing« zu praktizieren: Die Mitarbeiter des Unternehmens werden als »Kunden« der Führungskräfte verstanden. Derartige Ansätze sind sicherlich nicht ganz unproblematisch in der Anwendung. Von vereinzelten Unmutsäußerungen solcher Mitarbeiter, die bereits seit langem die »innere Kündigung« (nicht aber die äußere) vollzogen haben, darf man sich nicht irritieren lassen. Im Grundsatz gilt jedoch, daß zufriedene Kunden auf die Dauer nur mit zufriedenen Mitarbeitern möglich sind.

Auch Auswirkungen von Kundenzufriedenheitsanalysen auf die *Organisation* sind nicht selten. Hier kann zum einen die Aufbauorganisation betroffen sein: Beispielsweise war ein Unternehmen der pharmazeutischen Industrie in sechs Sparten gegliedert. Die Sparten waren im wesentlichen produktorientiert definiert. Im Rahmen der Kundenzufriedenheitsanalyse stellte sich heraus, daß – obwohl der Vertrieb spartenübergreifend organisiert war (Prinzip des *One Face to the Customer*) – produktgruppenübergreifende Angelegenheiten in keiner Weise zur Zufriedenheit der Kunden geregelt waren. Diesbezügliche Beschwerden traten derartig massiv auf, daß man sich entschloß, die produktorientierte Spartenstruktur durch kundenorientiert definierte Sparten zu ersetzen. Weitere mögliche Auswirkungen von Kundenzufriedenheitsanalysen auf die Aufbauorganisation basieren auf der Neudefinition spezieller Verantwortungen. So stellte beispielsweise ein großes Maschinenbauunternehmen fest, daß die Kunden mit dem Angebot des Unternehmens an technischen Seminaren unzufrieden bzw. hierüber schlecht informiert waren. Das Interesse der Kunden an solchen Veranstaltungen – das artikulierte sich ebenfalls in der Kundenzufriedenheitsanalyse – war allerdings sehr groß. Dieser Zustand lag in der Tatsache begründet, daß die einzelnen (wiederum produktorientiert definierten) Sparten des Unternehmens solche Seminarveranstaltungen völlig unterschiedlich gewichteten: Während in einem Bereich ein schriftlich dokumentiertes Seminarangebot existierte, das den Kunden aktiv angeboten wurde, nutzte ein anderer Bereich dieses Marketinginstrument überhaupt nicht aktiv, sondern reagierte nur – und auch dies recht zögerlich – auf entsprechende Anfragen der Kunden. Das Unternehmen beschloß, das Seminarangebot zu optimieren und dem Kunden zukünftig proaktiv und professionell zu kommunizieren. Für diese Zwecke wurde eine »Weiterbildungs-GmbH« gegründet, in der die Angebote der einzelnen Sparten zusammengeführt wurden.

Des weiteren beziehen sich Veränderungen im Organisationsbereich häufig auf die Ablauforganisation. Typische diesbezügliche Maßnahmen auf der Basis von Kundenzufriedenheitsmessungen sind z. B.

– eine stärkere Delegation von Verantwortung an Mitarbeiter, insbesondere an Mitarbeiter mit Kundenkontakt (man spricht in diesem Zusammenhang auch von *Empowerment*),
– eine Reduktion der Prozeßstandardisierung durch die Abschaffung übertrieben detaillierter Organisationsrichtlinien und
– eine forcierte unternehmensinterne Anwendung des Marktmechanismus nach dem Prinzip des internen Kunden (eine Idee, die im Rahmen des *Total Quality Management* propagiert wird), ergänzt durch das Überführen interner Dienstleister in Profit Center.

Treten sehr grundlegende Probleme mit der Kundenzufriedenheit auf, die darauf hindeuten, daß es grundsätzliche Einstellungs- und Verhaltensprobleme im Unternehmen gibt, so liegt häufig der einzige wirklich durchgreifende Ansatzpunkt zur Verbesserung der Situation in einer Veränderung der *Unternehmenskultur*. Dabei handelt es sich um einen ausgesprochen langwierigen und komplexen Prozeß, mit dem wir uns an dieser Stelle nicht befassen wollen. Es gibt mittlerweile auch in der Literatur einige Darstellungen solcher Prozesse.[11]

11 Vgl. Bagdasarjanz/Hochreutener 1995 und Fahlbusch 1995.

Der dritte wesentliche Bereich zum Management der Kundenzufriedenheit (vgl. Abbildung 2-12) ist der *Informationssektor*. Hier ist zum einen zu fordern, daß die Kundenzufriedenheit regelmäßig gemessen werden soll. Einmalige Messungen zeigen zwar Schwachstellen eines Unternehmens auf, die Wirksamkeit der getroffenen Maßnahmen wird jedoch erst bei regelmäßiger Messung über längere Zeiträume hinweg sichtbar. Nur so kann man erkennen, ob die gesetzten Ziele erreicht wurden und kann bei Abweichungen gezielte Aktionen zur Ursachenforschung und -behebung initiieren. So führt z. B. die DEUTSCHE LUFT-HANSA AG bereits seit Ende der siebziger Jahre regelmäßige Kundenzufriedenheitsmessungen zur Produkt- und Betreuungsqualität während des Fluges durch. Neben der Erkenntnis über den genauen Stand der vom Kunden wahrgenommenen Qualität kann dadurch zusätzlich flexibel auf veränderte Kundenwünsche bezüglich einzelner Servicekomponenten reagiert werden.[12]

Von besonderer Bedeutung ist auch die *interne* Kommunikation im Zusammenhang mit der Kundenzufriedenheitsmessung und -optimierung. Es empfiehlt sich, von Anfang an offen über die Ziele solcher Aktionen und die verwendeten Methoden zu informieren. Potentielle einflußreiche Kritiker sollten früh in die Konzeption der Messung einbezogen werden. Auch die Ergebnisse sollten im Unternehmen offen kommuniziert werden. Offenheit über Ziele, Methoden und Ergebnisse ist eine der wichtigsten Voraussetzungen für die Akzeptanz derartiger Analysen im Unternehmen. Von allergrößter Wichtigkeit ist jedoch, daß die obersten Managementebenen sich von Beginn an hinter die Kundenzufriedenheitsmessung stellen und aktiv an der Überwindung von Akzeptanzbarrieren arbeiten.

12 Vgl. Klein 1995.

3. Erfolgsfaktor Kundenstruktur: Auf die richtigen Kunden kommt es an

»Völliges Desaster« titelte die WirtschaftsWoche[1] vor einiger Zeit und meinte damit den Kenntnisstand deutscher Unternehmen hinsichtlich ihrer Kundenstruktur. Demnach sind nur wenige Firmen in der Lage, ihre wichtigen Kunden in der Rangfolge ihrer Ertragskraft zu nennen. Ein effektives Kundenmanagement ist angesichts solcher Informationsdefizite kaum möglich.

Zahlreiche Unternehmen verfolgen nach unseren Beobachtungen (mehr oder weniger bewußt) eine undifferenzierte Strategie der Umsatzmaximierung. Strukturdefizite oder das Fehlen echter Wettbewerbsvorteile sollen durch Größe kompensiert werden. Solche Aussagen findet man natürlich nicht explizit in den Strategiepapieren der Unternehmen. Betrachtet man allerdings die verwendeten Steuerungsinstrumente, so wird die überzogene Volumenorientierung vielerorts offensichtlich: Vergütungssysteme für Führungskräfte enthalten als wesentliches Kriterium zur Gehaltsfindung die Mitarbeiterzahl (je mehr, desto besser), Zielvereinbarungen für Vertriebsleiter und -mitarbeiter beziehen sich oft ausschließlich auf das zu erreichende Umsatzvolumen (wiederum: je mehr, desto besser).

Die Konsequenzen dieser überzogenen Umsatzorientierung liegen auf der Hand. Wachstum um (fast) jeden Preis intensiviert die Strukturdefizite. Dies gilt insbesondere im Hinblick auf die Kundenstruktur. Auch Kunden mit noch so marginalen Umsatzbeiträgen werden gehalten. Als Resultat haben viele Unternehmen einfach zu viele Kunden.

Eine Bereinigung der Kundenstruktur ist demnach vielerorts notwendig. Dies gilt insbesondere im Hinblick auf die im vorhergehenden Kapitel geforderte Kundenorientierung: Die dargestellten Möglichkeiten zur Steigerung der Kosteneffizienz durch zufriedene Kunden sind nämlich keineswegs ein zwangsläufiger Wirkungsmechanismus. Kundennähe kann nur dann profitabel sein, wenn sie mit Kundenfokussierung verbunden wird. Eine Untersuchung über die Erfolgsstrategien kundennaher Unternehmen zeigte klar, daß diese Unternehmen darauf setzen, enge Beziehungen zu *ausgewählten* Kunden aufzubauen und zu pfle-

---

1 Vgl. Deutsch 1993, S. 46.

gen.[2] Kundennähe nach dem »Gießkannenprinzip« ist dagegen der sichere Weg zur kostenintensiven Verzettelung.

Ansätze zur Kundenfokussierung stehen dementsprechend im Mittelpunkt dieses Kapitels. Wir behandeln zunächst in den ersten beiden Abschnitten die kundenbezogene ABC-Analyse und das Kundenportfolio. Beide Instrumente zeigen Ansatzpunkte zur kundenbezogenen Fokussierung auf. Kennzahlen, die Indizien für Defizite in der Kundenstruktur liefern, sind Gegenstand des dritten Abschnitts. Im vierten Abschnitt gehen wir auf die kundenbezogene Rentabilitätsbetrachtung ein und behandeln insbesondere die gestufte Deckungsbeitragsrechnung. Der letzte Abschnitt skizziert dynamische Konzepte zur Beurteilung und Optimierung der Kundenstruktur.

3.1 ABC-Analyse zur Untersuchung der Kundenkonzentration

Bei der ABC-Analyse handelt es sich um ein allgemeines Instrument zur Analyse der Konzentration von Verteilungsstrukturen. Die wichtigsten Anwendungsgebiete sind die Analyse der Kundenstruktur und die der Produktstruktur. Im folgenden steht ihre Anwendung auf die Kundenstruktur im Vordergrund.

Das Prinzip der ABC-Analyse liegt darin, die Kunden bezüglich eines bestimmten Kriteriums nach fallender Größe anzuordnen. Das bei weitem häufigste Kriterium ist hierbei der Umsatz. Allerdings sind auch andere Kriterien denkbar, beispielsweise der bei den Kunden erzielte Deckungsbeitrag sowie (falls entsprechende Informationen vorhanden sind) der bei den Kunden erzielte Gewinn.

Wir verdeutlichen die Vorgehensweise am Beispiel eines Unternehmens aus der Kosmetikbranche. Die Kunden sind Handelsunternehmen sowie Apotheken. Insgesamt hat das Unternehmen ca. 3500 Kunden. Auf die 600 umsatzstärksten Kunden (A-Kunden) entfallen ca. 87 Prozent des Umsatzes. Die in der Umsatzrangfolge nachfolgenden 1000 Kunden (B-Kunden) stehen für weitere 10 Prozent des Umsatzes. Mit den restlichen 1900 (umsatzschwächsten) Kunden – sie werden als C-Kunden bezeichnet – werden die verbleibenden 3 Prozent des Umsatzes erzielt.

---

2 Vgl. Homburg 1995 (a) und (b).

Abbildung 3-1 zeigt die im Rahmen der ABC-Analyse übliche graphische Veranschaulichung der Kundenstruktur. Auf der horizontalen Achse wird der kumulierte Anteil der Kundengruppen am Kundenbestand aufgetragen, auf der vertikalen Achse der kumulierte Umsatzanteil der Kundengruppen. Je steiler die Kurve ist, desto höher ist die kundenbezogene Konzentration des Unternehmens. Die am Beispiel des Kosmetikunternehmens betrachteten Zahlen sind keineswegs untypisch. Häufig stößt man bei Anwendungen der ABC-Analyse auf eine 80:20 Struktur. Dies bedeutet, daß mit den 20 Prozent umsatzstärksten Kunden 80 Prozent des Gesamtumsatzes erwirtschaftet werden. Auf weitere 30 Prozent der Kunden entfallen häufig ca. 15 Prozent des Umsatzes und mit den 50 Prozent umsatzschwächsten Kunden, den C-Kunden, werden in der Regel nicht mehr als 5 Prozent des gesamten Umsatzes erzielt.

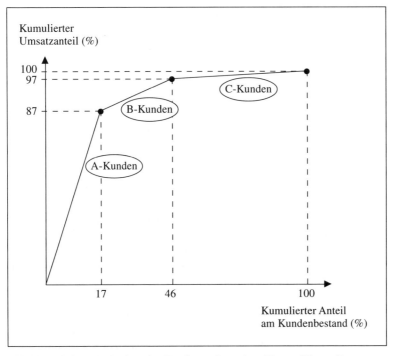

Abbildung 3-1: ABC-Analyse der Kundenstruktur eines Kosmetikherstellers

Was sind die Folgerungen aus einer solchen Betrachtung? Im Kern
geht es u. E. darum, die *Wirtschaftlichkeit der C-Kunden* zu überprüfen.
Es stellt sich die grundsätzliche Frage, ob die Fortsetzung der Geschäftsbeziehung mit diesen Kunden sinnvoll ist.
Wo liegt das Problem? – mag man geneigt sein zu fragen. Kann man
die bei diesen Kunden erzielten Umsätze nicht einfach als eine Art
Mitnahmegeschäft verstehen? Natürlich darf ein solches Mitnahmegeschäft keinen nennenswerten Aufwand verursachen, man wird sich
also auf die A-Kunden konzentrieren, aber dies vorausgesetzt stellen C-
Kunden doch kein grundsätzliches Problem dar. Kann nicht im Gegenteil das Geschäft mit C-Kunden sogar aufgrund der im Vergleich zu A-
Kunden höheren erzielbaren Preise sehr profitabel sein?
   Einwände dieser Art sind im Zusammenhang mit der ABC-Analyse
nicht gerade selten. Diese Perspektive steht allerdings auf tönernen Fü-
ßen: Zunächst einmal sollte man sich verdeutlichen, daß die Möglichkeiten, den Aufwand der Bearbeitung bestimmter Kundengruppen zu
minimieren – so sinnvoll dieser Ansatz auch sein mag –, begrenzt sind.
Es gibt einen gewissen »Bodensatz« an Kosten, die ein Kunde durch
seine bloße Existenz verursacht; dies gilt selbst dann, wenn er über längere Zeit hinweg überhaupt keinen Umsatz tätigt. Als Beispiel seien die
Kosten für die Pflege der Kundendaten sowie die Kosten der Information der dort aufgeführten Kunden genannt. Nicht umsonst haben Arbeiten auf dem Gebiet der Prozeßkostenrechnung ergeben, daß die Zahl
der Kunden vielfach als Kostentreiber im Unternehmen fungiert.[3] Ein
wesentlicher Teil dieser Kosten ist in der Regel vollkommen unabhängig von dem beim Kunden erzielten Umsatz: Er fällt für den umsatzstärksten Kunden in gleicher Höhe an wie für den umsatzschwächsten.
In Relation zum Umsatz betrachtet, können solche Kosten bei A-Kunden vernachlässigbar sein, bei C-Kunden dagegen substantiell.
   Die oben dargestellte Perspektive läßt dieses Problem vollkommen
unberücksichtigt. Im Grunde handelt es sich um ein *Transparenzproblem*:
Unternehmen verfügen in aller Regel über Informationen darüber, welche Preise in welchen Kundengruppen erzielt werden. Sie wissen also,
daß – das ist fast immer der Fall – bei C-Kunden höhere Preise erzielt
werden als bei A-Kunden. Die durch das Vorhandensein dieser Kunden

---

3 Vgl. z. B. Cervellini 1991, S. 231, Horváth/Mayer 1989, Stevenson/Barnes/
   Stevenson 1993, S. 46.

verursachten Kosten sind allerdings in den meisten Fällen nicht transparent. Sie sind Bestandteil irgendeines Gemeinkostenblocks im Unternehmen, z. B. der Vertriebsgemeinkosten oder der EDV-Kosten.

Ein zweites Problem mit C-Kunden, das die oben beschriebene Perspektive ebenfalls nicht berücksichtigt, besteht darin, daß C-Kunden häufig Komplexität in das Unternehmen hineintragen. So haben wir in mehreren Auftragsstrukturanalysen festgestellt, daß Kleinstaufträge häufig von C-Kunden plaziert werden. Jeder Auftrag verursacht unabhängig von seinem Volumen gewisse Abwicklungskosten, so daß es einen Mindestwert gibt, unter dem Aufträge nicht mehr wirtschaftlich sind. Insofern stellen Kleinstaufträge in großer Zahl eine wesentliche Gefahr für die Effizienz der Auftragsabwicklung dar – ein Aspekt, auf den wir in Abschnitt 3.3 eingehen werden. Auch hier liegt wiederum ein Transparenzproblem vor: Die Abwicklungskosten für Kleinstaufträge werden pauschal den Vertriebsgemeinkosten zugerechnet und nicht den Kunden zugeordnet, die sie verursachen – und dies sind eben häufig C-Kunden.

Wir möchten an dieser Stelle von dem Ergebnis einer Analyse berichten, die wir vor einiger Zeit bei einem Großhandelsunternehmen durchgeführt haben. Gestützt auf die prozeßkostenorientierte Betrachtung wurden den einzelnen Kunden die von ihnen verursachten Vertriebskosten (für Kundenbetreuung, Auftragsabwicklung usw.) zugeordnet. Bei den C-Kunden dieses Unternehmens wurde im Schnitt ein um 14 Prozent höherer Preis als bei einem durchschnittlichen A-Kunden erzielt – auf den ersten Blick durchaus eine beeindruckende Zahl. Bei der Kostenzuordnung zeigte sich allerdings, daß die kundenbezogenen Vertriebskosten bei einem durchschnittlichen A-Kunden 3,2 Prozent vom Umsatz betrugen, während sie bei einem durchschnittlichen C-Kunden bei 57 Prozent des Umsatzes lagen! In der Kalkulation des Unternehmens wurden die Vertriebskosten als Aufschlag auf den Einkaufswert des jeweiligen Produkts behandelt. Der Zuschlagssatz betrug knapp 5 Prozent. Auf der Basis dieser Zuschlagskalkulation wurden die C-Kunden als die profitabelsten des Unternehmens ausgewiesen. Dies liegt auf der Hand: Wenn die Vertriebskosten pauschalisiert werden, so hängt die kundenbezogene Profitabilität im wesentlichen von der Produktmischung ab, die der Kunde kauft, sowie von dem beim Kunden erzielten Preis – und der war nun einmal bei C-Kunden deutlich höher. Daß derartige (weit verbreitete) Zuschlagskalkulationen zu einer krassen Fehleinschätzung der tatsächlichen Wirtschaftlichkeit führen können, dürfte unser Beispiel deutlich gemacht haben.

Ein weiterer Weg, auf dem C-Kunden Komplexität in ein Unternehmen tragen können, offenbarte sich bei einer Untersuchung von Komponentenherstellern:[4] Die Kombination einer kunden- und einer produktbezogenen ABC-Analyse zeigte hier, daß ein sehr großer Anteil der C-Produkte auf der Nachfrage von C-Kunden basiert. Verdeutlicht man sich die kostentreibenden Auswirkungen einer komplexen Produktpalette mit zahlreichen mindergängigen C-Produkten – wir gehen in Kapitel 5 ausführlich auf diese Problematik ein –, so wird klar, daß hier eine weitere kostenintensive Konsequenz des Vorhandenseins von C-Kunden vorliegt.

Man mag diesen Ausführungen entgegenhalten, daß es andere Lösungen für die in den Beispielen angerissenen Probleme gibt. So kann man beispielsweise (für C-Kunden oder für den gesamten Kundenkreis) Mindestauftragsgrößen bzw. Mindermengenzuschläge festlegen. Den höheren relativen Vertriebskosten bei C-Kunden kann man durch höhere Preise Rechnung tragen. Man kann auch beschließen, Nachfragen von C-Kunden nach Produktvarianten grundsätzlich abzulehnen. Solche Ansätze, die einzelnen Kundenkategorien unterschiedlich zu behandeln – man spricht von *differenzierter Marktbearbeitung* –, sind durchaus sinnvoll. Sie lösen allerdings das grundsätzliche Problem nicht. Neben dem erwähnten Transparenzproblem – die aufgezeigten Kostenzusammenhänge werden in den permanenten Berichtssystemen nicht adäquat abgebildet, sind wohl auch mit wirtschaftlich vertretbarem Aufwand dort nicht permanent darstellbar – gibt es ein *Umsetzungsproblem*: Insbesondere in großen Unternehmen erweist sich die Anwendung differenzierter Marktbearbeitungssysteme als sehr problematisch. Die Möglichkeiten, die definierten Systeme (z. B. Preissysteme) zu unterlaufen, sind vielfältig. Auch darf man nicht übersehen, daß derart differenzierte Systeme wiederum die Komplexität im Unternehmen erhöhen und damit Kosten verursachen. Ein differenziertes Preissystem muß konzipiert werden, es muß den Kunden kommuniziert werden, seine Einhaltung muß überwacht werden usw. Jede zusätzliche Regelung im Unternehmen verursacht, neben den positiven Effekten, die sie haben mag, auch Kosten. Aufgrund dieser Problematik sind der differenzierten Markt-

---

4 Vgl. McKinsey & Company, Inc./Rommel u. a. 1993, S. 32f.

bearbeitung gewisse natürliche Grenzen gesetzt. Sie kann deshalb die kundenbezogene Konzentration nicht ersetzen, wohl aber sehr sinnvoll ergänzen: Kundenbezogene Konzentration *und* Differenzierung lautet die zentrale Empfehlung auf der Basis der ABC-Betrachtung.

Letztlich läuft die ABC-Analyse auf die Kernforderung nach *stärkerer Kundenfokussierung* hinaus. Es geht nicht um einen pauschalen Kahlschlag bei C-Kunden. Ein solcher wäre schon aufgrund möglicher Interdependenzen (Ausstrahlungseffekte der Maßnahmen bei einem Kunden auf andere Kunden) problematisch. Auch gilt natürlich nicht die Gesetzmäßigkeit »Je mehr Konzentration, desto besser«. Extreme kundenbezogene Konzentrationen, wie man sie z.B. in der Automobilzulieferindustrie und – aufgrund der fortschreitenden Konzentration im Handel – mittlerweile teilweise auch in der Konsumgüterindustrie findet, bringen das Problem der Abhängigkeit von einigen wenigen Kunden mit sich.

Derartige Probleme sind jedoch Phänomene, die sich auf wenige Branchen beschränken. Die meisten Unternehmen haben nach unseren Beobachtungen in ihrer Kundenstruktur nicht zu viel, sondern zu wenig

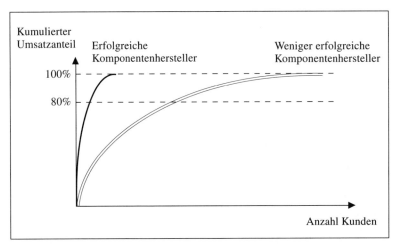

Abbildung 3-2: Kundenbezogene ABC-Analyse von unterschiedlich erfolgreichen Komponentenherstellern[5]

5 Quelle: McKinsey & Company, Inc./Rommel u. a. 1993, S. 32.

Konzentration. Diese Aussage wird auch durch die Ergebnisse einer Untersuchung der Unternehmensberatung McKinsey gestützt (vgl. Abbildung 3-2): Bei einer Gegenüberstellung der Kundenstrukturen erfolgreicher und weniger erfolgreicher Komponentenhersteller zeigte sich bei den erfolgreichen Unternehmen eine deutlich höhere Kundenkonzentration.

Die ABC-Analyse eignet sich auch zur Analyse von Veränderungen der Kundenstruktur im Zeitablauf. Stellt man bei mehrfacher Anwendung des Instruments über einen längeren Zeitraum hinweg z. B. fest, daß der Anteil der C-Kunden kontinuierlich zunimmt, daß die kundenbezogene Konzentration also rückläufig ist, so sollte man sich mit dieser Entwicklung intensiv auseinandersetzen. Sie könnte die Quelle der Kostenprobleme von morgen sein.

3.2 Optimierung der Kundenstruktur mit Hilfe des Kundenportfolios

Die soeben behandelte ABC-Analyse ist sicherlich ausgesprochen sinnvoll, um sich ein erstes Bild der Kundenstruktur zu verschaffen. Ihrer Einfachheit steht allerdings die Tatsache entgegen, daß sie wesentliche Aspekte einer Kundenbeurteilung unberücksichtigt läßt. So bleibt bei der umsatzbezogenen ABC-Analyse das *Potential des Kunden* außen vor. Beispielsweise wird ein Kunde, der im Jahr einen Bedarf von 100 000,– DM an der relevanten Produktgruppe hat und diesen vollständig bei dem betrachteten Unternehmen deckt, ebenso gesehen wie ein zweiter Kunde, der einen Bedarf von 5 Millionen DM hat, aber lediglich 5 Prozent davon bei dem relevanten Unternehmen deckt: Beide Kunden stehen ja für ein Umsatzvolumen von jeweils 100 000,– DM. Daß bei dem zweiten Kunden »viel mehr zu holen wäre«, bleibt unberücksichtigt. Wird ein Kunde als C-Kunde eingestuft, so bleibt bei der ABC-Analyse gänzlich unberücksichtigt, ob dies daran liegt, daß der Kunde insgesamt nur ein geringes Potential hat, oder ob es sich vielleicht um einen sehr potentialstarken Kunden handelt, bei dem man lediglich eine schwache Wettbewerbsposition hat. Das ist aber eine zentrale Information für Entscheidungen über die zukünftige Vertriebsarbeit.

Diesem Schwachpunkt der ABC-Analyse trägt das Kundenportfolio Rechnung. Es ist als zweidimensionale Methode differenzierter als die eindimensionale ABC-Analyse. Mit den Dimensionen der Kundenattraktivität und der Lieferantenposition wird ein Portfolio aufgespannt, anhand dessen die Kunden in vier Kategorien unterteilt werden (vgl. Abbildung 3-3). Wie sind nun die beiden Achsen des Portfolios zu operationalisieren? Wesentliches Kriterium im Zusammenhang mit der *Kundenattraktivität* ist der (z. B. jährliche) Bedarf des Kunden an den Produkten und/oder Dienstleistungen, die das Unternehmen anbietet. Wir bezeichnen diese Größe im folgenden auch als *relevanten Bedarf*. Es handelt sich um das Volumen, das beim Kunden *prinzipiell* erzielbar wäre, unabhängig vom *tatsächlich* erzielten Umsatzvolumen. Weitere Kriterien, die in die Beurteilung der Kundenattraktivität einfließen können, sind beispielsweise

– das geschätzte Wachstum des relevanten Bedarfs,
– die Erlösqualität, d. h. das Preisniveau, das beim Kunden erzielt werden kann,
– das Image des Kunden (im Hinblick auf die Nutzung als Referenzkunde) und
– seine Kooperationsbereitschaft.

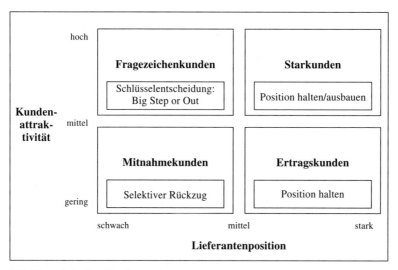

Abbildung 3-3: Das Kundenportfolio

Die *Lieferantenposition* wird in der Regel über den Lieferanteil gemessen, den das Unternehmen bei dem Kunden erzielt. Ähnlich wie bei der Berechnung eines Marktanteils setzt man also das bei dem Kunden erzielte Umsatzvolumen zu seinem relevanten Bedarf in Beziehung. Beträgt der jährliche relevante Bedarf 100 000,– DM und deckt der Kunde hiervon 20 000,– DM beim Unternehmen, so beträgt der Lieferanteil 20 Prozent. Sofern man darüber informiert ist, welchen Lieferanteil der stärkste Wettbewerber beim betrachteten Kunden in etwa erzielt, kann man die horizontale Achse des Portfolios auch über den *relativen* Lieferanteil operationalisieren. Hierunter versteht man den Quotienten aus dem eigenen Lieferanteil und dem des stärksten Konkurrenten. Erzielt dieser im obigen Beispiel einen Lieferanteil von 40 Prozent, so beträgt der relative Lieferanteil 0,5. Zusätzlich zum Lieferanteil können auch noch qualitative Kriterien, wie z. B. die Qualität der Geschäftsbeziehung mit den jeweiligen Kunden, einfließen.

Falls man die Achsen über mehrere Kriterien operationalisiert, so sind diese jeweils mit Hilfe einer einheitlichen Skalierung vergleichbar zu machen. Die Gesamtbewertung bezüglich einer Achse ergibt sich dann als (unter Umständen gewichteter) Durchschnitt der einzelnen Bewertungen. Allerdings empfiehlt es sich, die Zahl der Kriterien je Achse gering zu halten. Je größer sie wird, desto eher kommt es zu einer gegenseitigen Kompensation zwischen den einzelnen Kriterien, so daß die Gesamtbewertungen für die einzelnen Kunden überwiegend im mittleren Bereich liegen. Dadurch verliert die Methode an Aussagekraft. Eine Obergrenze von drei Kriterien je Achse hat sich in der Anwendungspraxis bewährt.

Die Vorgehensweise der Erstellung eines Kundenportfolios soll im folgenden am Beispiel einer Autovermietung im Firmenkundengeschäft verdeutlicht werden. Zur Beurteilung der Kundenattraktivität der Firmenkunden wurden die Kriterien *relevanter Bedarf, Wachstum des relevanten Bedarfs* und *Preisniveau* herangezogen. Die unterschiedliche Bedeutung der drei Kriterien drückt sich in einer Gewichtung im Verhältnis von 0,5 : 0,2 : 0,3 aus. Somit wird als zentrales Kriterium der relevante Bedarf gesehen, gefolgt vom Preisniveau und dem Wachstum des relevanten Bedarfs.

Die Bewertung der Kunden anhand ihres relevanten Bedarfs wurde über eine siebenstufige Skala (von 1 bis 7) vorgenommen. Demnach erhalten Kleinkunden mit einem Bedarf von bis zu 1 Million Kilometer pro Jahr den Wert 1, Großkunden mit einem Bedarf von größer als 50 Millionen Kilometer pro Jahr den Wert 7. Dazwischen liegen folgende Stufen:

Kunden mit einem Bedarf: Wert:
- zwischen 1 und 10 Millionen km pro Jahr $\Rightarrow$ 2
- zwischen 10 und 20 Millionen km pro Jahr $\Rightarrow$ 3
- zwischen 20 und 30 Millionen km pro Jahr $\Rightarrow$ 4
- zwischen 30 und 40 Millionen km pro Jahr $\Rightarrow$ 5
- zwischen 40 und 50 Millionen km pro Jahr $\Rightarrow$ 6

Es sei nochmals daran erinnert, daß es sich hierbei um das prinzipiell beim Kunden erzielbare Volumen handelt und nicht um das tatsächlich erzielte Volumen. Ein Kunde der Kategorie 6, der seinen Bedarf momentan nur zu 20 Prozent (also ca. 9 Millionen Kilometer pro Jahr) bei dem Beispielunternehmen deckt, aber einen Bedarf von 40 bis 50 Millionen Kilometer im Jahr hat, wird daher als besonders attraktiv angesehen.

Das Kriterium Wachstum des relevanten Bedarfs wurde wie folgt skaliert. War der relevante Bedarf stark rückläufig, erhielt der Kunde den Wert 1. Bei einem in etwa konstanten Bedarf wurde dem Kunden der Wert 4 zugewiesen und bei stark steigendem Wachstum des relevanten Bedarfs erhielt der Kunde den Wert 7. Eine ähnliche Skalierung wurde zur Beurteilung der Kunden anhand des Preisniveaus herangezogen:

                      Wert:
- deutlich unter Marktdurchschnitt $\Rightarrow$ 1
- Marktdurchschnitt $\Rightarrow$ 4
- deutlich über Marktdurchschnitt $\Rightarrow$ 7

Bewertungen zwischen diesen Punkten entsprechen abgestuften Beurteilungen.

Die Skalierung des Lieferanteils bei den Firmenkunden, als Kriterium zur Bestimmung der *Lieferantenposition*, erfolgt wiederum über eine siebenstufige Skala. Liegt der Lieferanteil unter 5 Prozent, so erhält der Kunde den Wert 1, bei einem Lieferanteil von über 80 Prozent den Wert 7. Die Zwischenschritte verlaufen proportional:

Wert:
- zwischen   5 und 20 Prozent Lieferanteil   ⇒   2
- zwischen 20 und 35 Prozent Lieferanteil   ⇒   3
- zwischen 35 und 50 Prozent Lieferanteil   ⇒   4
- zwischen 50 und 65 Prozent Lieferanteil   ⇒   5
- zwischen 65 und 80 Prozent Lieferanteil   ⇒   6

Tabelle 3-1 verdeutlicht die Vorgehensweise an einem Beispielkunden. Als zusätzliches Kriterium zur Bestimmung der Lieferantenposition wurde die Qualität der Geschäftsbeziehung (von 1: sehr niedrig bis 7: sehr hoch) hinzugezogen. Der Kunde wird nun anhand der beschriebenen Kriterien beurteilt. Anschließend ergeben sich ein gewichteter Wert für die Kundenattraktivität und ein Wert für die Lieferantenposition. So errechnet sich der Wert bezüglich der Kundenattraktivität für Kunde 1 als $0,5 \times 7 + 0,2 \times 5 + 0,3 \times 3 = 5,4$; für die Lieferantenposition erhalten wir $0,5 \times 5 + 0,5 \times 6 = 5,5$. Damit ist die Position von Kunde 1 im

Kunde 1 Kundenattraktivität und Lieferantenposition	Beurteilung niedrig/schwach					hoch/stark	
Relevanter Bedarf	1	2	3	4	5	6	7
Wachstum des relevanten Bedarfs	1	2	3	4	5	6	7
Preisniveau	1	2	3	4	5	6	7
Qualität der Geschäftsbeziehung	1	2	3	4	5	6	7
Lieferantenanteil in Prozent	1	2	3	4	5	6	7

Gewichtung Kundenattraktivität: 0,5:0,2:0,3   Gewichtung Lieferantenposition: 0,5:0,5

Beurteilung Kunde 1 bis 10	Bewertung der Kundenattraktivität	Bewertung der Lieferantenposition
Kunde 1	5,4	5,5
Kunde 2	4,4	1,5
Kunde 3	1,8	2,0
Kunde 4	2,3	4,3
Kunde 5	4,1	5,5
Kunde 6	3,6	6,0
Kunde 7	6,2	1,7
Kunde 8	1,4	1,4
Kunde 9	4,5	4,3
Kunde 10	5,6	3,7

Tabelle 3-1: Datenmatrix für zehn Firmenkunden einer Autovermietung

Kundenportfolio bestimmt. Mit den Daten aus Tabelle 3-1 kann das in Abbildung 3-4 dargestellte Kundenportfolio gebildet werden.

Das Kundenportfolio liefert eine Typologisierung der Kunden in vier Kategorien (vgl. Abbildungen 3-3 und 3-4). Anhand dieser Typologie lassen sich grundsätzliche Aussagen zur wirtschaftlichen Steuerung der Vertriebs- und Marketingaktivitäten (Kundenbetreuung, Akquisition, Werbung, preisliche Zugeständnisse usw.) machen.

Starkunden zeichnen sich durch eine hohe Kundenattraktivität aus, und das eigene Unternehmen verfügt über eine starke Lieferanten-position. Diese gilt es zu halten, gegebenenfalls noch auszubauen. Die Umsetzung dieser Zielsetzung erfordert in der Regel eine intensive Ressourcenbindung bei diesen Kunden. Es gilt also, in diese Geschäfts-beziehungen zu investieren. Auf eine regelmäßige Kundenbetreuung ist Wert zu legen. Die Erhöhung der Kundenbindung ist mit besonderer Priorität anzustreben. Dies kann durch unterschiedlichste Kundenbin-dungsmaßnahmen geschehen. Mehrjährige vertragliche Bindungen mit entsprechenden Vorteilen für den Kunden, Kundenclubs sowie – im Firmenkundengeschäft – Kontakte auf der Managementebene und Ko-operationsprogramme sind nur einige Beispiele. Außerdem empfiehlt

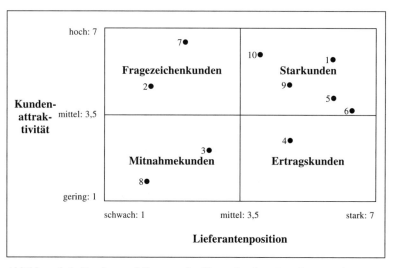

Abbildung 3-4: Kundenportfolio von zehn Firmenkunden einer Autovermietung

es sich, bei dieser Kundenkategorie die Aktivitäten der Konkurrenz sehr genau zu beobachten. Aufgrund ihrer Attraktivität sind diese Kunden nämlich ständig intensiven Akquisitionstätigkeiten etablierter und neuer Anbieter ausgesetzt.

Fragezeichenkunden sind ebenso attraktiv wie Starkunden, die eigene Position ist hier jedoch schwach. Bei diesen Kunden ist eine richtungsweisende Schlüsselentscheidung erforderlich. Man muß sich die Frage stellen, ob man willens und in der Lage ist – das sind zwei verschiedene Dinge! –, die eigene Position bei diesen Kunden nachhaltig zu verbessern, so daß sie zu Starkunden werden, oder ob es nicht vorteilhafter ist, die Bearbeitung dieser Kunden mittelfristig aufzugeben. In der amerikanischen Managementliteratur wird dies bisweilen auf die griffige Formel »Big Step or Out« gebracht. Ein Verharren in der Fragezeichenposition ist in aller Regel problematisch: Die Kunden wissen um ihre Attraktivität, dementsprechend ist ihr Anspruchsniveau (z. B. was die Kundenbetreuung oder auch Zugeständnisse in preislicher Hinsicht betrifft) in der Regel sehr hoch. Die Bearbeitung dieser Kundengruppe gestaltet sich also in der Regel aufwendig. Dieser Aufwand ist üblicherweise nur dann wirtschaftlich, wenn damit für das Unternehmen ein beträchtliches Volumen verbunden ist, wenn man also eine starke Position beim Kunden hat, was ja bei Fragezeichenkunden nicht der Fall ist.

Beschließt man, bei einem Fragezeichenkunden eine nachhaltige Verbesserung der Lieferantenposition anzustreben, einen »Big Step« also, so sollte dies an klar quantifizierte und terminierte Zielsetzungen gekoppelt sein. Zur Erreichung der Ziele sind klar definierte Maßnahmen und die entsprechenden Verantwortlichkeiten festzulegen. Es empfiehlt sich, diese Dinge in einer knappen, schriftlich formulierten Kundenstrategie festzuhalten.

Das zentrale Ziel dieser Vorgehensweise liegt darin, den oft erheblichen Aufwand, den solche Maßnahmenpakete verursachen, zeitlich zu begrenzen. Stellt man zu gegebener Zeit im Hinblick auf einen speziellen Fragezeichenkunden oder eine Gruppe von Kunden fest, daß trotz des erheblichen Aufwandes zum Ausbau der eigenen Position keine nachhaltigen Fortschritte erzielt wurden, so rückt die zweite Alternative, der Rückzug, schon sehr viel stärker in den Mittelpunkt der Betrachtungen. Letztlich gilt es, dem häufig grenzenlosen Optimismus der Marketing- und Vertriebsmanager bezüglich der eigenen Fähigkeiten einen Riegel vorzuschieben. Nichts ist im Vertrieb teurer als permanentes, erfolgloses Anrennen bei Fragezeichenkunden.

Bei *Ertragskunden* besteht das naheliegende Ziel darin, die starke Position zu halten. Massive Steigerungsprogramme sind angesichts der begrenzten Attraktivität dieser Kunden in der Regel nicht wirtschaftlich. Die Empfehlung lautet also, in die Geschäftsbeziehungen mit diesen Kunden soviel wie erforderlich zu investieren, um diese auf dem derzeitigen Niveau zu halten.

»Selektiver Rückzug« lautet die Empfehlung aus dem Kundenportfolio im Zusammenhang mit den *Mitnahmekunden*. Es ist also keineswegs eine zwangsläufige Konsequenz, diese Kunden aufzugeben. Ähnlich wie bei den C-Kunden im Rahmen der ABC-Analyse ist die Kernfrage nach der Wirtschaftlichkeit der Bearbeitung dieser Kunden zu stellen. Auch hier macht man häufig die Erfahrung, daß die Kategorie der Mitnahmekunden in überproportionaler Weise für unwirtschaftliche Phänomene im Unternehmen (z. B. Kleinstaufträge) verantwortlich ist. Derartige Dinge gilt es im Rahmen der Frage nach der Wirtschaftlichkeit dieses Kundensegments zu durchleuchten. Gefährlich ist es, sich von der Tatsache blenden zu lassen, daß in diesem Kundensegment häufig deutlich höhere Preise erzielt werden als in anderen Kundenkategorien. Die Unterschiede bei den Abwicklungskosten sind nämlich häufig um ein Vielfaches größer. Wir verweisen hierzu auf das im Zusammenhang mit der ABC-Analyse angesprochene Beispiel.

Die Feststellung, daß die Bearbeitung eines Großteils der Mitnahmekunden in der heutigen Form nicht wirtschaftlich ist, muß keineswegs zwangsläufig zur Aufgabe dieser Kunden führen. In vielen Fällen ist es möglich, die Wirtschaftlichkeit durch andere Formen der Kundenbearbeitung nachhaltig zu steigern. Unterhält man z. B. einen Außendienst zur Kundenbetreuung, so kann eine solche Maßnahme darin bestehen, daß die Mitnahmekunden zukünftig im Regelfall nicht mehr vom Außendienst besucht, sondern telefonisch betreut werden. Ein Unternehmen, das insbesondere Produkte aus Großserienfertigung vermarktet, entschloß sich auf der Basis einer solchen Kundenportfolio-Analyse dazu, die Belieferung der meisten Mitnahmekunden zukünftig nicht mehr direkt, sondern über entsprechend spezialisierte Fachhändler vorzunehmen. Die Erlösschmälerungen, die man beim Verkauf an die Händler im Vergleich zu den bei Endkunden erzielbaren Preisen hinnehmen mußte, wurden – dies ergab eine entsprechende Analyse – durch reduzierte Abwicklungskosten (Bündelung des Bedarfs durch den Händler, Vermeidung von Kleinstaufträgen, Kundenbetreuung durch den Außendienst des Handels usw.) bei weitem kompensiert. Es ist offensichtlich, daß derartige Maßnahmen nicht immer zu erfreuten Reaktionen seitens der Kunden führen werden. Einzelne Kunden werden die Maßnahmen nicht akzeptieren und zur Konkurrenz wechseln. Hier gilt es, konsequent zu bleiben: Selektiver Rückzug bedeutet zwar nicht *zwangsläufig* die Aufgabe der Kunden, die Bereitschaft einzelne Kunden zu verlieren, muß aber gegeben sein. Ist dies nicht der Fall, so ist es von vornherein wenig sinnvoll, sich mit dem Kundenportfolio zu befassen.

Man mag an dieser Stelle einwenden, daß der Verlust eines jeden Kunden doch letztlich nur zu einem Verlust an Deckungsbeitrag führe, wohingegen die Möglichkeit, die Fixkosten entsprechend zu reduzieren, äußerst fraglich sei. Dem ist entgegenzuhalten, daß die Aufgabe dieser Kunden beträchtliche Ressourcen freisetzen kann, die an anderer Stelle viel wirtschaftlicher und produktiver eingesetzt werden können als bei Mitnahmekunden. Wie stark die Produktivität im Vertriebsbereich von einem solchen *fokussierten Ressourceneinsatz* beeinflußt wird, soll folgendes Beispiel verdeutlichen:

Bei einem Maschinenbauunternehmen wurde vor einiger Zeit die Produktivität der Außendiensttätigkeit untersucht. Für die einzelnen Außendienstmitarbeiter wurde die Höhe des durchschnittlichen jährlichen Auftragseingangs der letzten drei Jahre ermittelt, der in den jeweils betreuten Kundengruppen erzielt wurde. Abbildung 3-5 zeigt für drei ausgewählte Außendienstler die Ergebnisse. Der jährliche Auftragseingang liegt bei zwei Außendienstlern über 4 Millionen DM, bei einem dritten lediglich bei 2,7 Millionen DM. Diese Zahlen sind vor dem Hintergrund eines Branchendurchschnitts von 3,6 Millionen DM zu sehen. Diese Zahl wurde einer Verbandsveröffentlichung entnommen.

Wo können die Ursachen solch extremer Unterschiede liegen? Sicherlich können hierfür Unterschiede in der Persönlichkeit der Außendienstmitarbeiter verantwortlich sein. Möglicherweise fehlt dem dritten Außendienstmitarbeiter die Fähigkeit, die tatsächlichen Kundenprobleme zu verstehen, vielleicht liegen auch Defizite vor, was seine Produktkenntnis betrifft, und schließlich ist auch Faulheit eine mögliche Erklärung. Eine zweite mögliche Ursache liegt in der Struktur der Verkaufsgebiete, die die einzelnen Außendienstler betreuen. Möglicherweise sind

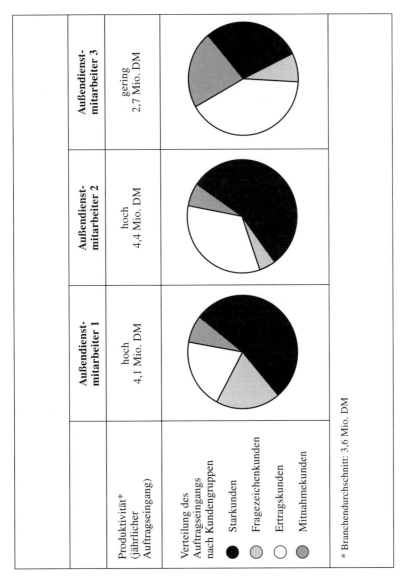

Abbildung 3-5: Produktivität und Kundenstruktur von drei Außendienstmitarbeitern eines Maschinenbauunternehmens

in dem von dem dritten Außendienstmitarbeiter betreuten Gebiet nur wenige potentialstarke Kunden vorhanden, so daß es hier kaum möglich ist, höhere Auftragseingänge zu erzielen. Die dritte mögliche Erklärung – und in diesem Fall (wie in zahlreichen anderen aus unserer Beratungspraxis) die tatsächlich relevante – liegt in der Art und Weise, wie die Außendienstler ihre knappe Ressource, nämlich die Zeit, die ihnen für Kundenbesuche zur Verfügung steht, einsetzen.

Im Rahmen der Ursachenanalyse wurde bei dem Unternehmen für jeden Außendienstmitarbeiter eine Analyse des Kundenportfolios durchgeführt, wobei die verwendeten Skalierungen – dies ist eine wichtige Anwendungsvoraussetzung – jeweils identisch waren. Im wesentlichen wurde die Frage gestellt, wie sich das erzielte Auftragseingangsvolumen auf die vier Kundenkategorien des Portfolios verteilt. Das entsprechende Ergebnis ist in Abbildung 3-5 dargestellt. Schon auf den ersten Blick ist erkennbar, daß die Verteilung bei dem Außendienstler, der die mit Abstand niedrigste Produktivität erzielt, deutlich von der seiner beiden Kollegen abweicht: Während die beiden erfolgreichen Außendienstler jeweils etwa 50 Prozent des Auftragseingangs bei Starkunden erzielen, liegt dieser Anteil beim dritten Außendienstler lediglich bei ca. 25 Prozent. Dafür ist der bei Mitnahmekunden erzielte Auftragseingang um ein Vielfaches höher als bei den beiden Außendienstlern mit hoher Produktivität.

Hier lag der Kern des Problems: Der dritte Außendienstler steuerte seine Zeitbudgetierung nicht sehr proaktiv, sondern reagierte im wesentlichen auf Anfragen seitens der Kunden. Auch Besuchswünsche seitens der Mitnahmekunden wurden bereitwillig erfüllt. Der Außendienstler hatte folglich ein Verzettelungsproblem. Er ging, um große Teile seines Auftragseingangs zu erzielen, im wahrsten Sinne des Wortes »über die Dörfer«. Die dabei eingesetzte Zeit fehlte ihm dann bei der fokussierten Bearbeitung der in seinem Verkaufsgebiet durchaus zahlreich vorhandenen potentialstarken Kunden. Aufbauend auf dieser Analyse wurde mit dem dritten Außendienstler ein Maßnahmenpaket erarbeitet. Es sah die massive Begrenzung der Besuche bei Mitnahmekunden vor, gleichzeitig wurden im Rahmen von Kundenstrategien für ausgewählte Fragezeichenkunden massive Steigerungen der Besuchstätigkeit beschlossen. Auf diese Weise gelang es innerhalb von zwei Jahren, den erzielten Auftragseingang auf Branchendurchschnitt zu steigern. Das entspricht einer Produktivitätssteigerung von mehr als 30 Prozent, die, was man sich nochmals verdeutlichen sollte, *ausschließlich* durch eine andere Allokation der Ressourcen erreicht wurde. Dieses Beispiel verdeutlicht über die Konkretisierung des Kundenportfolios hinaus eine Erkenntnis, die wir im Rahmen von zahlreichen Projekten gewonnen haben: Die *Basisursache von Kostenproblemen* in Unternehmen ist häufig eine wie auch immer geartete *Verzettelung*. Sie kann in kundenbezogener, produktbezogener oder in irgendeiner anderen Hinsicht vorliegen. *Fokussierung*, die Konzentration auf wirklich attraktive Tätigkeitsfelder, ist daher häufig der Schlüssel zur Lösung von Kostenproblemen. Fokussierung bedeutet letztlich, Verzettelung rückgängig zu machen.

Das Kundenportfolio ist ein sinnvolles Instrument, das die Fokussierung in kundenbezogener Hinsicht unterstützen kann. Es kann zur Analyse der Kundenstruktur eines ganzen Unternehmens, eines Unternehmensbereichs, eines Verkaufsbüros oder auch eines einzelnen Außendienstmitarbeiters herangezogen werden. Objekt der Analyse können einzelne Kunden oder – falls deren Zahl zu hoch ist – auch Kundengruppen sein.

Anzustreben ist eine *ausgewogene Mischung* aus Star-, Fragezeichen- und Ertragskunden. Starkunden sind häufig der Kern des Geschäfts, binden aber in der Regel auch beträchtliche Vertriebsressourcen. Fragezeichenkunden verkörpern Wachstumspotentiale – unter ihnen finden sich die potentiellen Starkunden von morgen. Ertragskunden dienen zur Sicherung eines gewissen Basisgeschäfts. Mitnahmekunden *können* das Kundenportfolio sinnvoll abrunden, indem sie ein gewisses »Mitnahmegeschäft« sicherstellen. Es ist jedoch unbedingt darauf zu achten, daß das vermeintliche Mitnahmegeschäft nicht de facto eine massive (zumeist verborgene) Ressourcenbindung verursacht. Derartiges in der Praxis zu vermeiden, erweist sich – wir haben das verdeutlicht – häufig als sehr schwierig. Vor diesem Hintergrund empfiehlt sich grundsätzlich eine kritische Sichtweise der Mitnahmekunden.

Kundenmanagement auf der Basis des Kundenportfolios umfaßt neben Zielen auf der Ebene der einzelnen Kunden, die in individuellen Kundenstrategien festgehalten werden, auch Ziele auf der *Ebene des Portfolios*. Man unterscheidet Volumen- und Strukturziele. Mögliche *Volumenziele* sind beispielsweise die Erhöhung des jährlichen Auftragseingangs in der betrachteten Kundengruppe um 20 Prozent innerhalb von zwei Jahren bei gleicher Vertriebskapazität oder die Senkung der

Vertriebskapazität um 20 Prozent bei Erhaltung des Auftragseingangs in der betrachteten Kundengruppe. Daß Produktivitätssteigerungen in dieser Größenordnung nicht unrealistisch sind, hat das beschriebene Beispiel verdeutlicht. Ähnliche Steigerungen haben wir in einer ganzen Reihe von Projekten beobachten können.

Seitens des Managements wird bisweilen die Frage gestellt, ob nicht auch eine Kombination dieser beiden Zielsetzungen möglich ist: mit weniger Aufwand mehr zu erzielen. Interessanterweise zeigt die Erfahrung in der Praxis, daß derartige Effekte häufig als Resultat einer Anwendung des Kundenportfolios auftreten. Wir sind allerdings der Auffassung, daß, wenn man mit portfoliogestütztem Kundenmanagement beginnt, schon recht klar sein sollte, in welcher Richtung der Schwerpunkt der Zielsetzung liegt. Man tut sich wohl keinen Gefallen, wenn man von Anfang an beide Zielsetzungen vermischt. Daß im Resultat dann häufig eine Kombination auftritt, steht auf einem anderen Blatt.

Strukturziele beziehen sich auf die Zusammensetzung der Kundenstruktur. Auf der Basis einer Kundenportfolioanalyse lassen sich Kennzahlen definieren, die sich auf den Umsatzanteil der einzelnen Kundenkategorien beziehen. Mögliche Strukturziele sind zum Beispiel die Verringerung des Anteils der Mitnahmekunden am Umsatz auf unter 5 Prozent oder die Senkung des Anteils der Fragezeichenkunden auf unter 10 Prozent. Wie wichtig das Management solcher Kennzahlen für die Produktivität der Vertriebsarbeit ist, sollte unser Beispiel verdeutlicht haben.

3.3   Kennzahlengestützte Identifikation von Defiziten in der Kundenstruktur

Ergänzend zu bzw. aufbauend auf den dargestellten Analyseinstrumenten empfiehlt sich die regelmäßige Erhebung ausgewählter Kennzahlen. Kennzahlen als verdichtete Abbildungen komplexer Sachverhalte dienen der kompakten und übersichtlichen Aufbereitung von Informationen. Besonders aufschlußreich kann die *dynamische Analyse* sein: Veränderungen der Werte einzelner Kennzahlen im Zeitverlauf können zugrundeliegende Strukturveränderungen aufdecken.

Aufbauend auf der ABC-Analyse kann man zum Beispiel die Kennzahl *Anteil der C-Kunden am Umsatz* analysieren. Hierbei ist darauf zu achten, daß die Definition eines C-Kunden explizit gemacht wird und im Zeitablauf stabil bleibt. Steigt dieser Anteil mehr oder weniger kontinuierlich, so kann diese Tendenz zu geringerer Konzentration auf entstehende Probleme in der Kundenstruktur hinweisen. Basierend auf der Portfolioanalyse ist es sinnvoll, den Anteil der Mitnahmekunden bzw. der Fragezeichenkunden am erzielten Umsatz zu ermitteln. Weist dieser eine zunehmende Tendenz auf, so läßt das ebenfalls auf entstehende Strukturprobleme schließen.

Von besonderer Bedeutung sind derartige Betrachtungen in Zeiten rückläufiger Auftragsentwicklung. Die dann zu beobachtende (und durchaus verständliche) Tendenz, »alles zu machen« (z. B. jeden Auftrag zu akzeptieren), führt erfahrungsgemäß zu derartigen Strukturproblemen. Die Hoffnung, daß die entstandenen Strukturprobleme sich, sobald die Auftragslage wieder gut ist, gewissermaßen in Nichts auflösen werden, ist als ziemlich illusionär zu bezeichnen.

Weitere Kennzahlen, die auf ABC-Analyse oder Kundenportfolio basieren, können sich darauf beziehen, inwieweit Ressourcen des Unternehmens durch einzelne Kundenkategorien beansprucht werden. Unterhält ein Unternehmer beispielsweise einen Außendienst zur Betreuung der Kunden, so ist es sinnvoll, den *Anteil der C-Kunden an den absolvierten Kundenbesuchen* (bzw. den der Fragezeichen- oder Mitnahmekunden) zu ermitteln. Auch *Besuchshäufigkeiten* nach einzelnen Kundenkategorien sind aufschlußreich. Sie können unerwünschte Verlagerungen in den Vertriebsaktivitäten offenlegen. In ähnlicher Weise können z. B. die *Servicekosten nach Kundenkategorien* ermittelt werden.

Darüber hinaus können sich Probleme in der Kundenstruktur auch in anderen Bereichen manifestieren, die ebenfalls durch Kennzahlen beobachtet werden sollten. Wir haben bereits erwähnt, daß Kleinstaufträge häufig von Kleinkunden plaziert werden. Es ist daher angebracht, die Auftragsstruktur kennzahlengestützt zu durchleuchten. Eine wichtige Kennzahl ist in diesem Zusammenhang der *durchschnittliche Auftragswert*. In diesem Kontext sollte man sich nochmals verdeutlichen, daß für jeden Auftrag neben den vom Auftragswert abhängigen Kosten auch gewisse Abwicklungskosten entstehen, die vom Auftragswert weitgehend unabhängig sind. Wir haben festgestellt, daß diese vom Auftragswert unabhängigen Kosten der Auftragsabwicklung den meisten Unternehmen nicht bekannt sind, daß häufig nicht einmal eine Größenordnung abgeschätzt werden kann. Zum zweiten haben wir festgestellt, daß in vielen Unternehmen häufig sogar Aufträge abgewickelt werden, deren Wert *unter den Abwicklungskosten* liegt. Die Problematik solcher Kleinstaufträge wurde bereits mehrfach erläutert. Es empfiehlt sich vor diesem Hintergrund, eine Kennzahl zu erheben, die speziell auf die Erfassung von Kleinstaufträgen abzielt. Hierzu eignet sich der *Anteil der Aufträge, deren Wert unter x DM liegt.* Nach unseren Erfahrungen ist es einigermaßen unrealistisch, sich zum Ziel zu setzen, unter einem bestimmten Wert *überhaupt keine* Aufträge mehr abzuwickeln. Empfehlenswerter ist es, den Anteil der Kleinstaufträge unter Anwendung der genannten Kennzahl regelmäßig zu ermitteln und steuernd einzugreifen, wenn hier eine steigende Tendenz erkennbar ist.

Sind die Leistungen, die ein Unternehmen seinen Kunden anbietet, nicht in hohem Maße standardisiert, so werden den Kunden in der Regel Angebote auf entsprechende Anfragen hin gemacht. Insbesondere bei technisch komplexen Produkten oder Dienstleistungen ist die *Angebotserstellung* häufig ein komplexer Prozeß, der durch hochqualifiziertes Personal durchgeführt wird. Dementsprechend sind Angebotskosten in vielen Unternehmen ein wesentlicher Kostenblock. Eine kürzlich durchgeführte Analyse in einem Ingenieurbüro ergab beispielsweise einen Anteil der Angebotskosten an den Gesamtkosten von nahezu 20 Prozent. Vor diesem Hintergrund stellt die Durchleuchtung der Effizienz der Angebotstätigkeit in zahlreichen Unternehmen einen wesentlichen Beitrag zum *Marktorientierten Kostenmanagement* dar. Die zentrale diesbezügliche Kennzahl ist die »*Trefferquote*« *bei Angeboten.* Gemeint ist derjenige Anteil der erstellten Angebote, der zu Aufträgen führt. Es empfiehlt sich, diese Trefferquote für alle Abteilungen zu ermitteln, die Angebote für Kunden erstellen. Auch für einzelne Vertriebsmitarbeiter sollten, sofern dies sinnvoll möglich ist, Trefferquoten berechnet werden. Nach unseren Erfahrungen löst allein die Tatsache, daß derartige Größen ermittelt und kommuniziert werden, Denkprozesse im Unternehmen aus. Der einzelne Mitarbeiter beginnt, die Effizienz seines Arbeitens kritisch zu durchleuchten und im Rahmen seiner Möglichkeiten zu optimieren.

Die Ursache für zu geringe Angebotseffizienz liegt oft in einer zu unkritischen Behandlung sogenannter »Alibianfragen«. Hierunter versteht man solche Anfragen bei einem potentiellen Lieferanten, die getätigt werden, obwohl de facto die Entscheidung zugunsten eines anderen Lieferanten schon gefallen ist. Solche Alibianfragen häufen sich besonders dann, wenn die Kunden wiederum Unternehmen sind. Viele Unternehmen haben in ihren Beschaffungsrichtlinien Vorgaben, daß ab einem gewissen Beschaffungswert eine Mindestzahl von Angeboten einzuholen ist. Dies gilt insbesondere für Kunden im Bereich der Öffentlichen Hand. Die formale Vorgabe wird üblicherweise eingehalten, auch wenn die Entscheidung im Grunde schon im Vorfeld zugunsten eines bestimmten Lieferanten gefallen ist. Das regelmäßige Beantworten solcher Pseudoanfragen durch Angebote kann erheblichen Aufwand verursachen und die Angebotseffizienz entsprechend beeinträchtigen. Es besteht hier übrigens in aller Regel ein enger Zusammenhang mit der Kundenstruktur: Lokalisiert man die Quellen solcher Alibianfragen, so wird man sehr häufig feststellen, daß diese von Fragezeichenkunden lanciert werden. Diese haben in der Regel für die relevanten Produkt- oder Dienstleistungskategorien einen oder zwei präferierte Lieferanten. Man selbst wird als Lieferant mit einer schwachen Wettbewerbsposition kaum ernsthaft in Erwägung gezogen, sondern lediglich dazu benutzt, die erforderliche Zahl der Angebote zu komplettieren.

Absolute Werte, ab wann eine Trefferquote zufriedenstellend ist, sind wohl kaum sinnvoll zu definieren. Die Kennzahl eignet sich insbesondere für die dynamische Anwendung. Ihre regelmäßige Ermittlung verdeutlicht, wie sich die Angebotseffizienz im Zeitablauf entwickelt. Darüber hinaus ist die Kennzahl für das *interne Benchmarking* gut geeignet. Unsere Erfahrung hat nämlich gezeigt, daß selbst innerhalb eines einzigen Unternehmens bezüglich dieser Kennzahl signifikante Unterschiede existieren. Ein Beispiel hierzu: Ein Baumaschinenproduzent hatte seine Kunden in drei verschiedene Branchen (A, B, C) aufgeteilt. Eine differenzierte Ermittlung der Trefferquote der Angebote ergab für die Kunden der Branche A 13 Prozent, für Branche B 7 Prozent und für Branche C 22 Prozent. Im Klartext bedeutet dies, daß, um einen Auftrag von einem Kunden der Branche B zu bekommen, mehr als dreimal so viele Angebote erarbeitet werden müssen wie für einen Auftrag aus Branche C. Eine Ursachenanalyse ergab, daß die Vertriebsmitarbeiter, die die Angebote für die Branche B erstellten, die Bedürfnisse der Kunden nicht hinreichend gut kannten. Die Kunden dieser Branche waren überwiegend Unternehmen, die kleinere Bauprojekte bearbeiteten und daher weniger leistungsstarke Maschinen als die beiden anderen Branchen benötigten. Dies war den Vertriebsmitarbeitern nicht bewußt. Die entsprechenden Angebote waren folglich in aller Regel technisch überdimensioniert und daher preislich nicht wettbewerbsfähig. Dieses Beispiel verdeutlicht, daß häufig nicht die pauschale, sondern die möglichst *differenzierte* Ermittlung einer Kennzahl es ermöglicht, den vorhandenen Handlungsbedarf zu identifizieren.

Den engen Zusammenhang zwischen der Kundenstruktur und den behandelten Kennzahlen verdeutlicht Abbildung 3-6. Es handelt sich um Zahlen aus einem Sanierungsprojekt bei einem Maschinenbauunternehmen. Innerhalb von 15 Monaten wurde – gestützt auf die Optimierung des Kundenportfolios – die Zahl der direkt belieferten Kunden um knapp 30 Prozent gesenkt. Im gleichen Zeitraum konnten die Trefferquote der Angebotstätigkeit um 30 Prozent und der durchschnittliche Auftragswert um 24 Prozent gesteigert werden. Dies verdeutlicht nachhaltig – auch in Ergänzung zu dem Beispiel im vorhergehenden Abschnitt – die produktivitätssteigernden Potentiale der Kundenfokussierung.

Dieser Abschnitt konnte die Anwendung von Kennzahlen zur Optimierung der Vertriebsarbeit nicht umfassend behandeln. Hierzu wäre wohl ein eigenes Buch erforderlich. Es ging uns lediglich darum, Denkanstöße zu vermitteln und einige ausgewählte Kennzahlen zu veranschaulichen, die wir für sinnvoll halten. Abschließend sollen noch einige *praktische Hinweise* für das Arbeiten mit Kennzahlen bzw. ganzen Kennzahlensystemen gegeben werden:

- Es ist empfehlenswert, sich auf wenige aussagefähige Kennzahlen zu konzentrieren, anstatt überdimensionierte »Zahlenfriedhöfe« entstehen zu lassen, deren Pflege sich innerhalb kürzester Zeit als extrem aufwendig erweist und deshalb eingestellt wird.
- Es lohnt sich, in die Akzeptanz von Kennzahlen und Kennzahlensystemen zu investieren. Dies kann vor allem durch die Einbindung der später betroffenen Personen in die Entwicklung des Kennzahlensystems geschehen.
- Die Transparenz der Ermittlung von Kennzahlen ist für die Beteiligten unbedingt zu gewährleisten. Nur was verstanden wird, wird auch akzeptiert.
- Die Aussagefähigkeit von Kennzahlen wird durch ihre differenzierte Ermittlung (z. B. nach Kundengruppen, Vertriebsregionen usw.) gesteigert.
- Kennzahlen entfalten ihre volle Aussagekraft zumeist erst in der dynamischen Betrachtung, d. h. in der kennzahlengestützten Analyse

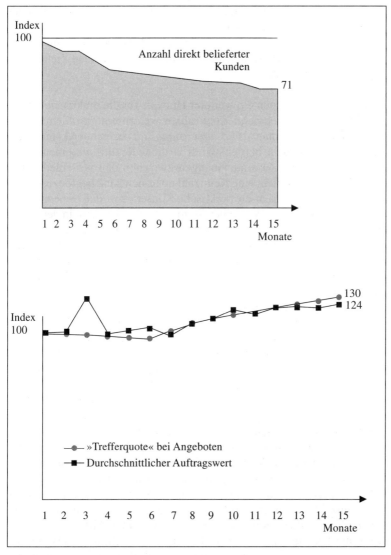

Abbildung 3-6: Optimierung von Auftragsstruktur und Angebotseffizienz durch portfoliogestützte Kundenfokussierung am Beispiel eines Maschinenbauunternehmens

von Veränderungstendenzen. Momentaufnahmen sind in der Regel von begrenzter Managementrelevanz.
– Die Erhebung von Kennzahlen ist kein Selbstzweck. Jede im Unternehmen verwendete Kennzahl sollte mit entsprechenden Zielsetzungen gekoppelt sein.

An dieser Stelle ist noch ein weiterer Hinweis für die praktische Arbeit mit Kennzahlen angebracht: Kennzahlen weisen eine problematische Eigenschaft auf, die man als *Eindimensionalität* bezeichnen kann. Hiermit ist gemeint, daß die betriebswirtschaftliche Realität aus einem komplexen Gefüge von Zusammenhängen zwischen den verschiedensten Größen besteht, aus dem eine Kennzahl nur einen ganz begrenzten Ausschnitt abbildet. Dies hat die praktische Konsequenz, daß es neben dem erwünschten Weg, den Wert einer Kennzahl zu verbessern, in der Regel auch zahlreiche andere, zumeist unerwünschte Wege der Zielerreichung gibt. So kann man beispielsweise die Trefferquote der Angebotstätigkeit wohl auf nahezu 100 Prozent steigern, indem man sich nur mit solchen Kundenanfragen befaßt, bei denen man weiß, daß einem der Auftrag nahezu sicher ist. Wir bearbeiteten vor einiger Zeit ein Kooperationsprojekt mit einem Lebensmittelunternehmen. Der Geschäftsführer dieses Unternehmens hatte den Eindruck gewonnen, daß seine Außendienstmitarbeiter nicht hart genug arbeiteten und beim Kunden zu viele »Schönwettergespräche« führten. Er führte die Kennzahl »Anteil der Kundenbesuche mit anschließendem Auftrag« ein und definierte bezüglich dieser Kennzahl ein Steigerungsziel. Dieses wurde auch erreicht. Allerdings stellte man anschließend fest, daß das durchschnittliche Auftragsvolumen zurückgegangen war. Der mit der Zielsetzung angestrebte Effekt wurde also nicht erreicht. Vielmehr gingen die Außendienstler dazu über, mit ihren Kunden eine Aufteilung des Volumens auf eine größere Zahl von Aufträgen zu vereinbaren. Dies ist sicherlich ein unerwünschter Weg zur Erreichung des vorgegebenen Zieles.

Wir empfehlen, sich vor dem Beginn des Arbeitens mit einer speziellen Kennzahl Gedanken darüber zu machen, welche »Hintertürchen« existieren, um diese Kennzahl mit unerwünschten Mitteln in die erwünschte Richtung zu bewegen. Es empfiehlt sich, diese »Hintertürchen« bereits im Zusammenhang mit der Zielsetzung zu vermauern. So ist beispielsweise die Zielsetzung, die Trefferquote bei der Angebotstätigkeit zu steigern, in dieser Form nicht sinnvoll. Es ist der Zusatz erforderlich, daß die Zahl der erstellten Angebote nicht bzw. höchstens um einen bestimmten Wert sinken darf. In ähnlicher Weise hätte der Geschäftsführer des erwähnten Lebensmittelunternehmens zusätzlich zu seiner Zielsetzung die Nebenbedingung festlegen müssen, daß das durchschnittliche Auftragsvolumen nicht wesentlich sinkt (und auch die Zahl der Kundenbesuche nicht drastisch zurückgeht). Es ist nachhaltig zu empfehlen, diese Nebenbedingungen zu definieren, *bevor* man beginnt, mit einer Kennzahl zu arbeiten. Tritt die Fehlentwicklung erst einmal auf, so ist sie nur noch schwer zu korrigieren.

3.4 Kundenbezogene Rentabilitätsbetrachtung: Bei welchen Kunden wird Geld verdient?

Wir haben bereits kritisch angemerkt, daß in vielen Unternehmen die Kostenrechnung zu stark produkt- und zu wenig kundenorientiert ist: Vielerorts wird sehr detailliert (z. B. bis auf Variantenebene) ermittelt, wie rentabel einzelne Produkte sind, während die Frage, wie rentabel die Bearbeitung spezieller Kunden oder Kundengruppen ist, kaum systematisch angegangen wird. Die Dominanz der produktorientierten Perspektive bringt mehrere *Probleme* mit sich:

– Maßnahmen des Kostenmanagements setzen zu oft beim Produkt an und beschränken sich daher häufig auf Kostensenkungsmaßnahmen in der Produktion.
– Das Kostenrechnungssystem eines Unternehmens hat nicht nur eine Informationsfunktion. Über diese hinaus beeinflußt es Denkweisen im Unternehmen. Ein Kostenrechnungssystem, das im Hinblick auf die Wirtschaftlichkeit der Marketing- und Vertriebsaktivitäten kaum Informationen enthält, führt letztlich dazu, daß deren Wirtschaftlichkeit nicht systematisch hinterfragt und optimiert wird.
– Im Rahmen der produktorientierten Kostenrechnung erfolgt bei der Ermittlung der Vollkosten eines Produkts häufig eine Pauschalisierung der Kosten, die außerhalb des Produktionsbereichs anfallen (Zuschlagskalkulation). Beispielsweise erfolgt für die Vertriebskosten ein Zuschlag von x Prozent auf die Herstellungskosten des Produkts. Die in diesen Zuschlagssätzen dokumentierten Größenordnungen – sie stellen offensichtlich Durchschnittswerte dar – prägen sich mit der

Zeit den Mitarbeitern ein und institutionalisieren sich so. Man prägt sich also beispielsweise ein, daß die Vertriebskosten 25 Prozent der Herstellkosten betragen. Daß sie bei einzelnen Kunden oder Kundengruppen vielleicht nur 2 Prozent, bei anderen dagegen vielleicht über 100 Prozent der Herstellkosten betragen, wird übersehen. Dies kann zu gravierenden Fehleinschätzungen der Wirtschaftlichkeit der Bearbeitung einzelner Kunden führen, insbesondere wenn es Kunden gibt, die stark zu Kleinstaufträgen tendieren, in hohem Maße Produktvarianten abnehmen usw. Die Gefahr der Fehleinschätzung ist nach unseren Erfahrungen im Zusammenhang mit den C-Kunden besonders hoch. An unser Beispiel aus einem Handelsunternehmen im Rahmen der ABC-Analyse sei hier erinnert.

– Ein ganz zentrales Problem der stark produktorientierten Kostenrechnung liegt schließlich darin, daß eine an Rentabilitätsgesichtspunkten orientierte Steuerung der Marketing- und Vertriebsaktivitäten eines Unternehmens hiermit kaum möglich ist. Eine solche Steuerung setzt zumindest rudimentäre Informationen über die Rentabilität nach Kunden(-gruppen) voraus. Auf der Basis solcher Informationen lassen sich z. B. Prioritäten der Kundenbearbeitung definieren. Es wird möglich, die variable Vergütungskomponente des Vertriebs nicht mehr rein mengenbezogen zu gestalten, sondern auch zu berücksichtigen, welche Rentabilität in der jeweils relevanten Kundengruppe erzielt wird. Derartige Informationen können desweiteren eine wertvolle Entscheidungshilfe sein, wenn es darum geht, inwieweit kundengruppenspezifische Marketingaktivitäten realisiert werden sollen. Zahlreiche Unternehmen haben auf die zunehmende Konzentration in ihrem Kundenkreis (speziell im Handel) reagiert, indem sie Mitarbeiter speziell mit der Betreuung ausgewählter Großkunden betraut haben (Key Account Manager). Kundenbezogene Rentabilitätsinformationen sind gerade für das Key Account Management von großer Bedeutung. Sie können als Entscheidungshilfe im Hinblick auf Marketingmaßnahmen für einzelne Kunden (z. B. Rabatte, Verkaufsförderung usw.) fungieren. Sie sind eine wichtige Information für Gespräche mit Großkunden. Schließlich können sie auch zur Erfolgsmessung im Key Account Management herangezogen werden.

Die bisher behandelten Konzepte zur Analyse der Kundenstruktur (ABC- und Portfolio-Analyse) liefern zwar durchaus Anhaltspunkte hinsichtlich der kundenbezogenen Rentabilität. So ist – wir haben dies ausführlich verdeutlicht – die Vermutung naheliegend, daß es bei den C-Kunden sowie auf der linken Seite des Kundenportfolios Rentabilitätsprobleme gibt. Zur Untermauerung derartig pauschaler Aussagen empfiehlt es sich jedoch mittelfristig, diese Instrumente durch eine kundenbezogene Rentabilitätsbetrachtung zu ergänzen. Akzeptiert man die zentrale These hinter dem Konzept des *Marktorientierten Kostenmanagements*, daß die wesentlichen Kostensenkungspotentiale heute in Marketing und Vertrieb liegen, so folgt hieraus zwingend, daß neben der Bereichserfolgsrechnung (z. B. nach Profit Centern) und der Produkterfolgsrechnung die kundenbezogene Erfolgsrechnung als dritte Säule des Informationssystems unabdingbar ist.

Der erste Schritt auf dem Weg zu einer aussagefähigen kundenbezogenen Rentabilitätsanalyse besteht in der *Erfassung der kundenspezifischen Kosten*. Eine solche Betrachtung ist sinnvollerweise in einer hierarchischen Anordnung der relevanten Kosten zu verschiedenen Bezugsebenen (Produkte, Aufträge, Kunden usw.) vorzunehmen (vgl. Abbildung 3-7). Bisherige Kostenrechnungssysteme konzentrierten sich hauptsächlich auf die Erfassung der Kosten auf der Produktebene. Eine hierarchische Kostenerfassung ordnet nun einzelnen Kunden die kundenspezifischen Gemeinkosten verursachungsgerecht zu. Sukzessiv werden produktspezifische Kosten einzelnen Aufträgen und diese wiederum einzelnen Kunden zugeordnet. Auftragsbezogene Kosten hängen hierbei eng mit der Anzahl der Aufträge, der Angebotserstellung, der Fakturierung und den Versandkosten zusammen. Auf der Kundenebene entstehen zusätzliche Kosten aufgrund von Sonderwünschen oder besonderen Serviceleistungen in Form von kundenspezifischen Verpackungsanpassungen, Preisauszeichnungen oder vereinbarten Lieferkonditionen. Nicht zu vergessen sind die Kosten für die Kundenpflege im Sinne von Kundenbesuchen oder Kundendienst. Nicht kundenspezifisch zurechenbare Kosten (Bearbeitung eines Marktsegments oder Verwaltungsgemeinkosten) werden hiervon getrennt aufgeführt. Eine stufenweise Deckungsbeitragsrechnung ermöglicht nun eine Profitabilitätsanalyse auf jeder der angeführten Ebenen.

Im Kern geht es also darum, den kundenspezifischen Aufwand zu ermitteln. Das ist bei bestimmten Kosten ohne weiteres möglich: Gewährt man zum Beispiel einem Handelsunternehmen, das man beliefert, einen Werbekostenzuschuß, so lassen sich die Kosten problemlos dem einzel-

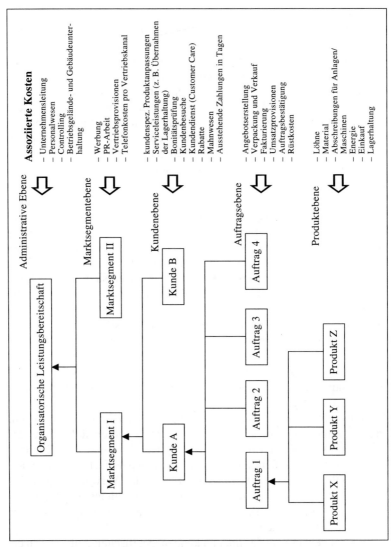

Abbildung 3-7: Beispiel für eine Hierarchie der relevanten Kosten[6]

6 Quelle: Knöbel 1995, S. 8.

nen Kunden zuordnen. In anderen Fällen sind vorher entsprechende
Analysen erforderlich, um Gemeinkosten der Kundenbedienung einzelnen Kunden zuordnen zu können. Hier empfiehlt sich die Vorgehensweise der *Prozeßkostenrechnung*. So wird man beispielsweise die Gesamtkosten für die Auftragsbearbeitung in einem bestimmten Zeitraum
ermitteln. Entscheidender Kostentreiber ist hierfür in der Regel die Zahl
der Aufträge. Kennt man beide Größen, so ist es möglich zu quantifizieren, wie hoch die Kosten der Abwicklung eines einzelnen Auftrags sind.
Hat man zum Beispiel herausgefunden, daß die Kosten der Auftragsabwicklung bei einer jährlichen Zahl von etwa 25 000 abgewickelten Aufträgen insgesamt etwa 10 Millionen DM im Jahr betragen, so liegen die
Kosten für die Abwicklung eines einzelnen Auftrages bei 400,– DM.
Auf der Basis der Information, wie viele Aufträge die einzelnen Kunden plazieren bzw. plaziert haben, kann dann eine Zuordnung der Kosten für die Auftragsbearbeitung zu den einzelnen Kunden erfolgen. Auf
diese Weise sind die wesentlichen Kostenblöcke bezüglich der Bedienung der Kunden aufzuschlüsseln.

Zu den zentralen kundenbezogenen Aufwendungen zählen so z. B.
die Kosten des Außendienstes in Form von Kosten für Verkaufsbesuche,
Beratungsgespräche und Schulungen, aber auch Rabatte und Boni aufgrund von Verkaufsförderungsaktionen sowie Aufwendungen für Werbung und auftragsbezogene Fertigungsgemeinkosten. Typische Kostentreiber sind dabei das *Auftragsvolumen* bei Rabatten und Boni, *Werbekostenzuschüsse* bei der Werbung, das *Sendungsgewicht* bei Transporten,
die *Anzahl der Varianten* bei der Verpackung, die *Anzahl der Besuche*
im Außendienst und die *Anzahl der Aufträge* bei der Auftragsbearbeitung.[7]

Tabelle 3-2 ordnet beispielhaft die Kosten der Kundenbedienung eines Konsumgüterherstellers über die Kostentreiber Anzahl der Besuche
und Anzahl der Aufträge zwei verschiedenen Kundengruppen zu. Es ist
offensichtlich, daß gerade die Kosten des Außendienstes für die Bearbeitung der Kleinkunden zu einem starken Mißverhältnis führen. Die
wenigen Großkunden können wesentlich kostengünstiger über ein zentrales Key Account Management betreut werden. Die intensive Außen-
dienstbetreuung, verbunden mit geringen Auftragsgrößen, lassen dagegen die Rentabilität der Kleinkunden fraglich erscheinen. Die im Ver-

7 Vgl. Scheiter/Binder 1992, S. 19.

gleich höheren Preise im Einzelhandel können diese kundenspezifischen Kosten nicht kompensieren.

Prozeß	Prozeßkosten	Kostentreiber	Prozeßkostensatz
Auftrags-bearbeitung	4 Mio. DM	Anzahl der Aufträge 7000	570,– DM pro Auftrag
Kundenbetreuung durch Außendienst	11 Mio. DM	Anzahl der Besuche 12 000	917,– DM pro Besuch
Summe	15 Mio. DM		

Prozeß	Prozeßmenge pro Kunden-gruppe 1/2	Kundenspezifische Kosten Kunden-gruppe 1 (Großkunden)	Kundenspezifische Kosten Kunden-gruppe 2 (Einzelhandel)
Auftrags-bearbeitung	1100/4500	627 000,– DM	2 565 000,– DM
Kundenbetreuung durch Außendienst	1600/6750	1 467 200,– DM	6 189 750,– DM
Summe		2 094 200,– DM	8 754 750,– DM
Umsatzvolumen		1 Mrd. DM	400 Mio. DM
Prozentsatz der Kosten der Kun-denbedienung am Umsatz		0,2 %	2,2 %

Tabelle 3-2: Kundenspezifische Kostenzuordnung bei einem Konsumgüter-hersteller

Auf der Basis einer verursachungsgerechteren Zuordnung kunden-spezifischer Kosten läßt sich dann eine detaillierte *Rentabilitätsanalyse für einzelne Kunden bzw. Kundengruppen* durchführen. Tabelle 3-3 zeigt eine solche gestufte Deckungsbeitragsrechnung am Beispiel eines Indu-striegüterunternehmens.

In dieser Rechnung werden in einem ersten Schritt von den Bruttoer-lösen die kundenspezifischen Erlösschmälerungen abgezogen. Als Er-gebnis erhält man die jeweiligen Nettoerlöse, die gerade bei potential-starken Kunden deutlich unter den Bruttoerlösen liegen können. Sub-trahiert man von den Nettoerlösen stufenweise die kundenspezifisch anfallenden Kosten »variable Kosten«, »fixe Kosten der Fertigung (pro-dukt- und kundenspezifisch)« und »Vertriebskosten (kundenspezifisch)«,

Kunden	A	B	C	D	Übrige	Summe
Brutto-Erlöse auf der Basis von Listenpreisen	**1150 (100 %)**	**600 (100 %)**	**1940 (100 %)**	**340 (100 %)**	**600 (100 %)**	**4360 (100 %)**
./. kundenspezifische Erlösschmälerungen	550 (48 %)	250 (42 %)	1040 (54 %)	140 (41 %)	250 (42 %)	2230 (48 %)
= Nettoerlöse	**600 (100 %)**	**350 (100 %)**	**900 (100 %)**	**200 (100 %)**	**350 (100 %)**	**2400(100 %)**
./. Variable Kosten	276 (46 %)	140 (40 %)	405 (45 %)	100 (50 %)	173 (49 %)	1171 (49 %)
= Deckungsbeitrag I	**324 (54 %)**	**210 (60 %)**	**495 (55 %)**	**100 (50 %)**	**177 (51 %)**	**1229 (51 %)**
./. Fixe Kosten der Fertigung (produkt- und kundenspezifisch)	66 (11 %)	122 (35 %)	90 (10 %)	34 (17 %)	57 (17 %)	317 (13 %)
= Deckungsbeitrag II	**258 (43 %)**	**88 (25 %)**	**405 (45 %)**	**66 (33 %)**	**120 (34 %)**	**912 (38 %)**
./. Vertriebskosten (kundenspezifisch)	78 (13 %)	88 (25 %)	153 (17 %)	36 (18 %)	60 (17 %)	390 (16 %)
= Deckungsbeitrag III	**180 (30 %)**	**0**	**252 (28 %)**	**30 (15 %)**	**60 (17 %)**	**522 (22 %)**
Nicht kundenspezifisch zugeordnete Kosten (Verwaltung und F&E)						456
= Ergebnis						**66**

Tabelle 3-3: Gestufte Deckungsbeitragsrechnung am Beispiel eines Industriegüterunternehmens (Angaben in TDM)

so erhält man einen kundenspezifischen Deckungsbeitrag (DB III). Das Gesamtergebnis errechnet sich dann durch den Abzug der in der Regel nicht auf den einzelnen Kunden zurechenbaren Kosten, wie z. B. allgemeine Verwaltungskosten oder F&E-Kosten. Die verursachungsgerechte Zuordnung der fixen Kosten der Fertigung, der Auftragskonstruktion und des Vertriebs wurde über eine detaillierte Betrachtung der Prozesse, gekoppelt mit einer Prozeßkostenrechnung, erreicht.

Als zentrale Kostentreiber wurden in unserem Beispiel die Anzahl der Anfragen, die Anzahl der Aufträge, die Anzahl der Reklamationen, die Anzahl der zu erbringenden Qualitätsnachweise sowie die Anzahl der Produktvarianten identifiziert. Bei den Kunden handelte es sich um industrielle Endkunden (Kunden B und D) bzw. zwischengeschaltete Fachhändler (Kunden A und C), die traditionell die Bedarfe der kleineren Industriebetriebe, in zunehmenden Maße aber auch die Bedarfe großer Industriekunden (Übernahme der Dienstleistung Lagerhaltung) decken. Beide Kundengruppen unterscheiden sich in der Zusammensetzung des nachgefragten Produktspektrums: Der Fachhandel fragt im wesentlichen in Serie gefertigte Basisprodukte nach, während die direkt belieferten Endkunden sowohl das Basisprodukt als auch Produktvarianten nachfragen. Mit zunehmender Variantenintensität der Nachfrage erhöhen sich die Kostenanteile bei den fixen Fertigungskosten (bei Kunde B 35 Prozent Fixkostenanteil an den Nettoerlösen z. B. durch kundenspezifische Qualitätssicherungsnachweise) und im Vertrieb (Kunde B und D mit 25 bzw. 18 Prozent Vertriebskostenanteil an den Nettoerlösen z. B. durch technische Beratung hinsichtlich kundenspezifischer Problemlösungen, hohe Anzahl von Anfragen und Aufträgen mit niedrigem Auftragswert).

Dagegen weist die Ergebnisrechnung für die Fachhändler (Kunden A und C) – bedingt durch den hohen Anteil von Serienprodukten – eine günstigere Struktur bei den fixen Fertigungskosten auf. Der Vertriebsaufwand ist – trotz zugerechneter Marketingzuschüsse (z. B. für gemeinsame Werbeaktionen und Messen) – aufgrund der Bestellungen mit hohen Auftragsvolumina beim Händlergeschäft und der geringeren Erklärungsbedürftigkeit der bezogenen Produkte ebenfalls niedriger.

Vergleicht man nun die einzelnen Stufen der Deckungsbeitragsrechnung, so ist der Deckungsbeitrag I in bezug auf eine Kundenrentabilitätsrechnung nicht aussagekräftig und damit als Entscheidungsgrundlage unzureichend. Kunde B beispielsweise schneidet mit einem Deckungsbeitrag von 60 Prozent am besten ab. Werden aber sukzessive alle kundenspezifischen Kosten berücksichtigt, so ergibt sich mit dem Deckungsbeitrag III ein völlig anderes Bild. Nun erwirtschaftet der Kunde B keinerlei Deckungsbeitrag mehr, während die Kunden A und C mit 30 Prozent bzw. 28 Prozent am rentabelsten sind. Damit zeigt sich auch, daß das Händlergeschäft trotz höherer kundenspezifischer Erlösschmälerungen (bei Kunde A belaufen sie sich immerhin auf 48 Prozent der Bruttoerlöse, und bei Kunde C sind es sogar 54 Prozent) einen höheren Ergebnisbeitrag liefert als das varianten- und beratungsintensive Direktgeschäft an Endkunden. Man erkennt die bedingte Aussagekraft von Rabatten und Erlösschmälerungen zur Beurteilung der Ertragskraft eines Kunden. Diese wird einerseits durch die kundenspezifisch anfallenden Vertriebsaktivitäten bestimmt. Zusätzlich ist aber entscheidend, inwiefern die Kundenanforderungen mit den Anforderungen an alle Stufen des eigenen Geschäftssystems (Fertigung, interne Logistik, Auftragsabwicklung) übereinstimmen.

Als Handlungsempfehlung ergab sich die Überprüfung der Möglichkeiten, das Geschäft über Fachhändler auszubauen. Im übrigen ist die Preispolitik bei Produktvarianten zu überprüfen.

Als Konsequenz unserer Überlegungen zeigt Abbildung 3-8 die Kombination einer ABC-Analyse mit einer Kundenrentabilitätsbetrachtung am Beispiel eines Herstellers von Haushaltsgeräten. Es zeigt sich hier, daß nur die B-Kunden nahezu ausnahmslos in der Gewinnzone liegen. Bei den C-Kunden manifestiert sich dagegen in der unbefriedigenden Ergebnissituation die fragmentierte Auftragsstruktur und der unverhältnismäßig hohe Bearbeitungsaufwand. Im Zusammenhang mit den A-Kunden resultieren die Ertragsprobleme aus weitgehenden preislichen Zugeständnissen und umfassenden Sonderleistungen. Dieses Beispiel verdeutlicht, wie wichtig es ist, die umsatzbezogene ABC-Analyse durch rentabilitätsbezogene Betrachtungen zu ergänzen. Es zeigt sich hier, daß durchaus auch im Bereich der potentialstarken A-Kunden Ertragsprobleme existieren können, wenn diese aufgrund ihrer Nachfragemacht umfangreiche Zugeständnisse erzwingen.

Nachdem wir die Rentabilität der Kunden ermittelt haben, stellt sich nun die Frage, was man unternehmen sollte, wenn die momentane Kundenrentabilität unbefriedigend ist. Sicherlich sind nicht alle Kunden »Problemkunden«. Deswegen gilt es, sich einen Überblick zu verschaffen, welche Kunden als Problemkunden und welche als »gute« Kunden zu sehen sind. Um eine derartige Kundentypologie aufzustel-

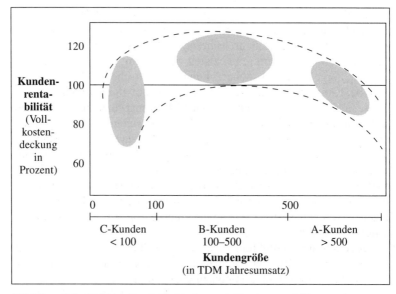

Abbildung 3-8: ABC-Analyse in Verbindung mit Kundenrentabilitätsanalyse am Beispiel eines Herstellers von Haushaltsgeräten[8]

len, bietet es sich an, Kunden anhand der Kriterien *Preis*, den ein Kunde zu zahlen bereit ist, und *Kosten der Kundenbedienung,* also Kosten für Zusatzleistungen in Form von z.B. Logistikleistungen, zusätzlichem Service oder Kundendienst zu differenzieren.[9] Beide Kriterien spannen eine Typologie mit vier unterschiedlichen Kundentypen auf, die in Abbildung 3-9 dargestellt ist.

Unter *Qualitätskunden* sind Kunden zu verstehen, die zwar einen höheren Preis bezahlen, dafür aber auch besonders umfangreiche Serviceleistungen erwarten. Im Gegensatz dazu stehen *Aktionskunden*, die permanent nach dem günstigsten Angebot Ausschau halten und weniger Wert auf die Qualität und den Service legen. Den höchsten Deckungsbeitrag III erzielt ein Unternehmen bei *passiven Kunden*, da sie weder preissensibel sind noch großen Wert auf besondere Zusatzleistungen

8 Quelle: in Anlehnung an Scheiter/Binder 1992, S. 19.
9 Vgl. Scheiter/Binder 1992, S. 20.

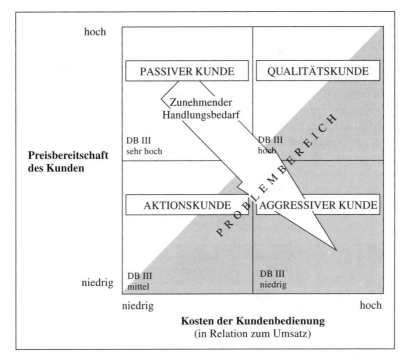

Abbildung 3-9: Kundentypologie auf der Basis von Preisbereitschaft und Kosten

legen. Häufig handelt es sich um Kunden, die nur einen unvollständigen Marktüberblick haben und die Preise nicht genau kennen. Ein anderer Grund für ein derartiges Beschaffungsverhalten könnte der Umstand sein, daß es sich um besonders kritische Produkte handelt, bei denen termingerechte oder qualitätskonforme Lieferungen vor Preisüberlegungen gehen. In die letzte Kategorie fallen schließlich die *aggressiven Kunden*. Häufig gestützt auf eine dominierende Marktposition, verbunden mit einer entsprechenden Einkaufsmacht, können sie ihre hohen Qualitäts- und Serviceansprüche zu extrem günstigen Konditionen durchsetzen. Aggressive Kunden gehören in der Terminologie des Kundenportfolios (vgl. Abschnitt 3.2) häufig zur Gruppe der Fragezeichenkunden.

Ist eine derartige Kundentypologisierung vorgenommen worden, sind entsprechende Maßnahmen zur Steigerung der Kundenprofitabilitäten in die Wege zu leiten. Der Handlungsbedarf im Hinblick auf einzuleitende Maßnahmen hängt dabei von der Position der Kunden im Portfolio ab. Je weiter die Kunden im Problembereich liegen, desto nachdrücklicher ist ein Unternehmen gefordert. Das Ziel sollte jedoch nicht sein, sämtliche Kunden in den Bereich der passiven Kunden bewegen zu wollen. Dies würde an der Realität vorbeigehen, denn unterschiedliche Kundenrentabilitäten sind sicherlich gängige Praxis. Mit Hilfe des Portfolios können aber kundenspezifische Ansatzpunkte für Maßnahmen zur Steigerung der individuellen Kundenprofitabilitäten identifiziert werden. Wir haben in Tabelle 3-4 Maßnahmen aus dem Portfolio abgeleitet und diese je nach Handlungsbedarf gewichtet.

Bei *passiven Kunden* ist die Welt für ein Unternehmen in Ordnung. Erfahrungsgemäß zeichnet sich dieser Kundentyp durch sehr hohe Dek-

	Kunden-bindung	Effizienz-steigerung	Leistungs-reduzierung	Preis-erhöhung
Passiver Kunde	●			
Qualitätskunde außerhalb des Problembereichs	●	○		
Aktionskunde außerhalb des Problembereichs	○			○
Qualitätskunde im Problembereich		○	○ ◄ alternativ ► ○	
Aktionskunde im Problembereich		○	○ ◄ alternativ ► ○	
Aggressiver Kunde		●	● ◄ alternativ ► ●	

○   fallweiser Einsatz von Maßnahmen

●   verstärkter Einsatz von Maßnahmen

Tabelle 3-4: Ansatzpunkte zur Steigerung der Kundenprofitabilitäten unterschiedlicher Kundentypen

kungsbeiträge III aus. Da passive Kunden auch für Konkurrenten interessant sind, sollten intensiv Maßnahmen der Kundenbindung in die Wege geleitet werden. Regelmäßige Kundenbesuche oder Qualitäts- und Leistungsgarantien sind hierbei beispielhaft zu nennen.

Bei den *Qualitätskunden außerhalb des Problembereichs* – diese Kunden zeichnen sich in der Regel ebenfalls durch einen relativ hohen Deckungsbeitrag III aus – sind, neben den Maßnahmen der Kundenbindung, fallweise Effizienzsteigerungsmaßnahmen zu initiieren. Zwar zahlen diese Kunden einen hohen Preis, verlangen dafür aber auch ein entsprechendes Qualitätsniveau. Bei den Qualitätskunden handelt es sich zumeist um langfristige Geschäftsbeziehungen. Effizienzsteigerungen können daher in einer Verbesserung der Zusammenarbeit durch effizientere Prozeßabwicklung – beispielsweise durch eine Koordination der Lieferprozesse oder Beschleunigung der Bestellvorgänge durch eine EDV-Anbindung – geschehen.

Im Falle von *Aktionskunden außerhalb des Problembereichs* ist lediglich ein fallweiser Handlungsbedarf gegeben, da die Kosten der Kundenbedienung bereits sehr gering sind und sich dieser Kundentyp durch ein sehr sprunghaftes Kaufverhalten auszeichnet. Selten werden diese Kunden zu loyalen Kunden, weswegen Kundenbindungsmaßnahmen auch nur in sehr reduziertem Umfang eingesetzt werden sollten. In diesem Zusammenhang könnte das Angebot von zusätzlichen Serviceleistungen, die den Kundennutzen steigern, in Erwägung gezogen werden. Zur Verbesserung des Preisniveaus ist eine Überprüfung des Rabatt- und Bonussystems geeignet. Rabatte sollten nur dort gewährt werden, wo konkrete Gegenleistungen – beispielsweise in Form von Kosteneinsparungen durch die Abnahme größerer Mengen – vorliegen.

Ein sicherlich schwieriges Unterfangen stellt die Steigerung der Kundenrentabilität bei *Qualitätskunden im Problembereich* dar. Eine detaillierte Analyse der Prozesse kann häufig Ansatzpunkte für Effizienzsteigerungen offenbaren. Zusätzlich sind alternativ Leistungsreduzierungen oder Preiserhöhungen in Erwägung zu ziehen. Schwierig gestaltet sich diese Aufgabe aufgrund hoher Ansprüche dieses Kundentyps; er ist unter Umständen nicht bereit, auf produktbegleitende Serviceleistungen zu verzichten. Deswegen sind schrittweise, in maßvollem Umfang gehaltene und mit dem Kunden abgestimmte Maßnahmen in die Wege zu leiten. Ähnlich ist mit *Aktionskunden im Problembereich* zu verfahren.

Der größte Handlungsbedarf liegt bei *aggressiven Kunden* vor. Aggressive Kunden sind (im Regelfall) ohne weiteres mit den Fragezeichenkunden aus dem Kundenportfolio vergleichbar. Die Handlungsempfehlung für diesen Kundentyp ist demnach die gleiche: »Big Step or Out«. Die Bereitschaft, einen Kunden zu verlieren, muß in diesem Fall vorhanden sein, denn langfristig können aggressive Kunden sogar negative Deckungsbeiträge verursachen. Entscheidet sich ein Unternehmen dagegen für einen Big Step, so sind intensive Maßnahmen zur Steigerung der Kundenprofitabilität in die Wege zu leiten. Mit einem halbherzigen Engagement ist hierbei nichts zu erreichen. Innerhalb eines definierten Zeitrahmens sind einerseits Maßnahmen der Effizienzsteigerung und andererseits Maßnahmen zur Leistungsreduzierung bzw. alternativ Preiserhöhungen durchzuführen. Effizienzsteigerungspotentiale sind vor allem durch die Beseitigung innerbetrieblicher Ineffizienzen in Form von hohen kundenspezifischen Gemeinkosten zu realisieren. Zu überprüfen sind die Kosten der Angebotserstellung und der Auftragsabwicklung. Im Rahmen von Preisanpassungen sind grundlos vergebene Rabatte zu streichen und eventuell Mindermengenzuschläge zu erheben. Zeichnet sich nach einer bestimmten Zeit keine Verbesserung der Rentabilitätssituation ab, so ist ein Verzicht auf die Bearbeitung des Kunden in Erwägung zu ziehen, damit die Ressourcen der Kundenbearbeitung anderweitig verfügbar sind.

3.5 Kunden in dynamischer Perspektive: Der Customer Lifetime Value-Ansatz

Während wir bisher statische Konzepte zur Analyse der Kundenstruktur vorgestellt haben, wollen wir nun den Faktor *Zeit* in unsere Betrachtungen aufnehmen und damit ein dynamisches Konzept entwickeln. Beim Customer Lifetime Value-Ansatz handelt es sich um solch ein dynamisches Konzept der Kundenstrukturanalyse.

Lebenszyklusorientierte Betrachtungen werden auf der Produktebene bereits seit einiger Zeit angestellt und erfahren neuerdings wieder eine Renaissance.[10] Grund hierfür sind u. a. gestiegene Entsorgungskosten aus umwelttechnischen Gründen, z.B. aufgrund strenger Müllbeseiti-

---

10 Vgl. die Ausführungen von Fröhling/Spilker 1990, S. 74ff.

gungsverordnungen, die auf die Unternehmen zurückfallen. Aber auch die Höhe der Forschungs- und Entwicklungskosten sind für ein Produkt Investitionen, die es über den Lebenszyklus zu amortisieren gilt. Ein Unternehmen hat daher nicht nur die Kosten der Fertigung zu berücksichtigen, sondern es sind die gesamten Kosten des Produktlebenszyklus in die Kalkulation aufzunehmen.[11]

Das Konzept des Customer Lifetime Value betrachtet nun den Wert eines Kunden über die Dauer der Geschäftsbeziehung. Geschäftsbeziehungen werden im Rahmen des *Beziehungsmanagements* thematisiert. Das Beziehungsmanagement befaßt sich mit der Anbahnung, Steuerung und Kontrolle von Geschäftsbeziehungen über die Gesamtheit der Grundsätze, Leitbilder und Einzelmaßnahmen.[12] Dem Beziehungsmanagement ist dabei eine investitionspolitische Perspektive immanent, nach der Geschäftsbeziehungen als Investitionsfelder zu betrachten und dementsprechend effizient und ressourcenbewußt zu bearbeiten sind. Eine Kundenbindung im Sinne einer langfristigen Geschäftsbeziehung wird nur dann angestrebt, wenn den zu erwartenden Auszahlungen entsprechende Einzahlungen gegenüberstehen und deren Verhältnis mit Verfahren der dynamischen Investitionsrechnung (beispielsweise über eine Kapitalwertrechnung), die eine Abzinsung zukünftiger Einzahlungen vornehmen, positiv bewertet wird. Die Profitabilitätspotentiale langfristiger – auf Kundenzufriedenheit gestützter Geschäftsbeziehungen – haben wir bereits in Abschnitt 2.1 ausführlich dargelegt.

Eine Geschäftsbeziehung durchläuft *Phasen* ähnlich denen eines Produktlebenszyklus: Kenntnisnahme, frühe Entwicklung, späte Entwicklung und höchste Einbindung (Awareness, Exploration, Expansion und Commitment).[13] Als charakteristische Merkmale zur Beschreibung des Verlaufs einer Geschäftsbeziehung eignen sich im wesentlichen das Umsatzvolumen bzw. der Kostenverlauf, auch wenn diese Größen nicht frei von konjunkturellen und situativen Einflüssen sind. Es wird unterstellt, daß der Umsatzverlauf über die Phasen der Kunden-/Lieferanten-Beziehung dem des Produktlebenszyklus entspricht (vgl. Abbildung 3-10a). Diese Annahme eines typischen s-förmigen Lebenskurvenverlau-

---

11 Vgl. zu den Kostenarten im Verlauf eines Produktlebenszyklus Back-Hock 1992, S. 707.
12 Vgl. Diller 1995, S. 286.
13 Vgl. Dwyer/Schurr/Oh 1987, S. 15ff.

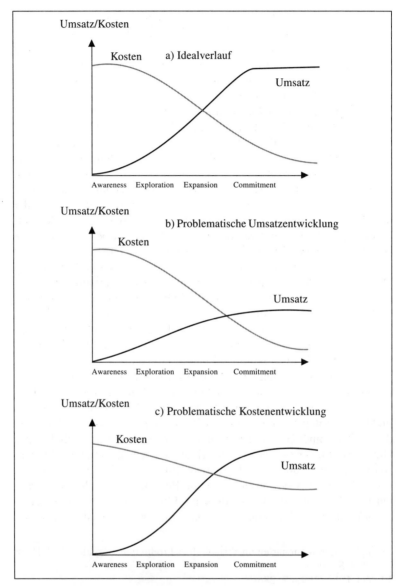

Abbildung 3-10: Umsatz- und Kostenverlauf von Geschäftsbeziehungen

fes, gemessen am Umsatz, wurde anhand einer empirischen Untersuchung eines Zuliefererunternehmens in zwei Drittel der Fälle bestätigt.[14] Wir wollen die Phasen einer Geschäftsbeziehung angesichts des Umsatz- und Kostenverlaufs im folgenden kurz skizzieren.

In der Phase der *Kenntnisnahme (Awareness)* ist der Umsatz nahe Null, es gibt noch keine Interaktion, da der Anbieter erst einmal auf seine Leistung aufmerksam machen muß. Es handelt sich demnach um eine »one way«-Kommunikation, die z. B. mit Werbeaufwendungen, kostenlosen Proben und dergleichen verbunden ist.

Die Phase der *frühen Entwicklung (Exploration)* bringt erste Interaktionen mit sich, die darauf abzielen, den Gegenüber zu testen. Es werden geringfügige Umsätze getätigt. Kommt es zu einer Bestätigung oder zum Übertreffen der erwarteten Leistung, so kann sich eine fortdauernde Beziehung entwickeln. Die Beziehung zwischen Kunden und Lieferanten ist in dieser Phase noch sehr instabil und kann jederzeit abgebrochen werden. In dieser für den Lieferanten besonders kritischen Phase kann es mitunter vorkommen, daß die Kosten im Vergleich zur Awareness-Phase noch ansteigen.

In der Phase der *späten Entwicklung (Expansion)* intensiviert sich die Kunden-/Lieferanten-Beziehung, das Umsatzwachstum steigt signifikant an. Beide Seiten sind jetzt auch bereit, gewisse Risiken in bezug auf gemeinsame Projekte einzugehen, da sich im Verlauf der vorhergehenden Phase eine gewisse Vertrauensbasis entwickelt hat. Mit der Intensivierung der Geschäftsbeziehung und dem erhöhten Umsatzanteil wächst die Bedeutung des Lieferanten für den Kunden. Gleichzeitig sinken die Kosten des Lieferanten, da sich die Beziehung eingespielt hat und der Kunde die Leistung mit einem geringeren Aufwand in Anspruch nimmt (vgl. hierzu unsere Ausführungen in Abschnitt 2.1).

Höchste Einbindung (Commitment) ist die Phase, in der der Kunde zum loyalen Kunden wird. Er hat seine Alternativensuche zumindest stark eingeschränkt und verläßt sich voll und ganz auf die Leistungsfähigkeit seines Partners. Der Lieferant ist in der Lage, seinen Lieferanteil am Gesamtumsatz des Kunden zu erhöhen und aufgrund des geringen Informations- und Koordinationsbedarfs weitgehende Kostensenkungspotentiale zu realisieren. Die kundenspezifischen Deckungs-

---

14 Vgl. Diller/Lücking/Prechtel 1992.

beiträge unterscheiden sich je nach Phase. Am höchsten fallen sie sicherlich in der Phase des Commitment aus.

Abbildung 3-10 verdeutlicht aber noch einen weiteren Punkt. Gelingt es einem Unternehmen nicht, den Kosten- bzw. Umsatzverlauf in den Griff zu bekommen, so kann eine Geschäftsbeziehung durchaus über längere Zeit Verluste einbringen. Zwei mögliche Verläufe sind in den Teilen b und c der Abbildung 3-10 dargestellt. Diese Problematik verdeutlicht die Notwendigkeit einer Durchleuchtung von Geschäftsbeziehungen unter dynamischer Perspektive, wie wir sie im folgenden darstellen.

Zur Beurteilung von Geschäftsbeziehungen im Zeitverlauf bedient man sich im allgemeinen der *Kapitalwertmethode*. Sie entstammt der dynamischen Investitionsrechnung und basiert auf dem Prinzip, daß zukünftige Zahlungen weniger wert sind als gegenwärtige. Zukünftige Einzahlungen und Auszahlungen werden kumuliert und mit einem Kalkulationszinsfuß entsprechend der Anzahl der zu betrachtenden Perioden abgezinst:

$$Kapitalwert = \sum_{t=0}^{t=n} \frac{e_t - a_t}{(1 + i)^t} = e_0 - a_0 + \frac{e_1 - a_1}{1 + i} + \frac{e_2 - a_2}{(1 + i)^2} + \ldots + \frac{e_n - a_n}{(1 + i)^n}$$

e_t: (erwartete) Einnahmen aus der Geschäftsbeziehung in der Periode t
a_t: (erwartete) Ausgaben aus der Geschäftsbeziehung in der Periode t
i: Kalkulationszinsfuß zur Abzinsung auf einen einheitlichen Referenzzeitpunkt
t: Periode (t = 0, 1, 2, …, n)
n: Dauer der Geschäftsbeziehung

Ein Beispiel aus dem Business to Business-Bereich soll die theoretischen Ausführungen verdeutlichen. Ein Industriegüterunternehmen sah sich mit der Anfrage eines Großkunden konfrontiert, ob prinzipielles Interesse an einem Partnering-Programm, also einer langfristigen Lieferbeziehung, bestehe. Das Programm sah einen Rahmenvertrag über fünf Jahre mit einem garantierten jährlichen Abnahmevolumen in Höhe von zunächst 10 Millionen DM für das erste Jahr vor. Des weiteren wurde ein Service- und Wartungsvertrag über 80 000,– DM jährlich in Aussicht gestellt. Tabelle 3-5 stellt nun die Investitionsrechnung dar, die über die Vorteilhaftigkeit des Angebots befinden sollte, wobei mit einem Kalkulationszinsfuß von 10 Prozent gerechnet wurde. Das Schema

	1. Jahr (t=0)	2. Jahr (t=1)	3. Jahr (t=2)	4. Jahr (t=3)	5. Jahr (t=4)	Summe	Customer Lifetime Value ⇐
Bruttoumsatz	10 000 000	9 500 000	9 025 000	8 573 750	8 145 063	45 243 813	
begleitende Erlöse	80 000	80 000	80 000	80 000	80 000	400 000	
technologische Vorlaufkosten	1 300 000					1 300 000	
vertriebliche Vorlaufkosten	220 000					220 000	
begleitende Kosten	100 000	100 000	300 000	100 000	100 000	700 000	
variable Kosten	6 900 000	6 417 000	5 967 810	5 550 063	5 161 559	29 996 432	
kundenspez. Vertriebskosten	750 000	765 000	734 400	660 960	594 864	3 505 224	
kundenspez. fixe Kosten der Fertigung	1 800 000	1 854 000	1 909 620	1 966 909	2 025 916	9 556 444	
Folgekosten					250 000	250 000	
jährlicher Einnahmenüberschuß	- 990 000	444 000	193 170	375 818	92 724	115 712	
Einnahmenüberschuß diskontiert	- 990 000	403 636	159 645	282 358	63 332	- 81 030	

Tabelle 3-5: Beispiel der Berechnung eines Customer Lifetime Values aus dem Business to Business-Bereich

entspricht der Berechnung eines Kundendeckungsbeitrags, der abgezinst über einen Zeitraum von fünf Jahren kumuliert wird.

Die Leistungen des Lieferanten sahen wie folgt aus: Der Lieferant sollte sich verpflichten, Kostensenkungserfolge aufgrund von z. B. Erfahrungskurven- und Degressionseffekten weiterzugeben. Anzustreben waren hierbei 5 Prozent an Kostensenkungen jährlich; diese sind im Bruttoumsatz berücksichtigt. Zusätzliche Kosten für den Lieferanten fielen in Form des Erwerbs einer Spezialmaschine für die Herstellung sowie Konstruktionskosten für Spezialwerkzeuge bzw. kundenspezifische Produktanforderungen an. Diese Entwicklungskosten sind in den *technologischen Vorlaufkosten* erfaßt. Aufgrund der geplanten Dauer der angestrebten Geschäftsbeziehung zog man auch eine engere EDV-Anbindung in Erwägung, die entsprechenden Kosten sind in den *vertrieblichen Vorlaufkosten* berücksichtigt. Die stärkere EDV-Vernetzung sollte nicht nur einen schnelleren Datentransfer bezüglich der benötigten Stückzahlen für die Fertigung (zur Gewährleistung einer produktionssynchronen Fertigung) gewährleisten, sondern auch eine engere Kooperation der jeweiligen F&E-Abteilungen erlauben. Zu den *begleitenden Kosten* zählen u. a. die Kosten für Wartung und Reparatur sowie Kosten für die laufenden Produkt- und Verfahrensverbesserungsmaßnahmen. Augenscheinlich kalkulierte das Unternehmen im Jahr 3 mit einer grundlegenden Überarbeitung der Fertigungsverfahren, um die erforderlichen Kostensenkungspotentiale realisieren zu können. Zu den Folgekosten, die für das Jahr 5 angesetzt waren, wurden beispielsweise Entsorgungskosten und Garantiekosten gezählt.

Der negative Kapitalwert in Höhe von 81 030,– DM aus dem Beispiel zeigt, daß in diesem Fall das Lieferunternehmen entweder in neue Verhandlungen bezüglich der Konditionen zu gehen hatte oder das Angebot unter den getroffenen Annahmen abzulehnen war. Hätte das Unternehmen die zeitliche Komponente nicht berücksichtigt, dann wäre wohl das Angebot aufgrund des positiven kumulierten Einnahmenüberschusses in Höhe von 115 712,– DM angenommen worden.

Eine Kostensystematik für eine phasenorientierte Strukturierung der Kosten- und Erlöselemente im Rahmen des Customer Lifetime Value-Ansatzes findet sich in Tabelle 3-6 wieder. Gleichzeitig sind ausgewählte, phasenspezifische Maßnahmen zur Steigerung des Customer Lifetime Values aufgeführt.

Die Anwendbarkeit des Customer Lifetime Value-Ansatzes ist sicher-

Kosten	Erlöse	Ansatzpunkte zur Steigerung des Customer Lifetime Values
Vorlaufkosten	Vorlauferlöse	Vorlaufphase
technologische Vorlaufkosten – F&E – Konstruktion – Verfahrensentwicklung vertriebliche Vorlaufkosten – Marktforschung – Markterschließung sonstige Vorlaufkosten – Organisation – Logistik	Subventionen für F&E-Projekte Steuervergünstigungen für F&E-Projekte (kalkulatorisch)	– Kooperation im F&E-Bereich – Koordination der Logistikaktivitäten zur Reduzierung der Lagerhaltung – Nutzung vorhandenen Markt-Know-hows – Absicherung durch vertragliche Maßnahmen (z. B. Kostenerstattungsvertrag)
Begleitende Kosten	Begleitende Erlöse	Fertigungsphase
laufende Kosten Einführungskosten – Ersteinführung – Relaunch Anpassungs-/Änderungskosten – Produktverbesserung – Verfahrensverbesserung Wartungs-/Reparaturkosten	laufende Erlöse Erlöse aus Reparatur- und Wartungsverträgen Aktionserlöse	– Realisierung von Erfahrungskurven- und Degressionseffekten – Reduzierung von Produktkomplexität – Mindermengenzuschläge – Nutzung der Prozeßkostenrechnung für die indirekten Leistungsbereiche – Abschluß von Reparatur- und Wartungsverträgen
Folgekosten	Folgeerlöse	Folgephase
Garantiekosten sonstige Folgekosten – Ersatzteilhaltung – Entsorgungskosten	sonstige Folgeerlöse – Ersatzteilerlöse – Lizenzeinnahmen	– Qualitätssicherung zur Vermeidung von Fehlerkosten – Vermeidung von Entsorgungskosten

Tabelle 3-6: Kosten- und Erlössystematik im Rahmen der Ermittlung des Customer Lifetime Values[15]

15 Quelle: in Anlehnung an Back-Hock 1992, S. 707.

lich teilweise branchenabhängig. Im Business to Business-Bereich beispielsweise, wenn es um Partnering-Programme im Zusammenhang mit Single Sourcing, also um eine enge und langfristige Geschäftsbeziehung geht, ist der Ansatz ein geeignetes Instrument, Chancen und Risiken abzuschätzen. Des weiteren fungiert der Customer Lifetime Value-Ansatz als eine Argumentationshilfe in Verhandlungen mit Großkunden. Nicht zuletzt kann bei Entscheidungen im Zusammenhang mit Fragezeichenkunden (Big Step or Out) die Wirtschaftlichkeit der Szenarien und Pläne überprüft werden.

Bei Unternehmen im Massenkundenbereich können sicherlich nicht einzelne Kunden mit diesem Ansatz betrachtet werden. Vielmehr sind Kundensegmente oder Kundengruppen einer derartigen Analyse zu unterziehen. Eine solche langfristige Betrachtung von Kunden, die bei der einzelnen Transaktion nur geringe Umsätze liefern, kann zu einer grundsätzlich neuen Perspektive führen: Verdeutlicht man sich z. B., daß der potentielle Lebensumsatz eines Supermarktkunden im Durchschnitt bei etwa 350 000,– DM liegt, so werden Marketingmaßnahmen zur Kundenbindung unter wirschaftlichen Gesichtspunkten plausibel, die man beim ersten Hinsehen intuitiv aus Kostengesichtspunkten verwerfen würde.[16]

---

16 Vgl. Stauss/Seidel 1996, S. 19, sowie Plinke 1989.

4. Marktorientiertes Kostenmanagement in der Produktentwicklung

Neuprodukteinführungen sind gerade in Zeiten kurzer Produktlebenszyklen mit beträchtlichen Risiken verbunden. Zum einen gehen Neueinführungen erhebliche Investitionen voraus, denen immer kürzere Amortisationsdauern entgegenstehen. Zum anderen garantiert ein technisch erfolgreiches F&E-Projekt noch lange keinen wirtschaftlichen Erfolg. Empirische Studien haben gezeigt, daß die Flop-Raten bei neuen Produkten in zahlreichen Branchen beträchtlich sind.[1] Je nachdem wie ein Flop definiert und welche Branche betrachtet wird, erreichen sie bis zu 80 Prozent. Mansfield stellte z. B. fest, daß in der chemischen Industrie in den USA von 100 F&E-Projekten 57 als technischer Erfolg zu werten waren, davon wurden 31 am Markt eingeführt, wovon sich wiederum letztendlich nur 12 wirtschaftlich durchsetzen konnten.[2] Wir sind überzeugt davon, daß die *zu späte Berücksichtigung von Kostenaspekten* im Produktentwicklungsprozeß hierfür eine wesentliche Ursache darstellt. Denn häufig sind zu hohe Kosten eine Ursache für den Mißerfolg der Produktinnovation.

Wir vertreten die Auffassung, daß die Produktentwicklung die Wertschöpfungsstufe ist, in der die späteren Kosten und die Qualität am nachhaltigsten beeinflußt werden können. Letztlich werden in der Entwicklung ca. 80 Prozent der Herstellkosten eines Produktes festgelegt. Die Möglichkeiten der Kostenbeeinflussung im Produktionsprozeß sind dagegen marginal. Die Einflußmöglichkeiten auf die Kosten im Verlauf des Wertschöpfungsprozesses veranschaulicht Abbildung 4-1.

Marktorientiertes Kostenmanagement hat in der Produktentwicklung drei zentrale Ansatzpunkte:

1. Kosten für bestimmte Produktkomponenten dürfen nur in dem Umfang anfallen, wie der Kunde dafür zu zahlen bereit ist. Der Kundennutzen einzelner Produktkomponenten ist daher zu evaluieren und als *Kostenziel* in die Produktentwicklung aufzunehmen.

---

1 Vgl. Booz Allen & Hamilton, Inc. 1982.
2 Vgl. Mansfield u. a. 1971, S. 44ff.

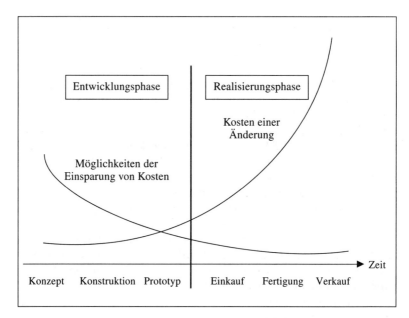

Abbildung 4-1: Möglichkeiten der Kostenbeeinflussung im Wertschöpfungsprozeß

2. Der Zeitpunkt der Markteinführung hängt in entscheidendem Maße von der *Schnelligkeit der Produktentwicklung* ab. Früher als die Konkurrenz am Markt zu sein, impliziert häufig beträchtliche (Umsatz- und) Kostenvorteile.
3. Mangelhafte Produktqualität ist die Ursache erheblicher *Qualitätskosten*. Eine verstärkte Betonung präventiver Qualitätssicherungsmaßnahmen in der Produktentwicklung soll den Umfang der Qualitätskosten nachhaltig senken.

Auf die genannten Aspekte gehen wir vertiefend in den Abschnitten 4.1 bis 4.3 ein. Der letzte Abschnitt befaßt sich mit der Konzeption eines F&E-Controlling, das die Aktivitäten im Rahmen der F&E-Bereiche und F&E-Projekte planen, steuern und kontrollieren soll.

4.1 Kostenziele als Steuerungsinstrument

In vielen Unternehmen herrscht – was die Beziehung zwischen Preisen und Kosten betrifft – die sogenannte »Kostenplus-Logik« vor. Dies bedeutet, daß in der Denkweise des Managements der Preis eines Produktes oder einer Dienstleistung sich im wesentlichen aus der Höhe der Selbstkosten ableitet. Typisches Symptom einer solchen Orientierung ist die Tatsache, daß die Preisbildung im wesentlichen unter Federführung des Controlling geschieht – im Regelfall auf interne Kostenrechnungsdaten gestützt und unter weitgehender Vernachlässigung marktbezogener Aspekte.

Das breite Spektrum an Fehlentscheidungen, die durch eine solche Denk- und Vorgehensweise verursacht werden können, soll uns an dieser Stelle nicht weiter beschäftigen. Hierüber könnte man wohl ein eigenes Buch schreiben. Entsprechend der Orientierung dieses Kapitels soll vielmehr die Problematik der oben beschriebenen Logik bezüglich der Entwicklung neuer Produkte und Dienstleistungen beleuchtet werden. Sie führt dazu, daß die Frage nach den Kosten eines Produktes häufig viel zu spät im Entwicklungsprozeß gestellt wird. Sicher wird vielerorts im Zusammenhang mit der Entscheidung über ein Entwicklungsprojekt eine Wirtschaftlichkeitsrechnung durchgeführt, in die selbstverständlich auch Kostenschätzungen für das neue Produkt einfließen. Ist auf dieser Basis die Entscheidung für ein Entwicklungsprojekt einmal gefallen, so verschwinden Kostenaspekte häufig aus dem zentralen Blickfeld der Verantwortlichen. Kurz vor der Markteinführung taucht dann die Frage nach dem Preis auf und führt zwangsläufig wiederum zur Frage nach den Kosten des Produktes. Stellt man dann – was nicht selten der Fall ist – fest, daß die *tatsächlichen* Kosten stark von den im Rahmen der Investitionsrechnung unterstellten Kosten abweichen, so ist es in der Regel zu spät, um korrigierend einzugreifen, da die Markteinführung unmittelbar bevorsteht. Bleibt man bei der Kostenplus-Logik, so wird man die aus dem Ruder gelaufenen Kosten als Basis für die Preisbildung verwenden. Mit einiger Wahrscheinlichkeit ist der so ermittelte Preis nicht marktfähig. Die angestrebten Absatzzahlen werden nicht erreicht und der wirtschaftliche Erfolg des Produktes bleibt aus. Beugt man sich dagegen dem Druck des Marktes und akzeptiert einen Preis, der die zu hohen Kosten nicht deckt, so sind Verluste ebenfalls vorprogrammiert.

Ein effektives Kostenmanagement in der Entwicklungsphase setzt ein Instrument voraus, das möglichst früh Ansatzpunkte für Kostensenkungsmaßnahmen identifiziert. Während herkömmliche Kostenrechnungsverfahren in der Regel erst in der Produktion mit der Steuerung und der Kontrolle der Kosten von Produkten (Herstell- und Selbstkosten) ansetzen, stellt das *Target Costing* die bisherige Kostenkalkulation auf den Kopf. Es wird nicht mehr gefragt: »Was wird ein Produkt kosten?«, sondern: »Was darf ein Produkt kosten?«. Ausgangspunkt der Überlegungen ist also der am Markt erzielbare Preis. Er wird als fixe Größe interpretiert, an der sich die Gestaltung der Kosten zu orientieren hat. Vereinfacht ausgedrückt bedeutet dies eine Umkehrung der in vielen Unternehmen vorherrschenden Logik, daß die Kosten den Preis eines Produktes oder einer Dienstleistung bestimmen: Die zulässigen Kosten ergeben sich aus dem am Markt erzielbaren Preis.

Target Costing ist bei der Entwicklung völlig neuer Produkte, aber auch bei der Modifikation bereits existierender Produkte anwendbar. Die Zielkosten werden im Idealfall bereits sehr früh festgelegt. Bei TOYOTA z. B. dauert eine vollständige Modelländerung ca. vier Jahre. Etwa 36 Monate vor Produktionsbeginn steht das neue Produktkonzept fest. 30 Monate vorher ist der Prozeß des Target Costing abgeschlossen.[3] Die Anwendung des Target Costing richtet sich nicht nur nach innen. Insbesondere Automobilproduzenten setzen die Methode in der Zusammenarbeit mit Zulieferern ein. Dies setzt eine frühzeitige Einbindung ausgewählter Zulieferunternehmen in den Entwicklungsprozeß voraus. Das Target Costing läuft idealerweise in *fünf Phasen* ab:

1. Entwurfsphase,
2. Grobkonzeptphase,
3. Detailkonzeptphase,
4. Konstruktionsphase und
5. Produktionsvorbereitungsphase.

In der *Entwurfsphase* eines Produktes wird zunächst ein grobes Profil des Produktes mit unterschiedlichen Produktmerkmalen entworfen. Darauf aufbauend werden durch die Marktforschung die Preise ermittelt, die Kunden zu zahlen bereit sind. Hierbei geht es nicht nur um die

---

3 Vgl. Tanaka 1993, S. 5.

Zahlungsbereitschaft für das gesamte Produkt, sondern auch darum, was dem Kunden einzelne Produktmerkmale wert sind. Zur Ermittlung dieser Daten eignet sich die Conjoint Analyse, die wir im Anschluß an die Darstellung des Target Costing besprechen. Zusätzlich sind erste Schätzungen über potentielle Absatzzahlen einzuholen.

Die *Grobkonzeptphase* geht nun von den ermittelten Zielpreisen und dem prognostizierten Umsatz aus. Aus der angestrebten Umsatzrendite ergeben sich die »*allowable costs*«. Hierbei handelt es sich um sämtliche Kosten, die während der Produktlebensdauer anfallen; es sind die maximal vom Markt zugelassenen Kosten für das Produkt. Ist ein Unternehmen in der Lage, diese Markterfordernisse zu erfüllen, so ist eine wesentliche Markteintrittsbarriere überwunden. In dem in Abbildung 4-2 dargestellten Beispiel errechnen sich die allowable costs aus dem geplanten Umsatz (Preis x Menge: 50 000,– DM x 100 Stück = 5 000 000,– DM) abzüglich der Zielrendite von 10 Prozent zu 45 000,– DM. Durch die

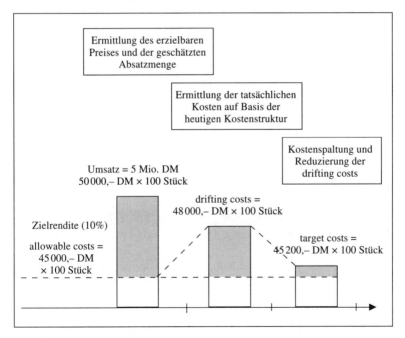

Abbildung 4-2: Ableitung der target costs

Wahl der Zielrendite können verschiedene Strategien der Kostenbeeinflussung verfolgt werden: Es gibt Unternehmen, die die allowable costs so festlegen, daß sie an sich nicht zu erreichen sind. Für sie gilt wohl der Leitspruch »der Weg ist das Ziel«. Andere Unternehmen jedoch sehen die allowable costs als extreme Kostenziele, die unterAufwendung sämtlicher Maßnahmen tatsächlich zu erreichen sind.

Im nächsten Schritt werden die Kosten für das Neuprodukt gemäß der aktuellen Kostenstruktur des Unternehmens bestimmt. Diese Schätzung wird auf der Basis von Standardkosten vorhandener Produkte vorgenommen und ergibt die sogenannten *»drifting costs«.*[4] Sind die drifting costs größer als die allowable costs, hat das Unternehmen solange auf die drifting costs Einfluß zu nehmen, bis die geforderte Marge erreicht ist. Aus der Kostenstruktur unseres Beispielunternehmens haben sich geschätzte Kosten in Höhe von 48 000,– DM pro Stück ergeben, was ein Überschreiten von 3000,– DM pro Stück bedeutet. Durch geeignete Maßnahmen wurden die drifting costs auf 45 200,– DM reduziert und als target costs festgelegt.

Diese Beeinflussung der drifting costs setzt allerdings detailliertere Informationen als ein pauschales Kostenziel voraus. Die erforderliche *Kostenspaltung* ist Gegenstand der dritten Phase, der *Detailkonzeptphase.* Aufbauend auf der Zuordnung der Zielkosten zu Produktfunktionen wird eine weitergehende Aufteilung derselben auf Bauteile und Komponenten vorgenommen.

Diese Bestimmung der Zielkosten und die Kontrolle der Zielkostenerreichung erfolgt in mehreren Schritten (vgl. die Tabellen 4-1 bis 4-3).[5] Im ersten Schritt werden die vom Kunden gewünschten Produktfunktionen F1 bis F8 gemäß ihrer Bedeutung gewichtet. Für die Ermittlung der Bedeutungen für die Kunden eignet sich die Conjoint Analyse, auf die wir noch ausführlicher eingehen werden. In einem zweiten Schritt wird der Beitrag der Produktkomponenten (C1 bis C7) zur Realisierung der Produktfunktionen geschätzt und in Prozentwerten quantifiziert (vgl. Tabelle 4-1).

Anschließend wird die Bedeutung der Komponenten berechnet. Dabei wird die Bedeutung jeder Produktfunktion mit dem Wert multipli-

---

4 Vgl. Horváth/Niemand/Wolbold 1993, S. 9.
5 Vgl. Coenenberg/Fischer/Schmitz 1994, S. 9, bzw. Horváth/Niemand/Wolbold 1993, S. 13ff.

Funktionen Komponenten	F 1 0,26	F 2 0,24	F 3 0,15	F 4 0,10	F 5 0,08	F 6 0,10	F 7 0,02	F 8 0,05	Summe 1,00
C 1	13,4	38,7	19,0	23,0	28,8	28,2	20,0	33,6	
C 2	32,7		18,7	18,0	2,5	10,4		11,3	
C 3	50,6	6,4	20,3	25,6	23,7	30,7	45,0	24,6	
C 4		9,2	5,3	6,7	5,0	9,7		2,3	
C 5		4,2	13,7	7,0	6,2	4,8	5,0	15,6	
C 6	3,3	27,8	18,7	17,0	25,0	9,7	20,0	7,7	
C 7		13,7	4,3	2,7	8,8	6,5	10,0	4,9	
Summe	100	100	100	100	100	100	100	100	

Tabelle 4-1: Beitrag der Produktkomponenten zu von Kunden gewünschten Produktfunktionen (in Prozent)[6]

ziert, den jede Komponente zur Erfüllung der Funktion leistet (z. B. Bedeutung der Produktfunktion F1 x Realisierungsbeitrag Produktkomponente C1: 0,26 x 13,4 % = 3,5 %). Die Zeilensumme ergibt die Bedeutung der Produktkomponenten in Prozent (vgl. Tabelle 4-2).

Funktionen Komponenten	F 1 0,26	F 2 0,24	F 3 0,15	F 4 0,10	F 5 0,06	F6 0,10	F 7 0,02	F 8 0,05	Summe 1,00
C 1	3,5	9,2	2,9	2,3	2,3	2,8	0,4	1,7	25,1
C 2	8,5		2,8	1,8	0,2	1,0		0,6	14,9
C 3	13,2	1,5	3,0	2,6	1,9	3,0	0,9	1,2	27,3
C 4		2,2	0,8	0,7	0,4	1,0		0,1	5,2
C 5		1,0	2,1	0,7	0,5	0,5	0,1	0,8	5,7
C 6	0,9	6,6	2,8	1,6	2,0	1,0	0,4	0,4	15,7
C 7		3,3	0,6	0,3	0,7	0,7	0,2	0,3	6,1
Summe									100

Tabelle 4-2: Bedeutung der Produktkomponenten (in Prozent)[7]

6 Quelle: Horváth/Niemand/Wolbold 1993, S. 14.
7 Quelle: Horváth/Niemand/Wolbold 1993, S. 14.

Im nächsten Schritt wird eine Kostenschätzung für die einzelnen Produktkomponenten vorgenommen und der prozentualen Bedeutung gegenübergestellt. Der *Zielkostenindex* ergibt sich sodann aus der Division der relativen Bedeutung der Komponente und dem Kostenanteil, der auf diese Komponente entfällt. Er stellt ein Maß für die Abweichung der Marktbedeutung von der Kostenverursachung dar (vgl. Tabelle 4-3, z. B. Zielkostenindex C1 = Marktbedeutung 25,1 %/Kostenanteil 13,9 % = 1,8).

Komponenten	Kostenanteil in %	Bedeutung der Komponente in %	Zielkostenindex
C 1	13,9	25,1	1,8
C 2	12,0	14,9	1,2
C 3	17,6	27,3	1,6
C 4	7,6	5,2	0,7
C 5	8,6	5,7	0,7
C 6	16,8	15,7	0,9
C 7	23,5	6,1	0,3

Tabelle 4-3: Berechnung des Zielkostenindexes[8]

Aus der Gegenüberstellung der relativen Bedeutung und des Kostenanteils der Komponenten läßt sich ein Zielkostenkontrolldiagramm erstellen (vgl. Abbildung 4-3). Im Idealfall ist der Zielkostenindex gleich eins. Der tatsächliche Kostenanfall entspricht dann exakt der relativen Bedeutung für den Kunden. Dieser Idealfall ist in Abbildung 4-3 durch die gestrichelte Linie dargestellt. Komponenten, deren Zielkostenindex exakt eins beträgt, sind im Zielkostendiagramm auf dieser Linie positioniert. Ist der Zielkostenindex kleiner als eins, ist die Komponente zu teuer, und bei einem Wert größer als eins stellt sich die Frage, ob die Lösung aus Kundensicht »zu einfach« ist. In der Regel werden aus wirtschaftlichen Gründen gewisse Bandbreiten zur Zielerreichung eingeräumt, d. h. Abweichungen zwischen beiden Werten werden im Rahmen einer bestimmten Größe (Zielkostenzone) toleriert. Je größer die Be-

8 Quelle: Horváth/Niemand/Wolbold 1993, S. 14.

deutung der einzelnen Komponente jedoch ist, desto enger wird der Toleranzbereich gelegt. Mit dem Zielkostenkontrolldiagramm hat das Unternehmen jetzt ein Instrument, um gezielt Kostensenkungserfordernisse für die einzelnen Komponenten zu erkennen. Im Beispiel sind demnach erhebliche Kostensenkungsmaßnahmen für die Produktkomponente C7 erforderlich.

Um die weitreichenden Kostenbeeinflussungsmöglichkeiten während der *Konstruktionsphase* nicht unberücksichtigt zu lassen, werden auch die Produktionsbedingungen auf eine Annäherung von drifting costs und allowable costs untersucht. Durch den Einbezug der *Produktionsvorbereitung* ist das Maßnahmenpaket von Kostensenkungen auf den Ebenen abgeschlossen, auf denen die Kosten noch wesentlich beeinflußt werden können (vgl. Abbildung 4-1, S. 106).

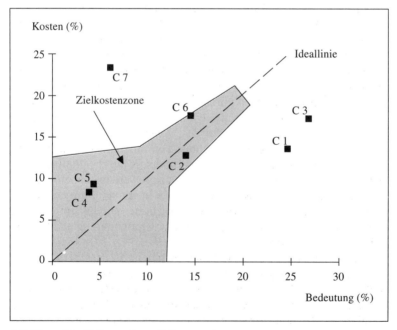

Abbildung 4-3: Zielkostenkontrolldiagramm[9]

9 Quelle: Horváth/Niemand/Wolbold 1993, S. 14.

Erfahrungen aus der Praxis[10] zeigen, daß über die Analyse der Herstellkosten hinausgehend die Gemeinkosten (im speziellen indirekte Herstellkosten und Logistikkosten) immer mehr in den Prozeß des Target Costing einbezogen werden. Das Target Costing wird demnach der wachsenden Bedeutung der Gemeinkosten gerecht.

Neben dem Aspekt der Kostenbeeinflussung hat die Anwendung des Target Costing auch verhaltensbezogene Auswirkungen, die nicht unterschätzt werden sollten: Die Durchsprache und Verabschiedung von Maßnahmen zur Senkung der drifting costs vollzieht sich in vielen Fällen nicht innerhalb einzelner Abteilungen, sondern erfordert Abstimmungsprozesse zwischen Mitarbeitern verschiedener Bereiche. Auf diese Weise kann das Target Costing zur Intensivierung der funktionsübergreifenden Zusammenarbeit beitragen. Zum zweiten – und dies ist möglicherweise der wichtigste Aspekt – beeinflußt die Anwendung des Target Costing langfristig die Denkweise der in Produktentwicklungsprozesse involvierten Mitarbeiter: Es entwickelt sich eine Denkkultur, in der die Kosten des entstehenden Produktes permanent aufmerksam beobachtet und gestaltet werden. Ist dies nicht der Fall, so entsteht insbesondere in technisch orientierten Unternehmen die Gefahr, daß Produktmerkmale nicht im Hinblick auf ein vorliegendes Kundenbedürfnis hinterfragt werden. Der Produktnutzen wird dann häufig *maximiert* und nicht im Sinne einer Kundenorientierung *optimiert*. Man spricht in diesem Zusammenhang auch vom Problem des »Over-Engineering«, das nach unserer Einschätzung gerade in technisch orientierten deutschen Unternehmen weit verbreitet ist. »Perfekte« Produkte, die aber vielfach nicht zu kostendeckenden Preisen am Markt plaziert werden können, sind das Resultat. Target Costing ist ein wirksames Instrument, um einem solchen unwirtschaftlichen Perfektionismus in der Produktentwicklung entgegenzuwirken und so letztendlich Kundenorientierung und Kosteneffizienz zu verbinden.

Im Zusammenhang mit dem Target Costing ist bereits das Instrument der *Conjoint Analyse* genannt worden. Die Conjoint Analyse zieht Rückschlüsse aus der Gesamtbeurteilung von Produkten (*Gesamtnutzen*) auf die Bedeutung einzelner Merkmalsausprägungen (*Teilnutzen*) für den Kunden. Die Conjoint Analyse gibt somit eine Antwort auf die Frage, wie der vom Kunden empfundene Nutzen durch Änderungen einzelner

10 Vgl. Horváth/Niemand/Wolbold 1993, S. 25f.

Merkmalsausprägungen beeinflußt wird. Ein weiteres Resultat ist eine Quantifizierung der Wichtigkeit einzelner Produkt- oder Dienstleistungsmerkmale für den Kunden. Die Anwendungsgebiete der Conjoint Analyse sind sehr vielfältig, sie wird aber vor allem bei Neuproduktgestaltungen, Produkterneuerungen und der Preisfindung eingesetzt. Die Conjoint Analyse verläuft in vier Schritten:[11]

1. Ermittlung und Auswahl der verwendeten Merkmale und Merkmalsausprägungen,
2. Entwicklung eines Erhebungsdesigns und Datenerhebung,
3. Schätzung der Teilnutzenwerte und
4. Aggregation über mehrere Kunden, ggf. *Benefit Segmentation.*

Schritt 1: Produkte werden durch *Merkmale* beschrieben. Diese Merkmale können in unterschiedlichen *Merkmalsausprägungen* vorliegen. Merkmale eines Autos sind beispielsweise die maximale Geschwindigkeit oder der Benzinverbrauch. Ausprägungen hiervon wären im ersten Fall z. B. 180, 200 oder 220 km pro Stunde bzw. im zweiten Fall 9, 12 oder 15 Liter auf 100 Kilometer. Im ersten Schritt der Conjoint Analyse sind eben diese Merkmale und Merkmalsausprägungen festzulegen. Als Richtlinie für die Auswahl der Merkmale sowie ihrer Ausprägungen können folgende Anforderungen dienen:

- Die Merkmale müssen *relevant* sein, d. h. sie müssen einen Kundennutzen stiften.
- Die Merkmale müssen *beeinflußbar* sein, d. h. das Unternehmen muß gegebenenfalls Änderungen an den Merkmalen vornehmen können.
- Die Merkmale sollten *unabhängig* sein, d. h. der Kundennutzen einer Merkmalsausprägung sollte nicht von der Variation der Ausprägungen eines anderen Merkmals beeinflußt werden.
- Die Merkmalsausprägungen müssen *realisierbar* sein, wobei darauf zu achten ist, daß die Abstufungen der Ausprägungen weder zu groß noch zu klein sind.
- Die Anzahl der Merkmale und ihrer Ausprägungen müssen *begrenzt* sein. Andernfalls wird der Befragungsaufwand zu groß.

---

11 Vgl. im folgenden Backhaus u. a. 1996, S. 500ff.

Schritt 2: Im Rahmen der Conjoint Analyse gibt es verschiedene Verfahren zur Datenerhebung. Neben dem Zwei-Faktor-Ansatz und dem Profil-Ansatz, die zu den traditionellen Ansätzen zählen, sind bei den neueren Ansätzen der Hybrid- und der Adaptiv-Ansatz zu nennen.[12] Wir wollen im folgenden näher auf den *Profil-Ansatz* eingehen, da er wohl das in der Praxis am weitesten verbreitete Erhebungsdesign darstellt. Die Profilmethode beruht auf der Verwendung von kompletten *Produktprofilen* (*Stimuli*), die von einer befragten Person nach abnehmendem Gesamtnutzen sortiert werden. Produktprofile werden häufig in Form von Produktkärtchen vorgelegt (vgl. Abbildung 4-4). Ein Stimulus, am Beispiel des Leistungsangebots eines Kurierdienstes, enthält zu jedem Merkmal (z. B. Delivery Time) eine spezielle Ausprägung (z. B. innerhalb von 24 Stunden). Das Problem des exponentiell steigenden Befragungsaufwands bei zunehmender Zahl von Merkmalen wird hier offensichtlich. Aus diesem Grund verwendet man in der Regel keine *vollständigen Designs* (d. h. alle möglichen Stimuli werden betrachtet), sondern weicht auf *reduzierte Designs* aus, die eine geeignete Teilmenge des vollständigen Designs darstellen. Inzwischen gibt es bereits geeignete PC-Software, die diesen Schritt sinnvoll unterstützt. Eine weitere Schwierigkeit ist sicherlich die Wahl der Spannweite der Merkmalsausprägungen. Liegen die Ausprägungen zu weit auseinander, können die Auskunftspersonen sie nicht mehr durch ihren Erfahrungsbereich erfassen. Bei einer zu engen Wahl wird unter Umständen der relevante Bereich nicht abgedeckt.

Schritt 3: Durch statistische Verfahren werden jetzt, auf der Basis der Rangreihung, die *Teilnutzenwerte* zu jeder Merkmalsausprägung geschätzt. Anhand der Teilnutzenwerte kann man erkennen, wie sich der Gesamtnutzen ändert, wenn von einer Merkmalsausprägung auf eine andere gewechselt wird. Im Beispiel des Kurierdienstes legte man als Merkmale (Merkmalsausprägungen in Klammern) die Delivery Time (am selben Tag; overnight; 24 Stunden), den Preis (400,– DM; 100,– DM; 70,– DM), die Lokalisierbarkeit des Auftrags (jederzeit lokalisierbar; bedingt lokalisierbar; nicht lokalisierbar) und den Versicherungsumfang (unbegrenzt; bis 5000,– DM; bis 1000,– DM) fest. Die Teil-

---

12 Eine ausführliche Darstellung der genannten Ansätze findet sich bei Carroll/
    Green 1995, S. 385ff.

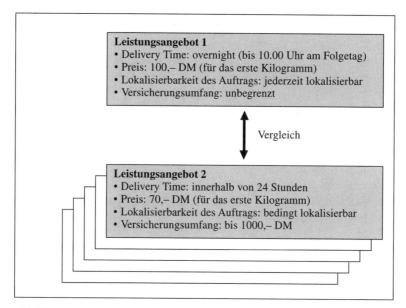

Abbildung 4-4: Produktprofil in Form von Produktkärtchen am Beispiel eines Kurierdienstes

nutzenwerte für *einen* Befragten sind in Abbildung 4-5 dargestellt. Aus Abbildung 4-5 ist zu erkennen, daß für den Befragten vor allem die Delivery Time mit einer Auslieferung am selben Tag besonders wichtig ist (Teilnutzenwert von »am selben Tag«: 2,3).

Die Bedeutung der einzelnen Merkmale (Delivery Time, Preis, Verfügbarkeit des Auftrags und Versicherungsumfang) errechnet sich aus der Differenz des größten und des kleinsten Teilnutzenwertes (z.B. Teilnutzenwert der Delivery Time »am selben Tag«: 2,3 abzüglich des Teilnutzenwertes der Delivery Time »24 Stunden«: 1,0 ergibt die gesamte Bedeutung der Delivery Time für den Befragten: 1,3). Entsprechend erhält man die Spannweiten 1,0 für den Preis, 0,9 für die Lokalisierbarkeit und 0,6 für den Versicherungsumfang. Die Summe der vier Spannweiten beträgt 3,8. Die vier Merkmale werden nun entsprechend ihrem Anteil an dieser Summe gewichtet: die Delivery Time mit 34 Prozent, der Preis mit 26 Prozent, die Lokalisierbarkeit des Auftrags mit 24 Prozent und der Versicherungsumfang mit 16 Prozent.

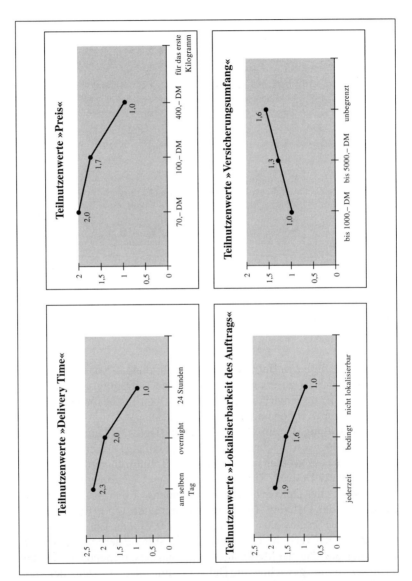

Abbildung 4-5: Teilnutzenwerte für einen Befragten im Rahmen einer Kurierdienst-Studie

Schritt 4: Hier erfolgt die Aggregation der Ergebnisse über sämtliche untersuchte Kunden. Gegebenenfalls sind die Teilnutzenwerte sowie die Merkmalsbedeutungen für unterschiedliche *Kundengruppen* zu bestimmen. Man spricht in diesem Fall von *Benefit Segmentation*, da eine Kundensegmentierung auf der Basis des empfundenen Nutzens erstellt wird.

Anhand eines stark vereinfachten Beispiels von Laptop-Computern wollen wir die Bedeutung der Conjoint Analyse für das Target Costing verdeutlichen und die Vorgehensweise demonstrieren.[13] Zentrale Merkmale sind das »Gewicht«, die »Benutzungsdauer ohne Nachladen« und der »Preis«. Im Beispiel wurden folgende Ausprägungen gewählt:

Merkmale	Merkmalsausprägungen
Gewicht Benutzungsdauer ohne Nachladen Preis	6; 10 Pfund 2; 4 Stunden 2500,–; 3000,– DM

Tabelle 4-4: Merkmale und Merkmalsausprägungen eines Laptop-Computers

Aufgrund der geringen Zahl von acht möglichen Stimuli wurde hier ein vollständiges Design realisiert. Die im Rahmen der Befragung (einer einzelnen Person) ermittelte Rangfolge ist in Tabelle 4-5 dargestellt (8 Punkte = Rang 1, 1 Punkt = Rang 8).

Fiktive Produkte	Gewicht in Pfund	Benutzungsdauer in Stunden	Preis in DM	Bewertung
1	6	4	2500,–	8
2	6	2	2500,–	4
3	6	4	3000,–	6
4	6	2	3000,–	2
5	10	4	2500,–	7
6	10	2	2500,–	3
7	10	4	3000,–	5
8	10	2	3000,–	1

Tabelle 4-5: Bewertung der einzelnen Produktprofile

13 Vgl. Sabatzki 1995.

Selbstverständlich wird die Kombination mit der längsten Nutzungsdauer, dem geringsten Gewicht und dem niedrigsten Preis präferiert. Interessant ist aber, daß Produktvariante 3 (Gewicht 6 Pfund, Benutzungsdauer 4 Stunden, Preis 3000,– DM) trotz des höheren Preises der Variante 6 vorgezogen wird. Anscheinend spielten die Merkmale »Gewicht« von 6 Pfund und »Benutzungsdauer« von 4 Stunden eine so große Rolle, daß die Auskunftspersonen bereit wären, dafür ca. 500,– DM mehr zu bezahlen.

Aus der Differenz der durchschnittlichen Punktzahl je Ausprägung läßt sich in diesem einfachen Beispiel die Wichtigkeit der Merkmale ableiten. Sie ist in Tabelle 4-6 abgebildet. Dominierendes Merkmal ist die Benutzungsdauer mit einer relativen Wichtigkeit von ca. 57 Prozent.

Ausprägung	Punkte	durchschnittliche Punktzahl	Wichtigkeit	relative Wichtigkeit
6 Pfund	8,4,6,2	5	1	14 %
10 Pfund	1,7,3,5	4		
4 Stunden	8,7,6,5	6,5	4	57 %
2 Stunden	4,3,2,1	2,5		
2500,– DM	8,7,4,3	5,5	2	29 %
3000,– DM	6,5,2,1	3,5		

Tabelle 4-6: Relative Wichtigkeit der Merkmale

Für eine abschließende Aussage bezüglich der Preiswahl und der optimalen Variantenkombination ist das Beispiel sicherlich zu einfach. Andererseits ist klar erkennbar, daß mit einem äußerst geringen Aufwand die Ausprägung der Benutzungsdauer mit 57 Prozent als zentrale Größe identifiziert werden konnte. Für das Target Costing bedeutet dies, daß – sofern sich dieses Ergebnis bei weiteren befragten Personen bestätigt – der Kostenanteil für diese Leistung ebenfalls 57 Prozent betragen kann.

4.2 Entwicklungszeit als Managementherausforderung

Die Bedeutung des Faktors *Zeit* für den Produktionsprozeß ist unbestritten. Prozeßbeschleunigungen in der Fertigung stehen mit an oberster Stelle, wenn es um Zielsetzungen im Rahmen des »Business Process Reengineering« geht.[14] In der Produktentwicklung wurde der Faktor Zeit jedoch bisher vielerorts vernachlässigt. Dies verwundert um so mehr, als gerade bei sich verkürzenden Produktlebenszyklen die Amortisationsdauern der Entwicklungsinvestitionen immer kürzer werden. Unsere Auffassung, daß *Schnelligkeit* als ein zentraler Erfolgsfaktor der Produktentwicklung zu sehen ist, wird durch zahlreiche empirische Studien bestätigt. Unternehmen, die aufgrund kurzer Entwicklungszyklen früher auf den Markt kamen, konnten sich beispielsweise eher als Marktführer etablieren.[15]

Im folgenden wollen wir zunächst auf zentrale Vorteile von Schnelligkeit in der Produktentwicklung eingehen. Anschließend gilt es, Vor- und Nachteile gegeneinander abzuwägen, was zu Überlegungen bezüglich einer kostenoptimalen Entwicklungszeit führt. Ansätze zur Beeinflussung der Enwicklungsdauer stellen wir abschließend vor.

Schnelligkeit in der Produktentwicklung zahlt sich für ein Unternehmen besonders dann aus, wenn der Zeitpunkt der Markteinführung einer Produktinnovation vor der Markteinführung des Wettbewerbers liegt (vgl. Abbildung 4-6). Es ist aber auch ein zweiter, weniger offensichtlicher Effekt zu berücksichtigen, der im rechten Teil der Abbildung 4-6 skizziert ist. Beide Effekte lassen sich folgendermaßen beschreiben:

1. Das Unternehmen A ist *früher* am Markt als der Wettbewerber B und realisiert *Umsatz-* bzw. mengenbedingte *Kostenvorteile*. Parallel können bereits Maßnahmen zur *Kundenbindung* in die Wege geleitet werden, die Nachfolgern den Markteintritt zusätzlich erschweren.
2. Das Unternehmen A hat einen späteren Entwicklungsbeginn im Vergleich zum Wettbewerber B und kann somit – bei gleichzeitiger Markteinführung – neuere Informationen (in bezug auf Technologien oder Verfahren) in die Produktentwicklung einfließen lassen.

---

14 Vgl. Linden 1996.
15 Vgl. die Übersicht bei Simon 1989, S. 86.

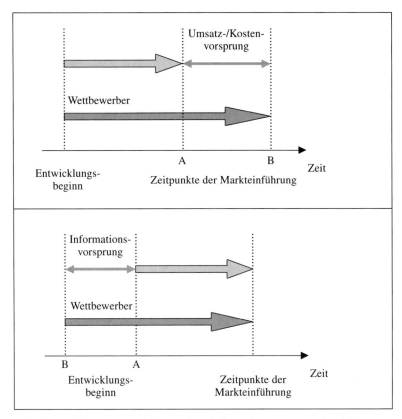

Abbildung 4-6: Umsatz- und Kosten- bzw. Informationsvorsprung durch kurze Produktentwicklungszeiten

Das Ziel der Realisierung von *Umsatzvorsprüngen*, bedingt durch einen früheren Markteintrittszeitpunkt, ist in der Computerindustrie, insbesondere bei den Chipherstellern, gut zu beobachten. In Folge der heftigen Konkurrenz und des damit einhergehenden rapiden Preisverfalls lassen sich die größten Umsätze nur in den ersten Monaten nach der Markteinführung realisieren. Hat die Konkurrenz dann mit einem Folgeprodukt nachgezogen, ist eine verstärkte Strategie der Kostenführerschaft in die Wege zu leiten. Economies of Scale sowie erfahrungsbedingte Kostendegression aufgrund des Absatzvorsprungs erlauben es nun dem

Innovator, die Kosten und damit die Preise schneller zu senken als der Wettbewerb.

Das Risiko eines Flops für den Innovator ist natürlich nie auszuschließen. Auch »Folger«, die Innovationen abwarten und anschließend mit Imitaten und einem günstigeren Preis – bedingt durch die eingesparten Entwicklungskosten – auf den Markt drängen, stellen ein Risiko für den Innovator dar. Untersuchungen bestätigen jedoch tendenziell die Vorteile des frühen Markteintritts. So ist der Marktanteil bei Innovatoren – am Beispiel von Pharmaunternehmen – wesentlich größer als bei nachfolgenden Unternehmen.[16] Der Innovator hat beispielsweise mehr Zeit zur Vermarktung, kann höhere Preise verlangen und bereits Standards in Bezug auf Serviceleistungen, Ausstattungsmerkmale oder Normen setzen. Ein bewußt aufgebautes Markenimage vermittelt nicht nur Kompetenz, sondern schafft auch eine hohe *Kundenbindung*. Dadurch baut sich der Anbieter eine starke Marktposition auf und errichtet gleichzeitig hohe Markteintrittsbarrieren für Konkurrenten. Das Risiko hoher Innovationsinvestitionen wird außerdem durch den früheren Kapitalrückfluß reduziert.

Der untere Teil der Abbildung 4-6 verdeutlicht den *Informationsvorsprung*, den ein Unternehmen aus einem schnelleren Entwicklungsprozeß ziehen kann. Das Unternehmen kann beispielsweise – bedingt durch einen späteren Starttermin der Entwicklung – wesentlich neuere und modernere Techniken in die Konstruktion einfließen lassen. Dadurch ist das Produkt auf einem technisch und qualitativ höheren Stand als die Produkte der Konkurrenz. Außerdem sind wesentlich aktuellere Informationen über die Kunden- und Verbrauchersituation, die gesetzlichen Bestimmungen und behördlichen Vorschriften bzw. Auflagen verfügbar. Insbesondere auf sehr dynamischen Märkten sollte die Bedeutung eines solchen Informationsvorsprungs nicht unterschätzt werden.

Ein *dritter Vorteil* kurzer Entwicklungszeiten ist weniger offensichtlich, aber u. E. von sehr großer Bedeutung: Langsamkeit von Prozessen ist häufig im wesentlichen eine Konsequenz unternehmensinterner *Organisationsdefizite*. Eine typische Ursache von Langsamkeit sind z. B. aufwendige Abstimmungsprozesse im Unternehmen. Wird beispielsweise im Rahmen eines Produktentwicklungsprozesses bei nahezu jeder Detailentscheidung die formale Zustimmung der Leiter der involvierten Be-

16 Vgl. Simon 1989, S. 85.

reiche (Marketing sowie F&E) eingeholt, so führt dies – insbesondere auch vor dem Hintergrund der begrenzten zeitlichen Verfügbarkeit von Führungskräften – zwangsläufig zu »Liegezeiten« aufgrund ausstehender Entscheidungen.

Indem man permanent auf Prozeßbeschleunigung hinwirkt und sich nicht bereitwillig mit Langsamkeit abfindet (wozu insbesondere Führungskräfte in Großunternehmen häufig tendieren), bekämpft man also indirekt Defizite (insbesondere Überkomplexität) in Aufbau- und Ablauforganisation. Im obigen Beispiel könnte das Anstreben einer Prozeßbeschleunigung beispielsweise zu einer intensiveren Selbstabstimmung zwischen den in das Projekt involvierten Spezialisten der verschiedenen Bereiche führen. Daß hierdurch die Qualität der Entscheidungen leiden könnte, halten wir in Anbetracht der ohnehin geringen Expertise von Führungskräften in Detailfragen für eine einigermaßen unrealistische Befürchtung.

Unsere Kernthese an dieser Stelle lautet also: Langsamkeit ist im wesentlichen eine Folge von Organisationsdefiziten, und wer Schnelligkeit der Prozesse (insbesondere bei solch zentralen Prozessen wie der Neuproduktentwicklung) anstrebt, arbeitet indirekt auf die Behebung von Organisationsdefiziten hin. Hierin liegt ein wesentlicher Nutzen von Initiativen zur Prozeßbeschleunigung.

Selbstverständlich können Maßnahmen zur Erreichung kürzerer Entwicklungszeiten auch mit *höheren Kosten* verbunden sein. Als Beispiel hierfür seien Investitionen in CAD-Arbeitsplätze genannt. Letztlich geht es also um eine umfassende Betrachtung der (positiven und negativen!) Kostenauswirkungen der Entwicklungszeit. In diesem Zusammenhang hat das F&E-Controlling jedoch ein *Transparenzproblem*, denn die *Kosten der Langsamkeit* werden in den meisten Unternehmen nicht abgebildet. Schätzungen zeigen allerdings, daß ein Überschreiten der Entwicklungszeiten, verbunden mit einem verspäteten Markteintritt, weitreichende Kostenwirkungen haben kann. Verlängert sich z. B. die *Entwicklungszeit* um sechs Monate, so müssen unter Umständen Ergebniseinbußen von bis zu 30 Prozent hingenommen werden.[17] Im Gegensatz dazu bewirkt eine Erhöhung der *Entwicklungskosten* um bis zu 50 Prozent lediglich eine Ergebnisabweichung um 5 Prozent. Für das Ergebnis sind demnach – bei kurzen Produktlebens-

---

17 Vgl. Schmelzer 1992, S. 50.

zyklen – die Entwicklungszeiten von viel größerer Bedeutung als die Entwicklungskosten.

Simon spricht in diesem Zusammenhang von den *Opportunitätskosten der Zeit*.[18] Die Ermittlung dieser Kosten erweist sich in der Regel als relativ problematisch, eine exakte Quantifizierung vielfach als nahezu unmöglich. Dennoch halten wir eine Betrachtung der Opportunitätskosten bei größeren Entwicklungsprojekten für unerläßlich. Man sollte sich hierbei auch nicht von der Problematik der Quantifizierbarkeit abschrecken lassen: Die Denkprozesse und Verhaltensänderungen, die derartige Betrachtungen bei den Beteiligten mittelfristig auslösen, sind von weitaus größerer Bedeutung als die Ermittlung exakter Zahlenwerte.

Bei der Berechnung wird in der Praxis häufig der monatliche Umsatz bzw. Ertrag (bei einer um einen Monat verspäteten Markteinführung) zur Quantifizierung der Opportunitätskosten herangezogen. Eine derar-

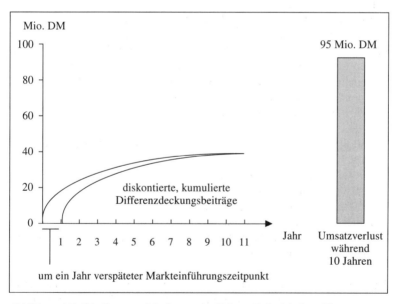

Abbildung 4-7: Die Opportunitätskosten der Zeit am Beispiel eines Pharma-unternehmens[19]

18 Vgl. Simon 1989, S. 78.
19 Quelle: in Anlehnung an Simon 1989, S. 78.

tige Vorgehensweise kann aber nicht befriedigend sein, da die Folgen unter Umständen weit in die Zukunft reichen, z. B. wenn ein technologischer Rückstand nicht mehr aufzuholen ist. Vielmehr sind die Opportunitätskosten der Verzögerung aus den jeweiligen diskontierten, kumulierten Differenzdeckungsbeiträgen des Produktes über den relevanten Zeitraum zu bestimmen. Abbildung 4-7 verdeutlicht diese Vorgehensweise am Beispiel einer um ein Jahr verzögerten Produkteinführung bei einem Pharmaunternehmen. Während der kumulierte Umsatzverlust über zehn Jahre ca. 95 Millionen DM beträgt, belaufen sich die Opportunitätskosten auf ca. die Hälfte des Umsatzverlustes.

In Abbildung 4-8 sind der Innovationszeit die Innovationskosten gegenübergestellt. Sollen F&E-Projekte in einer möglichst kurzen Zeit realisiert werden, steigen die Innovationskosten extrem an. In diesem Bereich liegen die Crash-Projekte, die in kürzester Zeit realisiert werden müssen. Kostenexplosionen, z. B. aufgrund von parallel arbeitenden Entwicklungsteams, sind daher nicht verwunderlich.

Rechts von dem kostenminimalen Punkt steigen die Innovationskosten mit der Zeit geringer an als auf der linken Seite der Kurve. Im Vergleich zu den Innovationskosten der Crash-Projekte, bei denen von Anfang an mit einem größeren Budget gearbeitet wird, handelt es sich bei den hier anfallenden Innovationskosten um schleichende, weniger offensichtliche Kosten. Diese beinhalten u. a.

– kalkulatorische Zinsen für gebundenes Kapital (Modellrechnungen zeigen, daß sich die Gesamtkosten bei einer Halbierung der Innovationszeit allein aufgrund der niedrigeren Zinsbelastung um ca. 15 Prozent verringern können[20]),
– steigende Koordinationskosten,
– höhere projektfixe Kosten und
– Effizienzverluste aufgrund von Organisationsdefiziten, wie wir sie oben beschrieben haben.

Unseren Beobachtungen zufolge befindet sich ein Großteil der durchgeführten Innovationsprojekte im rechten Teil der Kurve (schraffierter Bereich). Dieser Zustand ist eine ziemlich direkte Konsequenz der weiter oben beschriebenen Informationsdefizite im Hinblick auf die Kosten

---

20 Vgl. Geschka 1993, S. 38.

der Langsamkeit. Bei diesen Entwicklungsprojekten gehen Zeitverkürzungen mit Kostensenkungen einher. Teilweise sind Zeitverkürzungen bis zu 50 Prozent möglich, bis das Kostenminimum erreicht wird. Weitere Prozeßbeschleunigungen – über diesen Punkt hinaus – führen dann wieder zu einem Anstieg der Kosten. Beispiele aus der Unternehmenspraxis belegen die Möglichkeit einer Verkürzung der Innovationszeit bei *gleichzeitigen* Kostensenkungen. So realisierte AUSTIN ROVER bei einer Zeitverkürzung von 38 Prozent Kostensenkungen um 20 Prozent. Das Unternehmen RANK Xerox berichtet sogar von einer um 50 Prozent verringerten Innovationszeit in Verbindung mit Kosteneinsparungen von bis zu 50 Prozent.[21]

Es ist daher zu empfehlen, daß sich Unternehmen zunächst über die Position ihrer Entwicklungsprojekte auf der Kurve klar werden müssen. Selten ist der diesbezügliche Status eines Entwicklungsprojektes geklärt. Unter stärkerer Berücksichtigung des Faktors Schnelligkeit in der

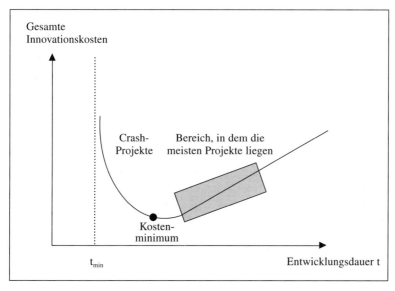

Abbildung 4-8: Innovationskosten in Abhängigkeit von der Innovationszeit[22]

21 Vgl. Geschka 1993, S. 38.
22 Quelle: Geschka 1993, S. 36.

Produktentwicklung können dann in vielen Fällen die Innovationszeit verkürzt, die Kosten gesenkt und dennoch das Qualitätsniveau aufrecht erhalten werden.

Welche Ansätze gibt es nun, um die Entwicklungsdauer zu beeinflussen? Grundsätzlich ist vorauszuschicken, daß es zumeist erforderlich ist, Entwicklungsprojekte in einzelne Phasen, d. h. *Teilprojekte* aufzuteilen. Das Management von Teilprojekten erlaubt nicht nur einen gezielteren Einsatz von beschleunigenden Instrumenten, sondern stellt selbst eine Möglichkeit dar, Entwicklungsdauern zu reduzieren. Es ist darüber hinaus zu empfehlen, *klare Projektziele* als Grundlage für Zeitschätzungen zu definieren. Erst eine klare Operationalisierung der Ziele erlaubt ein zielgerichtetes Vorgehen.

Auf einige Aspekte im Zusammenhang mit dem Management von Teilprojekten wollen wir kurz eingehen: Bestimmt man beispielsweise den *kritischen Weg* eines Projektes, sind die Teilprojekte, die auf diesem kritischen Weg liegen, besonders genau auf frühzeitige Abweichungen von den zeitlichen Vorgaben zu überwachen. Handelt es sich zusätzlich um Teilprojekte mit *hohem Risiko*, d. h., ist mit technischen Problemen im Verlauf zu rechnen, sind spezielle Zeit- bzw. Ressourcenpuffer einzubauen. Gegebenenfalls können Parallelprojekte, im Falle des Scheiterns der kritischen Teilprojekte, eine Verzögerung im Gesamtablauf verhindern. Generell kann die parallele Durchführung von unabhängigen Teilprojekten zu erheblichen Zeitverkürzungen führen. Bei der Planung von Teilprojekten ist darauf zu achten, daß der Koordinations- und Controllingaufwand nicht zu groß wird. Des weiteren ist gerade im Hinblick auf eine frühzeitige Erkennung von Abweichungen sicherzustellen, daß Teilprojekte unabhängig und homogen hinsichtlich ihrer Leistungsparameter sind. Interdependenzen zwischen den Teilprojekten erschweren derartige Analysen und führen zudem zu beträchtlichen Koordinationskosten.

Im wesentlichen lassen sich vier *Ansätze zur Verkürzung der Entwicklungszeit* unterscheiden:[23]

1. Zu den *technologischen Ansätzen* zählen beispielsweise die *Computersimulation* oder das *Rapid Prototyping*. Beide Verfahren versuchen in der Phase der Produktkonzeption, also *vor* der eigentlichen Ent-

---

23 Vgl. Gaiser 1993, S. 35ff.

wicklung, einen Prototypen bzw. eine Simulation mit den erforderlichen Leistungsmerkmalen ihren Zielkunden zur Bewertung vorzulegen. Damit soll vermieden werden, daß hochwertige technische Produkte, die aber an den Kundenbedürfnissen vorbei konzipiert wurden, in Serie gehen. Änderungen, die dann noch vorgenommen werden müßten, wären ausgesprochen zeit- und kostenintensiv.

2. Wichtigster Vertreter der *organisatorischen Ansätze* ist sicherlich das *Simultaneous Engineering*. Dem Simultaneous Engineering liegen zwei Prinzipien zu Grunde. Das Prinzip der Parallelisierung zielt darauf ab, Teilaufgaben des Produktinnovationsprozesses weitgehend zu parallelisieren (mitunter sogar bis zum Anlauf der Fertigung), um somit einen Zeitvorteil gegenüber einer sequentiellen Aufgabenabwicklung zu gewinnen. Als zweites Prinzip ist das der Integration zu nennen, das über eine permanente Abstimmung aller am Innovationsprozeß Beteiligten zeitintensive Produktänderungen in späten Phasen des Entwicklungsprojektes zu verhindern sucht.[24]

3. Im Rahmen der *Personalführung* sind vor allem Maßnahmen zur Mitarbeitermotivation zu nennen. *Job Rotation* und *interdisziplinär besetzte Teams* haben dabei nicht nur einen Motivationseffekt, sondern helfen auch, Schnittstellenprobleme abzubauen und somit Prozesse zu beschleunigen.

4. Als *Controllingansätze* sind insbesondere *Planungs- und Budgetierungssysteme* sowie *entwicklungszeitbezogene Informations- und Kontrollsysteme* zu nennen. In der *Planungsphase* sind vom F&E-Controlling insbesondere Verfahren zur *Projektauswahl* zu entwerfen, da meist eine Fülle an Ideen einer begrenzten F&E-Kapazität gegenübersteht. Daher ist ein Prozeß zu installieren, der über die Projektverantwortung, die Festlegung der Auswahlkriterien und die dafür notwendigen Informationen entscheidet. Das *Budgetierungssystem* ist im Hinblick auf die Koordination zwischen Entwicklungsprojekten und -bereichen so zu gestalten, daß genügend Ressourcen entsprechend dem Projektstatus (Priorität A, B oder C) zur Verfügung stehen. Strategisch wichtige Projekte erhalten mehr Ressourcen, um kurze Entwicklungszeiten zu gewährleisten. Prinzipiell sollte der Grundsatz »Projektplanung bestimmt Bereichsbudget« gelten, denn die Projekte verkörpern die zukünftigen marktfähigen Produkte ei-

24 Vgl. Gerpott 1996, S. 1853.

nes Bereiches. Das F&E-Controlling unterstützt im Rahmen der *Informationsversorgung* das F&E-Management. Abweichungen sollten, ergänzend zur Ermittlung der Gesamtabweichung, den Projekt- und Bereichsverantwortlichen zugerechnet werden. Als Beispiel eines Instrumentes zur Darstellung von Abweichungen innerhalb eines Entwicklungsprojektes wollen wir im folgenden die Meilensteintrendanalyse vorstellen. Die *Meilensteintrendanalyse* (vgl. Abbildung 4-9) ist ein Instrument, das über die Einhaltung von Zeitvorgaben informiert. Vor allem die einfache Handhabung und leichte Verständlichkeit der Methode haben zu einer weiten Verbreitung in der Praxis geführt. Weitere Vorteile liegen in der hohen Transparenz über Terminsituationen mit voraussichtlichen Trends und insbesondere in einer Intensivierung des *Terminbewußtseins*. Voraussetzung für die Anwendung der Meilensteintrendanalyse ist eine inhaltliche und zeitliche Definition von Meilensteinen im Rahmen der Projektplanung. Eine Meilensteintrendanalyse erfolgt, indem auf der vertikalen Achse einer Matrix die Meilensteintermine und auf der horizontalen Achse die Berichtszeitpunkte mit dem gleichen Maßstab der Zeiteinteilung abgetragen werden. Die Meilensteintermine werden nun aus der Projektplanung entnommen und auf der Terminachse als Zieltermin eingetragen. Anschließend werden in regelmäßigen Abständen die Meilensteintermine ermittelt, die sich aus dem aktuellen Projektverlauf ableiten lassen, und unter dem jeweiligen Berichtszeitpunkt in der Matrix aufgeführt. Durch eine Verbindung mit den vorangegangenen Eintragungen wird die aktuelle Terminsituation ersichtlich. Verläuft die Linie horizontal, dann wird der Meilenstein planmäßig erreicht. Bei einem Abweichen der Linie nach oben wird der Meilensteintermin voraussichtlich überschritten, während ein Abweichen nach unten eine vorzeitige Erreichung des Meilensteins signalisiert. Aus Abbildung 4-9 ist zu erkennen, daß die Termine der Meilensteine Leistungsbeschreibung, Konstruktion der Einzelteile und Musterbau überschritten werden. Die reine Meilensteintrendanalyse verdeutlicht lediglich den Sachfortschritt im Einklang mit den gestellten Terminen. Kosteninformationen sind bisher nicht berücksichtigt. Ergänzt man die Meilensteintrendanalyse um eine *Kostentrendanalyse*, die den Kostenverlauf entlang der Meilensteine darstellt, sind die wesentlichen Planwerte eines Projektes erfaßt.

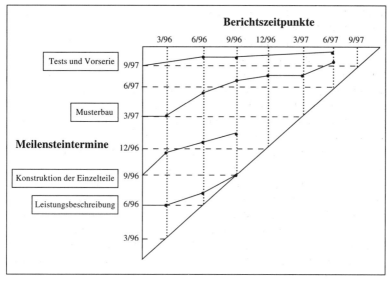

Abbildung 4-9: Die Meilensteintrendanalyse

4.3 Qualitätskosten: Agieren statt reagieren

Aus Unternehmenssicht kann *Qualität* als die Fähigkeit gesehen werden, Kundenanforderungen zu erfüllen. Qualität wird demnach vom Markt bzw. Kunden definiert. Trotz umfangreicher Total Quality Management-Konzepte und Zertifizierungsmaßnahmen hat sich dieses Qualitätsverständnis u. E. bisher in vielen Entwicklungsabteilungen nicht durchgesetzt. Einer empirischen Untersuchung zufolge wurden als wichtigste Qualitätsziele in der Entwicklung am häufigsten die Herstellbarkeit, die Zuverlässigkeit des Produkts und erst an dritter Stelle die Erfüllung von Kundenanforderungen genannt.[25] Ebenfalls interessant ist, daß die Termineinhaltung nur an sechster Stelle rangierte. Sicherlich ist eine eindeutige Abgrenzung der Zielkriterien nicht möglich. Dennoch zeigt sich u. E., daß vielerorts immer noch ein technisches Verständnis

25 Vgl. Specht/Schmelzer 1991, S. 38.

des Qualitätsbegriffs – im Sinne von »Erfüllung von Spezifikationen« – vorherrschend ist und sich die Verwendung eines kundenorientierten Qualitätsbegriffs noch nicht flächendeckend durchgesetzt hat. Was sind die *Kostenfolgen mangelhafter Qualität*? Kundenbezogene Folgen bestehen beispielsweise darin, daß ein großer Teil der Kunden, die mit der Qualität eines Produktes oder einer Dienstleistung unzufrieden sind, mittelfristig zur Konkurrenz abwandert. Das Unternehmen wird jedoch über die Gründe der Kundenabwanderungen im Unklaren gelassen, da sich lediglich ein geringer Anteil der unzufriedenen Kunden beschwert.[26] Hinzu kommt die Tatsache, daß ein unzufriedener Kunde einen erheblichen Multiplikatoreffekt ausübt, der sich in einer negativen Mund-zu-Mund-Propaganda äußert. Qualitätskosten entstehen also nicht nur aus der Abwicklung von Reklamationen oder durch das Erbringen von Garantieleistungen, sondern auch aus den Umsatzeinbußen durch die Abwanderung unzufriedener Kunden. Unternehmensintern entstehen Qualitätskosten infolge sämtlicher Maßnahmen, Qualitätsanforderungen zu erfüllen bzw. »Nicht-Qualität« und eventuelle Folgen zu korrigieren. Üblicherweise werden Qualitätskosten unterteilt in Fehlerverhütungs-, Prüf- und Fehlerkosten. Jede dieser Qualitätskostengruppe unterteilt sich wiederum in einzelne Qualitätskostenelemente. Die Berechnung der gesamten Qualitätskosten erfolgt dementsprechend aus der Summe der jeweiligen Qualitätskostenelemente.

In den *Fehlerverhütungskosten* (z. B. Lieferantenbeurteilung, Schulungen, Qualitätsförderungsprogramme, Qualitätsaudit etc.) sind die Kosten enthalten, die für präventive Qualitätssicherungsmaßnahmen anfallen. *Prüfkosten* fallen an, wenn die Produkte hinsichtlich ihrer Übereinstimmung mit den Qualitätsforderungen überprüft werden. Prüfkosten umfassen z. B. Kosten für Prüfmittel oder Personalkosten für Prüfer. *Fehlerkosten* entstehen, wenn Qualitätsforderungen nicht erreicht werden und die aufgetretenen Abweichungen behoben werden müssen. Hierbei unterscheidet man zwischen internen und externen Fehlerkosten. Unter die *internen Fehlerkosten* werden beispielsweise die Kosten für Ausschuß und Nacharbeit, aber auch Kosten aufgrund qualitätsbedingter Ausfallzeiten subsumiert. Im Gegensatz dazu treten *externe Fehlerkosten* im Zusammenhang mit den Kunden auf. Als wesentliche Kostenblöcke sind hierbei Garantie- und Kulanzkosten zu nennen. Den externen Fehler-

---

26 Vgl. Homburg/Rudolph 1995 (a).

kosten sind aber auch Kosten in Form entgangener Deckungsbeiträge zuzuordnen, die durch Marktanteilsverluste, Abwanderungen von Kunden oder steigende Verkaufsförderungsmaßnahmen angefallen sind. Daß diese Kosten überwiegend latenten Charakter haben, ist offensichtlich. Daß sie allerdings keineswegs bedeutungslos sind, sollte vor dem Hintergrund unserer Ausführungen in Kapitel 2 ebenfalls außer Frage stehen.

Nach einer Studie der ROLAND BERGER & PARTNER GMBH in der deutschen Maschinenbauindustrie belief sich 1987 der Anteil der Qualitätskostengruppen an den gesamten Qualitätskosten auf 12 Prozent bei den Fehlerverhütungskosten, 45 Prozent bei den Prüfkosten und 43 Prozent bei den Fehlerkosten. Der durchschnittliche Anteil der Qualitätskosten an den Herstellkosten betrug 13 Prozent. Interessant ist, daß lediglich 17 Prozent der untersuchten Unternehmen ihre Qualitätskosten ermittelten, 44 Prozent kannten sie überhaupt nicht. [27]

Die bisher verwendete Qualitätskostensystematik ist nicht unproblematisch: Qualitätskosten enthalten Aufwendungen, die fehlerfreie Produkte garantieren sollen und stellen somit teilweise eher eine positive *Investition* dar, die nicht mit den Kosten für das Beseitigen bereits fehlerhafter Produkte verwechselt werden darf. Es ist daher sinnvoller, die Kosten in *Abweichungskosten* und *Übereinstimmungskosten* zu unterteilen. [28] Kosten der Abweichung entstehen als Konsequenz bereits vorhandener Abweichungen von den Anforderungen der Kunden: Aussortieren fehlerhafter Teile, Nachbesserungen, Garantie- und Gewährleistungsansprüche sowie Deckungsbeitragsverluste durch unzufriedene Kunden seien hier beispielhaft genannt. Sie sind überwiegend vermeidbar, können aufgrund ihres teilweise latenten Charakters in ihrem Umfang aber nur geschätzt werden. Die Übereinstimmungskosten hingegen entstehen durch das Streben nach Erfüllung der Anforderungen. Sie fallen als Aufwendungen für präventive Qualitätssicherungsmaßnahmen z. B. in Form von Qualitätsausbildungen an. In der Regel sind die Übereinstimmungskosten bekannt und haben Gemeinkostencharakter.

Von grundlegender Bedeutung ist nun die Frage nach dem unter Kostengesichtspunkten optimalen Perfektionsgrad. Die relevanten Zusammenhänge sind in Abbildung 4-10 dargestellt. Ein zunehmender Perfek-

---

27 Zitiert nach Blechschmidt 1988, S. 443.
28 Vgl. Wildemann 1992, S. 766.

tionsgrad erfordert im Regelfall höhere Kosten der Übereinstimmung, die, wie wir betont haben, einen gewissen investiven Charakter aufweisen. Sie nehmen also mit dem Perfektionsgrad zu. Die Kosten der Abweichung nehmen offensichtlich mit dem Perfektionsgrad ab. Summiert man beide Kostenarten zu den gesamten Qualitätskosten, so ist offensichtlich, daß es ein unter Kostengesichtspunkten optimales Qualitätsniveau gibt (vgl. Abbildung 4-10). Oberhalb dieses Optimums sind die Kosten der Übereinstimmung unvertretbar hoch, unterhalb des Optimums fallen die Kosten der Abweichung aus dem Rahmen.

Wir sind der Überzeugung, daß die meisten Unternehmen sich (teilweise substantiell) *unterhalb* des optimalen Qualitätsniveaus bewegen und daher beträchtliche Kostensenkungspotentiale aufweisen. Der wesentliche Grund hierfür liegt u. E. darin, daß die Höhe der Kosten der Abweichung aufgrund ihres teilweise latenten Charakters von vielen Unternehmen systematisch unterschätzt wird. Die Konsequenzen einer solchen Fehleinschätzung sollen an dem Gedankenmodell in Abbildung 4-11 verdeutlicht werden: Ermittelt man die Kurve der *vermuteten* gesamten Qualitätskosten auf der Basis der (als gegeben angesehenen)

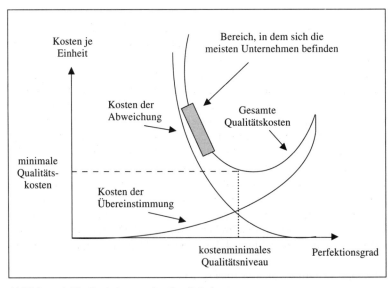

Abbildung 4-10: Optimierung der Qualitätskosten

Kosten der Übereinstimmung sowie der vermuteten Kosten der Abweichung, so ergibt sich ein bestimmtes optimales Perfektionsniveau. Wir gehen im folgenden modellhaft davon aus, daß ein Unternehmen sich diesbezüglich optimal verhält, also diesen scheinbar optimalen Perfektionsgrad realisiert. Ist nun davon auszugehen, daß die *tatsächlichen* Kosten der Abweichung deutlich *über* den vermuteten liegen, so ergibt sich eine andere Kurve für die tatsächlichen gesamten Qualitätskosten. Man sieht, daß das vom Unternehmen gewählte Qualitätsniveau hier keineswegs optimal ist. Vielmehr besteht noch ein wesentliches Kostensenkungspotential. Das Unternehmen kann dieses realisieren, indem es mehr in die Fehlervermeidung investiert – also höhere Kosten der Übereinstimmung akzeptiert –, um aber bei den Kosten der Abweichungen Reduktionen zu erzielen, die diese bei weitem übertreffen.

Wir sind der Auffassung, daß es sich hier um ein sehr grundsätzliches Problem vieler Unternehmen handelt: Aufgrund des Unterschätzens der latenten Abweichungskosten gibt man sich mit zu niedriger Qualität zufrieden. Die Empfehlung lautet also zum einen, sich über die Kosten der Abweichung von Kundenbedürfnissen umfassender als bisher Gedanken zu machen, um ein Gefühl für die Problematik zu bekommen. Zum anderen kann man den meisten Unternehmen empfehlen, mehr in die Fehlerverhütung zu investieren – somit also höhere Kosten der Übereinstimmung in Kauf zu nehmen. Diese Aussage gilt selbstverständlich nur in gewissen Grenzen. Auch wenn es gelänge, alle Kosten der Abweichung zu quantifizieren, so gäbe es immer noch ein optimales Perfektionsniveau, über das man unter wirtschaftlichen Gesichtspunkten nicht hinausgehen sollte. Der plakative Buchtitel »*Quality is free*« trifft somit nicht die Gegebenheiten.[29] Er ist eher als tendenzielle Aussage zu sehen, daß in vielen Unternehmen eine weitere Qualitätssteigerung durchaus mit Kostensenkung verbunden sein kann.

Das Beispiel eines Montagewerkes der Automobilindustrie demonstriert Veränderungen der Qualitätskostenstruktur durch eine verstärkte Betonung der Prävention:[30] Die Qualitätskostenstruktur im Beispielfall setzte sich aus einem Anteil von 52 Prozent an Fehlerkosten, 45 Prozent an Prüfkosten und 3 Prozent an Fehlerverhütungskosten zusammen. Durch eine Neuordnung der qualitätsbezogenen Kosten ermittelte man

29 Vgl. Crosby 1980.
30 Vgl. Wildemann 1992, S. 766.

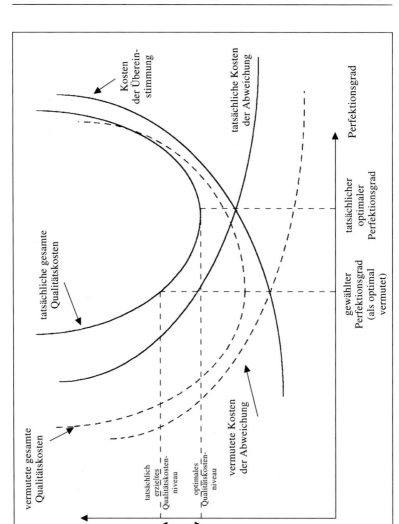

Abbildung 4-11: Problematik zu hoher Qualitätskosten aufgrund unterschätzter Abweichungskosten

nun einen Anteil von 25 Prozent an Übereinstimmungskosten und 75 Prozent an Abweichungskosten. Durch eine Intensivierung der präventiven Maßnahmen (in Form einer gezielten Erhöhung der Übereinstimmungskosten) ging der Anteil der Abweichungskosten zurück. Insgesamt konnte zusätzlich eine spürbare Verringerung der gesamten Qualitätskosten verzeichnet werden.

Die Umstellung von einem prüforientierten hin zu einem präventiven Qualitätssicherungssystem kann selbst unter Investitionsgesichtspunkten gesehen werden. Eine Gegenüberstellung der Aus- und Einzahlungsströme im Zuge der Umstellung offenbart die Vorteilhaftigkeit der neuen Ausrichtung des Qualitätssicherungssystems. An Auszahlungen sind Aufwendungen für Schulungen, Auditierungen, Umbau von Anlagen, Qualitätsuntersuchungen, Prozeßüberwachungen, präventive Qualitätssicherungsmethoden und Prüfkosten der Übereinstimmung zu nennen. In der Anfangszeit fallen diese Auszahlungsströme höher aus, wobei im Zeitablauf aufgrund von Lerneffekten mit einem Rückgang zu rechnen ist. Einzahlungswirkungen ergeben sich dadurch, daß bisher anfallende Auszahlungen zurückgehen oder entfallen. So gehen beispielsweise die Kosten für Ausschuß und Nacharbeit sowie die Prüfkosten signifikant zurück. Mit einer gewissen Zeitverzögerung verringern sich Kosten aufgrund von Garantie- bzw. Kulanzleistungen. Gleichzeitig gehen die Kosten infolge von Reklamationen zurück. Eine weitere Erfolgswirkung in Form von Marktanteilsgewinnen äußert sich im Zusammenhang mit einer gesteigerten Kundenzufriedenheit durch die verbesserten Produkte. Eine höhere Kundenzufriedenheit führt zudem zu einer geringeren Abwanderungsrate, so daß die Höhe der entgangenen Deckungsbeiträge ebenfalls abnimmt. So schwierig die Quantifizierung dieser Aspekte im Einzelfall ist, so notwendig erscheint uns doch die Initiierung solcher Überlegungen in zahlreichen Unternehmen.

Im allgemeinen unterscheidet man *Off-Line* und *On-Line Qualitätssicherungsverfahren*. Während die Verfahren der Off-Line Qualitätssicherung bereits vor der eigentlichen Fertigung, also in der Planung und Entwicklung ansetzen, kommen On-Line Verfahren während des Fertigungsprozesses oder erst im Anschluß zum Zuge. Wir konzentrieren uns auf den Bereich der Off-Line, denn das ist der Bereich, in dem ein Großteil der Übereinstimmungskosten entsteht. Im folgenden wollen wir einige Maßnahmen für die Off-Line Qualitätssicherung im Sinne eines fehlervermeidenden präventiven Qualitätsmanagements vorstellen. Im Rahmen der Qualitätsplanung gehen wir zunächst auf die Methode des *Quality Function Deployment (QFD)* ein. Ein Verfahren, das u. a. in Entwicklung und Konstruktion eingesetzt wird, ist die *Fehler-Möglichkeits- und -Einfluß-Analyse (FMEA)*. Als Verfahren für die Qualitätssicherung in der Prozeßplanung kommt die *statistische Versuchsmethodik* zum Einsatz. Insbesondere sind hier die Verfahren nach *Taguchi* zu nennen.

Die Methode des *Quality Function Deployment (QFD)* stellt ein systematisches Vorgehen zur Berücksichtigung von Kundenanforderungen und deren Umsetzung im *Produktentstehungsprozeß* dar. Die Qualitätsplanung übersetzt die Kundenanforderungen in technische Qualitätsmerkmale eines Produktes. Ziel ist nicht das technisch Machbare, sondern die bestmögliche Umsetzung der Kundenwünsche in Produktmerkmale. Die systematische Vorgehensweise äußert sich in der Koordination unterschiedlicher Bereiche wie dem Marketing, welches die Kundenforderungen ermittelt, der Produktentwicklung, die für die technische Umsetzung zuständig ist, sowie der Beschaffung und der Qualitätssicherung. Demzufolge sind die Projektteams abteilungsübergreifend besetzt. Als Hilfsmittel wird ein Formblatt (*House of Quality*) verwendet, das systematisch von der Ermittlung der Kundenforderungen zu gewichteten Qualitätsmerkmalen führt. Aus dem House of Quality ist auch die weitere Vorgehensweise zu entnehmen, die wir an einem Beispiel für einen elektrisch verstellbaren PKW-Außenspiegel demonstrieren wollen (vgl. Abbildung 4-12).[31]

Die ersten beiden Schritte (1 und 2) befassen sich mit der *Ermittlung und Gewichtung der Kundenanforderungen*. Das Marketing kann mit der Methode der Conjoint Analyse (vgl. Abschnitt 4.1) hierbei eine geeignete Hilfestellung liefern. Die ermittelten Anforderungen werden sodann in Kategorien eingeteilt und in das Formblatt eingetragen. Im Beispiel ist für die Kunden die Funktionsfähigkeit sowie das Aussehen von zentraler Bedeutung (Gewichtung 5). Das QFD-Team befaßt sich in Schritt 3 mit der Umsetzung der Kundenanforderungen in technische Qualitätsmerkmale. Eine derartige Übersetzung der Kundenwünsche kann erfolgen, wenn die Teams ausgewogen mit Mitarbeitern aus Marketing und F&E besetzt sind. Das ist nötig, da Ingenieure in der Regel völlig andere Prioritäten als die Mitarbeiter setzen, die regelmäßig in

---

31 Vgl. Pfeifer 1993, S. 40ff.

direktem Kundenkontakt stehen. Eine zu einseitige Betonung von technischen Details, aber auch von zu speziellen Kundenwünschen, wird dadurch verhindert.

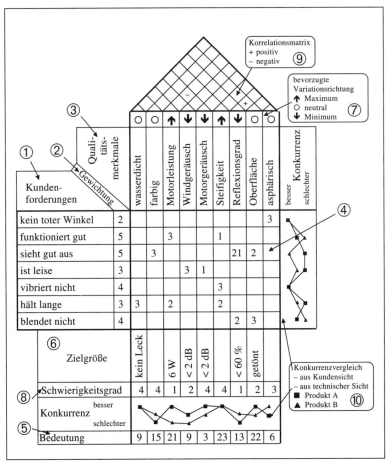

Abbildung 4-12: Quality Function Deployment am Beispiel eines elektrisch verstellbaren PKW-Außenspiegels[32]

32 Quelle: Pfeifer 1993, S. 39.

In der *Beziehungsmatrix* (4) wird die Abdeckung der Kundenanforderungen durch eine dreistufige Skala bewertet. Die gute »Funktionsfähigkeit« des Spiegels wird beispielsweise durch eine starke »Motorleistung« (Gewichtungsfaktor 3) bewerkstelligt, wobei die »Steifigkeit« ebenfalls eine Rolle spielt, aber geringer gewichtet ist (Gewichtungsfaktor 1). Die *Bedeutung des Qualitätsmerkmals* (Schritt 5) errechnet sich sodann aus der multiplikativen Verknüpfung des Gewichtes des Kundenwunsches und des Grads der Abdeckung. Die Bedeutung des Qualitätsmerkmals »Farbe« errechnet sich z. B. durch das Aussehen (Gewichtung 3) und dem Gewichtungsfaktor 5 der Farbe: 3 x 5 = 15. Beeinflußt ein Qualitätsmerkmal mehrere Kundenforderungen, so berechnet sich die Bedeutung aus der Summe der einzelnen Anforderungen (z. B. im Falle des Qualitätsmerkmals der »Motorleistung« für die Anforderung »funktioniert gut« und »hält lange«: 5 x 3 + 3 x 2 = 21).

Im Schritt 6 werden *meßbare Zielgrößen* für die Qualitätsmerkmale festgelegt (z. B. »Motorleistung« von 6 W). Gleichzeitig (7) gibt man eine Optimierungsrichtung für die Zielgrößen an, d. h., es gilt für die Zielgröße des Qualitätsparameters eine »je größer, desto besser«- oder »je kleiner, desto besser«-Bedingung. Eine wichtige Rolle spielt der *Schwierigkeitsgrad* (8) der technischen Umsetzung der Kundenanforderungen, der aus dem Erfahrungswissen der Teammitglieder abzuschätzen ist. Bei einem relativ unbedeutenden Qualitätsmerkmal mit gleichzeitig größeren zu erwartenden technischen Umsetzungsproblemen sollten alternative Lösungswege oder sogar gänzlich neue Merkmale gefunden werden.

Im Dach des *House of Quality* werden die *Korrelationen* zwischen den einzelnen Qualitätsmerkmalen abgebildet (9). Korrelationen zeigen Wechselwirkungsbeziehungen zwischen den Merkmalen an. Beispielsweise bedeutet die negative Korrelation zwischen »Motorleistung« und »Motorgeräusch«, daß es mitunter Schwierigkeiten geben könnte, denn eine hohe Motorleistung bedingt gleichzeitig größere Motorgeräusche. Sind die Konstellationen zu problematisch und können technisch nicht gelöst werden, so sind alternative Lösungsansätze zu suchen.

Schließlich wird in Schritt 10 der *Vergleich zur Konkurrenz* gezogen. Während einmal aus der Sicht des Kunden ein Vergleich der Produkte angestellt wird, wird auch unter technischen Aspekten ein direkter Konkurrenzvergleich vorgenommen. Den Hinweis auf »Übersetzungsfehler« von Kundenanforderungen in Qualitätsmerkmale geben Unterschiede zwischen der technischen Bewertung (z. B. mit gut bewertet) und der Bewertung durch den Kunden (z. B. mit schlecht bewertet). Vor allem die abteilungsübergreifende Zusammenarbeit im Rahmen des QFD soll verstärkt Garant für eine Kundenorientierung in der Produktentwicklung und der Qualitätsplanung sein.

Eine häufig in der *Entwicklung und Konstruktion* angewandte präventive Qualitätssicherungsmaßnahme stellt die *Fehler-Möglichkeitsund -Einfluß-Analyse (FMEA)* dar. Das Ziel der FMEA liegt in einer qualitativen Bewertung und Vermeidung von Risiken bei Systemen, Produkten und Prozessen. Die Vermeidung der Risiken geschieht in diesem Zusammenhang hauptsächlich durch das Aufdecken potentieller Fehlerquellen und ihrer Ursachen. Bei der Anwendung der FMEA-Methode sind eine Reihe von Aspekten zu berücksichtigen. Ein *systematisches Vorgehen* innerhalb des Verfahrens wird durch einen standardisierten FMEA-Arbeitsplan, der eine systematische Auflistung aller erforderlichen Daten und deren logische Verknüpfung vornimmt, sichergestellt. Des weiteren ist die Zusammenstellung eines *interdisziplinären Teams* aus allen beteiligten Abteilungen notwendig. Dabei müssen die Teammitglieder ein hohes Potential an *kritischer Analysefähigkeit* mitbringen, da Schwachstellen aufzudecken und Fehlerursachen zu ergründen sind.

Generell wird je nach Entwicklungsphase zwischen System-, Konstruktions- und Prozeß-FMEA unterschieden. Bezugsobjekt der *System-FMEA* ist das übergeordnete Produkt bzw. System, wobei das Produktkonzept auf mögliche Fehlerursachen überprüft wird. Anhand des System-Pflichtenheftes analysiert die System-FMEA die Funktionsfähigkeit einzelner Systemkomponenten und ihr Zusammenwirken innerhalb des Systems. Für die Durchführung ist die Entwicklungsabteilung verantwortlich. Die *Konstruktions-FMEA* baut auf der System-FMEA auf, indem sie einzelne Bauteile des Systems auf Konstruktionsfehler untersucht. Zentrales Ziel der *Konstruktions-FMEA* sind fehlerfreie Konstruktionsunterlagen. Die *Prozeß-FMEA* schließlich setzt am Fertigungsprozeß an und soll über eine entsprechende Ausführung der Fertigungsprozesse zur Vermeidung von Planungs- und Fertigungsfehlern beitragen. Der Ablauf einer FMEA erfolgt in sechs Stufen gemäß eines FMEA-Arbeitsplans:[33]

33 Vgl. Kersten 1996, S. 518ff.

1. Zur Sicherstellung eines effizienten Ablaufs der FMEA ist eine gründliche *Vorbereitung und Planung* erforderlich.
2. Die *Analyse potentieller Fehler*, der Kern der FMEA, setzt bei den Funktionen der Komponenten bzw. der Prozesse an und leitet potentielle Fehlerarten ab. Voraussetzung hierfür ist eine vorangegangene vollständige Beschreibung der Funktionen und Eigenschaften. Anschließend ermittelt man zu den Fehlerarten die potentiellen Fehlerursachen. Bereits realisierte Maßnahmen zur Fehlervermeidung bzw. Fehlerentdeckung sind zusätzlich festzuhalten.
3. Die *Risikobewertung* beurteilt die Schwere der Auswirkung S, die Auftrittswahrscheinlichkeit A sowie die Entdeckungswahrscheinlichkeit E des Fehlers auf einer Skala von jeweils 1 bis 10. Die Risikoprioritätszahl RZ der Fehlerursache errechnet sich aus dem Produkt S x A x (10 - E). Bei Fehlerursachen mit einer hohen Risikoprioritätszahl (z. B. größer 125) sind Verbesserungsmaßnahmen in die Wege zu leiten. Das gleiche gilt für sehr hohe Einzelbewertungen von S bzw. A sowie für sehr niedrige Einzelbewertungen von E.
4. Schließlich sind aus der FMEA-Bewertung *Qualitätsverbesserungsmaßnahmen* abzuleiten. Als Ansatzpunkt für Qualitätsverbesserungsmaßnahmen ist einerseits die Vermeidung der Fehlerursachen bzw. andererseits die Reduzierung der Schwere der Auswirkung und der Auftrittswahrscheinlichkeit sowie die Erhöhung der Entdeckungswahrscheinlichkeit zu nennen. Fehlerentdeckung führt nicht notwendigerweise zu einer Qualitätsverbesserung, weswegen weitere Verbesserungsmaßnahmen mit Hilfe kreativer Techniken innerhalb des Teams zu evaluieren sind.
5. Im fünften Schritt ist eine *Bewertung* und *Auswahl* der entwickelten Verbesserungsvorschläge vorzunehmen. Hierbei ist vor allem auf den Zeitbedarf und die Kostenintensität der Umsetzung der Maßnahmen zu achten.
6. Die Angabe von Verantwortlichen und ein Zeitpunkt des Einführungstermins der Maßnahmen konkretisieren den *Einführungsplan der ausgewählten Maßnahmen*.

Am Beispiel eines Ventils eines Motorbremssystems verdeutlicht Tabelle 4-7 die Berechnung der Risikoprioritätszahl im Rahmen der FMEA. Da ein klemmendes Ventil mitunter eine Störung der Motorfunktion hervorrufen kann, ist S gleich 10. Es handelt sich demnach um einen äu-

ßerst schwerwiegenden potentiellen Fehler. Die Auftrittswahrscheinlichkeit hingegen ist eher gering, was sich in dem Wert 2 bzw. 3 für die
Auftrittswahrscheinlichkeit A der beiden Fehlerursachen ausdrückt. Im
vorliegenden Beispiel garantiert eine stichprobenhafte Prüfung (E = 5)
eine bessere Fehlerentdeckung als ein Simulationslauf (E = 1). Die
Risikoprioritätszahl liegt bei der unzulässigen Wärmedehnung des Werk-
stoffes fast dreimal so hoch wie bei einem außerhalb der Toleranzgren-
ze liegenden Durchmesser des Ventilschaftes. Erste Verbesserungsmaßnahmen sind demnach bei der ersten potentiellen Fehlerursache in die
Wege zu leiten.

Kompo-nente/ Prozeß	poten-tielle Fehler	potentielle Fehler-ursachen	Fehler-verhütung bzw. Prüf-maßnah-men	Schwere der Fehler-auswir-kung S	Auftritts-wahr-schein-lichkeit A	Ent-deckungs-wahr-schein-lichkeit E	Risikopriori-tätszahl RZ = S x A x (10 - E)
Ventil eines Motor-brems-systems	Ventil klemmt wegen zu großem Durch-messer	unzulässige Wärmedeh-nung des Werkstof-fes	Simula-tionslauf	10	3	1	= 270
		Durchmes-ser des Ventil-schaftes nicht in der Toleranz	Statistische Prozeß-kontrolle	10	2		
			Stich-proben-prüfung			5	= 100

Tabelle 4-7: Berechnung der Risikoprioritätszahl im Rahmen der FMEA am Beispiel eines Ventils eines Motorbremssystems[34]

Bei der *Planung von Fertigungsprozessen* sind eine Vielzahl von Aktivitäten zu berücksichtigen. Allein aus Erfahrungswerten lassen sich
die richtigen Prozeßparameter in der Regel nicht finden. Daher sind durch
eine beschränkte Anzahl an Versuchsläufen diejenigen Parameter und
ihre Ausprägungen zu identifizieren, die den Prozeß überwiegend steuern. Im Rahmen der statistischen Versuchsmethodik werden diese Ver-

34 Quelle: in Anlehnung an Niemand/Habiger/Ruthsatz 1990, S. 75.

suche durchgeführt und mit Hilfe statistischer Methoden die relevanten Parameter bestimmt. Zu den statistischen Verfahren zählen u. a. auch die *Taguchi-Methoden*, die zu den am intensivsten diskutierten »Qualitätsphilosophien« der letzten Zeit zu zählen sind.

Bei den *Taguchi-Methoden* ist zunächst zwischen der »Philosophie« und den Methoden zu unterscheiden. Zu der »Philosophie« sind die Verlustfunktion und das Ziel robuster Prozesse zu zählen. Die Qualitätsphilosophie nach Taguchi orientiert sich nicht am Sollwert mit vorgegebenem Toleranzbereich, sondern am genauen Zielwert. Die *Verlustfunktion* ermittelt den Verlust in Geldeinheiten, der bei Abweichungen von genau vorgegebenen Zielwerten entsteht. Der technische Qualitätsbegriff wird somit auch für das Management verständlicher. Treten Abweichungen vom Zielwert auf, so entsteht für das Unternehmen ein Verlust, den Taguchi mit seiner Verlustfunktion quantifiziert. Die Verlustfunktion bewertet Abweichungen mit dem Quadrat. Der Verlust nimmt mit zunehmender Abweichung also überproportional zu. Kosten für Maßnahmen, die derartige Abweichungen verhindern helfen sollen, erfahren jetzt eher eine Rechtfertigung. Das Prinzip *robuster Prozesse* besagt, daß Prozesse nicht nur auf einen Zielwert hin einzustellen sind, sondern auch unempfindlich gegen externe Störgrößen (z. B. Temperaturänderungen, Luftfeuchtigkeit) und Schwankungen der Prozeßparameter sein müssen. Um dies zu erreichen, verwendet die Taguchi-Methode modifizierte Verfahren der klassischen Versuchsplanung, die einen äußerst geringen Aufwand an Testläufen erforderlich machen. Gerade die extrem geringe Anzahl der Versuche ist ein Hauptargument für die Anwendung der Taguchi-Methode.

4.4 F&E-Controlling zur Steigerung der Entwicklungseffektivität und -effizienz

Jedes Unternehmen sollte sich immer wieder klar vor Augen halten, welche Beträge in die Forschung und Entwicklung investiert werden. Allein in Deutschland wurden 1992 ca. 56,2 Mrd. DM für Forschung und Entwicklung investiert. SIEMENS ist vor DAIMLER BENZ mit etwa 6,5 Mrd. Forschungsaufwendungen alleiniger Spitzenreiter.[35]

---

35 Vgl. Mayer/Liessmann 1994, S. Vf.

Die vielerorts beklagte mangelhafte Ausrichtung der Entwicklung auf
die Unternehmensziele sowie die ineffiziente Nutzung von Entwicklungsressourcen deuten darauf hin, daß in der Entwicklung bedeutende Produktivitätssteigerungspotentiale schlummern. Oft ist in der Praxis ein Hang
zur Überperfektion zu beobachten. Lediglich 10 bis 30 Prozent ihrer
Zeit verwenden Entwickler auf produktive und wertsteigernde Aktivitäten.[36]

Es lassen sich drei Problembereiche in der Entwicklung identifizieren:

- Im Zusammenhang mit der *Zielsetzung* ergeben sich Probleme aus
  unklar gesetzten strategischen Zielen bezüglich Geschäftsfeldern,
  Erfolgsfaktoren und Technologien, der mangelhaften Kenntnis von
  Märkten, Kunden und Wettbewerbern sowie unklaren bzw. unreali-
  stischen Produktzielen.
- Häufige Zieländerungen während des *Entwicklungsprozesses* verursachen erhebliche Zeitverzögerungen und Flexibilitätsprobleme.
- Fehler, die bereits während der Phase der Zielsetzung und der Planung von Entwicklungsprozessen begangen werden, äußern sich in
  der *Zielerreichung* in Form von Termin- und Kostenüberschreitun-
  gen, Qualitätsproblemen sowie Umsatz- und Ergebniseinbußen.

Das F&E-Controlling unterstützt das Entwicklungsmanagement bei der
Planung und Kontrolle von Entwicklungsprojekten und -bereichen, wobei es zusätzlich die Funktion der Informationsversorgung und Koordination wahrnimmt. Ziel des F&E-Controlling ist es demnach, das F&E-
Management bei der Erreichung der Projekt- und Bereichsziele zu unterstützen und die Effizienz bzw. Effektivität der Entwicklung zu steigern.
Während die Effektivität durch die Ausrichtung der Entwicklung auf
die strategischen Unternehmensziele sicherzustellen ist, kommt es bei
dem Effizienzkriterium auf den wirtschaftlichen Ressourceneinsatz an.
Zusätzlich ist es Aufgabe des F&E-Controlling, die Auswahl und Beurteilung von Entwicklungsprojekten anhand von Marktanforderungen
vorzunehmen, die Entwicklungsprozesse auf die Kriterien Schnelligkeit, Qualität, Kosten und Flexibilität auszurichten und die Innovations-
bereitschaft und Wettbewerbsorientierung der Mitarbeiter zu fördern.

36 Vgl. Schmelzer 1992, S. 9.

Aus dem genannten Aufgabenbereich des F&E-Controlling läßt sich nun ein Controllingsystem für die Entwicklung ableiten. Die drei Kriterien Objektbereich, Zielgröße und Planungsstufe definieren das Controllingsystem (vgl. Abbildung 4-13) und unterteilen es in weitere Teil-Controllingsysteme. Im Rahmen der *Objektbereiche* des Controllingsystems geht es um das Controlling des F&E-Bereichs bzw. der F&E-Projekte. Der *F&E-Bereich* ist verantwortlich für die termingerechte Bereitstellung notwendiger Ressourcen und die Schaffung optimaler Rahmenbedingungen für die Zielerreichung der F&E-Projekte. Als Ziel- und Steuergrößen innerhalb des Controlling des F&E-Bereichs sind daher die Entwicklungszeit, die Entwicklungsleistung und die Entwicklungskosten zu nennen. *F&E-Projekte* haben dagegen in der Regel die Aufgabe, Produktanforderungen technisch umzusetzen, bei gleichzeitig wirtschaftlich vertretbarem Aufwand. Zielgrößen für die Kontrolle und Steuerung der F&E-Projekte sind die Produktqualität, Projektkosten sowie Projekttermine. Dementsprechend lassen sich als Teilsysteme des F&E-Controlling das Zeit-, Termin-, Kosten-, Qualitäts- und Leistungscontrolling nennen. Das Kriterium der *Planungsstufe* unterteilt das F&E-Controlling in das strategische bzw. operative F&E-Controlling. Während sich das *strategische F&E-Controlling* hauptsächlich mit der Planung und Kontrolle der Erfolgsfaktoren, -potentiale und Ziele der Entwicklung befaßt, hat das *operative F&E-Controlling* die Aufgabe, konkrete Maßnahmen aus den strategischen Vorgaben abzuleiten und in der Umsetzung zu begleiten.

Abgeleitet aus dem strategischen Entwicklungsprogramm befaßt sich das operative F&E-Controlling mit der Planung und Kontrolle

– des *Entwicklungsprogramms*, in dem F&E-Projekte bewertet und ausgewählt werden,
– des *Entwicklungsbudgets*, das die finanziellen Mittel, die der Entwicklung zur Verfügung stehen, festlegt und
– der *Entwicklungsressourcen* in technischer und personeller Hinsicht, die zur Realisierung des F&E-Programms erforderlich sind und somit den Rahmen der F&E-Aktivitäten spannen.

Im Rahmen des F&E-Controlling sind eine Reihe von *Instrumenten* zu nennen, die die Planung, Kontrolle, Informationsversorgung und Koordination unterstützen. Aufgabe des F&E-Controlling ist es, die Instru-

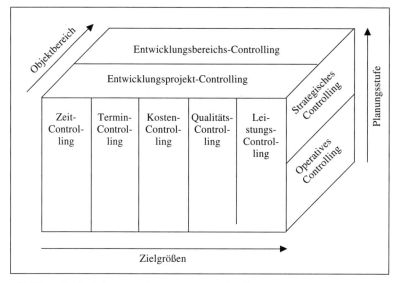

Abbildung 4-13: Teilsysteme des F&E-Controlling[37]

mente im Hinblick auf die gestellten Ziele auszuwählen und den situativen Gegebenheiten anzupassen. Wie aus Tabelle 4-8 zu ersehen ist, gibt es eine Vielzahl an Instrumenten innerhalb des F&E-Controlling. Häufig fehlt jedoch die nötige Erfahrung in der Anwendung und die problemspezifische Anpassung der Instrumente.

Kernobjekte eines F&E-Controllingsystems sind die F&E-Projekte, die die Informationen für die operative Kontrolle des F&E-Bereichs liefern. Daher steht die Implementierung eines umfassenden Projektcontrolling an erster Stelle bei der Einführung eines F&E-Controllingsystems. Neben einem Projektberichtswesen, das Projekttermine, -kosten sowie Produktkosten, -qualität, -umsatz und -ergebnis ausweist, sind Meilensteinplanung, Termin- und Kostencontrolling als wesentliche Elemente des Projektcontrolling zu nennen. In einem weiteren Schritt muß das Projektcontrolling um ein systematisches Vorgehen für Aufnahme und Abbruch von F&E-Projekten ergänzt werden. Im Rahmen der Planung und Kontrolle von F&E-Bereichen ist des weiteren eine abgestimmte

37 Quelle: Schmelzer 1992, S. 52.

Entwicklungsprogramm und -budgetplanung vorzunehmen. In einem dritten Schritt gilt es, die operativen Maßnahmen auf eine langfristige strategische Zielsetzung auszurichten.

Strategisches Entwicklungs- controlling	Entwicklungsbereichs- controlling	Entwicklungsprojekt- controlling
Stärken-/Schwächen-Analyse Gap-Analyse Portfolio-Analyse (Technologieportfolios) Szenario-Technik Suchfeldanalyse Erfahrungskurve S-Kurven-Modell Frühaufklärungs-Informationssystem	Entwicklungsprogramm-planung, Projektauswahlverfahren, Partialanalyse, Projekt-Portfolios Budgetierungsverfahren Investitionsrechnungen Multiprojektplanung und -steuerung Kostenrechnungsverfahren, Prozeßkostenrechnung Standard-Prozeßplan, Prozeßaudits Berichtswesen, Kennzahlen, Erfahrungsdatenbank	Integrierte Produktplanung und -konzeption (Conjoint-Analyse, QFD, FMEA, Target Costing, Design to Cost, Wertanalyse, Reverse Engineering) Projektstruktur-, Arbeits-paket-, Projektablauf-, Meilensteinplanung, Netzplantechnik Kosten-, Terminschätz-verfahren; Kosten-, Meilenstein-verfahren Projektdeckungsrechnung Konfigurationsmanagement, Reviewtechnik, Projekt-, Produktaudits Projektberichtswesen, Projektkennzahlen

Tabelle 4-8: Instrumente des F&E-Controlling[38]

38 Quelle: Schmelzer 1993, S. 184.

5. Komplexitätsmanagement: Wege aus der Komplexitätskostenfalle

Eine vor kurzem durchgeführte empirische Untersuchung zur Varianten-fertigung ergab, daß 50 Prozent der befragten Unternehmen eine varian-tenreiche Produktpalette, d. h. mehr als 30 Varianten pro Produkttyp, unterhielten.[1] Verwendet man die Gesamtzahl der Varianten als Krite-rium, so seien sogar 60 Prozent der Unternehmen als variantenreich ein-zustufen. Demnach sei der Komplexitätsgrad deutscher Unternehmen wesentlich größer als bisher angenommen. Eine weitere Erkenntnis die-ser Studie war die Beobachtung, daß bei vielen Unternehmen das Be-wußtsein der Mitarbeiter im Hinblick auf die Variantenvielfalt mit stei-gender Betriebsgröße, trotz steigenden Variantenreichtums, sinkt. Die mit zunehmender Komplexität der Produktpalette verbundenen Struk-turprobleme werden häufig übersehen.

Zahlreiche Unternehmen haben unseres Erachtens mittlerweile ein massives Komplexitätsproblem. Dies hat mehrere Ursachen: Einerseits sind die Gründe vielerorts *historischer* Natur. Gerade in Expansions-phasen versäumen es Unternehmen häufig, ihre Produktstruktur recht-zeitig zu straffen; im Zuge einer unkritischen Wachstumseuphorie ent-gleitet ihnen mehr und mehr die Struktur ihrer Produktpalette. Wir ha-ben in diesem Zusammenhang beobachtet, daß die Entwicklung und Einführung neuer Produkte weit systematischer vor sich geht als die Elimination von Produkten. In vielen Unternehmen haben sich bislang keine strukturierten Verfahren zur Entscheidungsfindung im Hinblick auf die Produktelimination etabliert.

Neben den historischen Gründen sind vor allem *marktorientierte* Grün-de Ursache für hohe Variantenvielfalt. Für zahlreiche Unternehmen, ins-besondere Unternehmen, die in unmittelbarer Konkurrenz zu Firmen aus Niedriglohnländern stehen, ist die Strategie der Kostenführerschaft in der Regel nicht zu realisieren. Diese Unternehmen müssen ihre Wett-bewerbsvorteile durch die Strategie der Differenzierung erringen. Diffe-renzierungsstrategien werden sehr häufig während rezessiver Phasen angewandt. Wegfallende Umsätze sollen durch neue Produktvarianten in Nischenmärkten kompensiert werden.

---

1 Vgl. Hoitsch/Lingnau 1995, S. 483.

Übersehen wird dabei, daß eine Erhöhung der Anzahl der Varianten langfristig *zwangsläufig* mit *steigenden Infrastrukturkosten* verbunden ist. Die zusätzlichen Produkte müssen dokumentiert, katalogisiert, in die Kostenrechnung und Preisbildung integriert und in die Angebotslisten aufgenommen werden. Der Einkauf hat sich um Lieferanten für Rohstoffe und Verpackungen zu kümmern. Die Produktionssteuerung wird vielfältiger und somit aufwendiger. Dies sind Kosten der Komplexität, die mit jeder Zunahme der Variantenvielfalt anfallen. Erfahrungen haben gezeigt, daß zwischen 20 und 50 Prozent der Gemeinkosten der Infrastruktur proportional zur Anzahl der Varianten steigen.[2] Unabhängig davon, wieviel von einer bestimmten Variante letztendlich abgesetzt wird, d. h. welchen Beitrag sie zum Sortimentsumsatz leistet, wachsen durch sie die Kosten um einen bestimmten Betrag.

Es ist in diesem Zusammenhang zu beobachten, daß Unternehmen zu viele Varianten infolge eines *Informationsproblems* produzieren. Sie gehen bei der Entscheidung zugunsten einer neuen Variante davon aus, daß fixe Kosten ohnehin vorhanden sind und daß die neue Variante mit der existierenden Infrastruktur bewältigt werden kann. Deswegen existiert eine zu hohe Bereitschaft zur Produktion von Varianten. Wie problematisch eine solche Vorgehensweise langfristig ist, liegt auf der Hand: Während die Annahme der Fixkostenneutralität bei *einzelnen* Varianten noch zutreffend sein mag, führt die *wiederholte* Anwendung dieser Prämisse mittelfristig zwangsläufig zu einem schleichenden Kostenwachstum. Es stellen sich nunmehr folgende zentrale Fragen:

– Welche Kosten der Komplexität fallen in welchen Bereichen an?
– Wie kann das Phänomen der Komplexitätskosten transparenter gemacht werden?
– Wie kann Komplexität gemanagt werden?

Mit den ersten beiden Fragen befaßt sich Abschnitt 5.1. Im Hinblick auf die dritte Frage unterscheiden wir zwischen Komplexitätsvermeidung, -reduktion und -beherrschung. Während die Vermeidung von Komplexität antizipativen Charakter hat, ist die Komplexitätsreduktion eine Reaktion auf zu hohe Komplexität. Im Gegensatz zu diesen beiden Ansätzen sieht die Komplexitätsbeherrschung den Grad der Komplexität des

2 Vgl. Roever 1991, S. 255.

Leistungsangebots des Unternehmens als gegeben an und befaßt sich mit der Frage, wie dieser möglichst wirtschaftlich bewältigt werden kann. Die Abschnitte 5.2, 5.3 und 5.4 sind jeweils einem dieser Ansätze gewidmet.

5.1 Komplexität als Kostentreiber

Unter Komplexitätskosten verstehen wir solche Kosten, die im Unternehmen kausal von der Vielfalt des Produktions- und Vermarktungsprozesses verursacht werden. Im Zusammenhang mit dieser Vielfalt kann grundsätzlich unterschieden werden zwischen der *Vielfalt des Produktprogramms* (d. h. der am Markt angebotenen Produkte) und der *Teilevielfalt*. Dieser Begriff bezieht sich nicht auf die Endprodukte, sondern auf die Vielfalt der in den Produkten verwendeten Teile. Da diese beiden Arten von Komplexität im wesentlichen deckungsgleiche Kostenauswirkungen haben, werden wir im folgenden im Regelfall nicht explizit zwischen ihnen unterscheiden, sondern allgemein von der Komplexität als Kostentreiber sprechen. Eine dritte häufig genannte Dimension der Komplexität – die Prozeßkomplexität – wird ebenfalls weitgehend von den beiden ersten Komplexitätsarten bestimmt und daher nicht gesondert untersucht.

In welcher Form fallen Komplexitätskosten an? Abbildung 5-1 zeigt beispielhaft für ein produzierendes Unternehmen auf, welche kostentreibenden Effekte in den einzelnen Funktionsbereichen auftreten können. Sie reichen von der Pflege zusätzlicher Teiledaten in der Entwicklung über eine Erhöhung der Bestell- und Liefervorgänge bis hin zu einem erhöhten Aufwand in der Kalkulation.

Variantenvielfalt beeinflußt nicht nur den Kostenanfall im Infrastrukturbereich, sondern hat darüber hinaus erhebliche Kostenwirkungen im Fertigungsbereich. In der Regel wird bei konventionellen Fertigungssystemen kein Unterschied in der Herstellung von Standard- und Spezialprodukten gemacht. Alle Produkte durchlaufen dieselben Fertigungsstellen. Produktvarianten verursachen aber einen wesentlich höheren Aufwand aufgrund der geringeren Losgrößen und des gesteigerten Bearbeitungsaufwands. Für Sonderanfertigungen sind beispielsweise hochwertige Rohstoffe zu beschaffen, zusätzliche Bedienelemente anzubringen und darüber hinaus besonders qualifizierte Mitarbeiter einzusetzen.

Kleine Lose bewirken zudem erhebliche Rüstkosten, aufwendige Koordinations- und Steuerungsaktivitäten bei den Prozessen und eine überdurchschnittlich hohe Fehleranfälligkeit. Gleichzeitig sinkt der Auslastungsgrad der Fertigungsanlagen, und die Stückzahlen der Aufträge gehen zurück. Eine Standardisierung der Fertigung wird dadurch erschwert bzw. nahezu verhindert. Wildemann spricht in diesem Zusammenhang von einem »umgekehrten Erfahrungskurvengesetz«: Eine Verdopplung der Variantenvielfalt geht demnach mit einer Steigerung der Stückkosten um 20 bis 30 Prozent einher.[3]

Die Zusammenstellung in Abbildung 5-1 verdeutlicht, daß Komplexitätskosten nicht »en bloc« auftreten. Vielmehr entstehen sie in den einzelnen Funktionsbereichen in den unterschiedlichsten Formen. Weitere Reibungsverluste aufgrund von Komplexität innerhalb der Wertschöpfungskette äußern sich beispielsweise in Form von Lagerzeiten, Verzugszeiten, Fehlmengen, ablaufbedingten Stillstandszeiten, Maschinenstörungen sowie in Kosten der Informationsbeschaffung und -auswertung. Man kann Komplexitätskosten mit dem häufig bemühten Bild vom *Sand im Getriebe* umschreiben; sie sind in ihrer Gesamtheit im wesentlichen unsichtbar. Dieser latente Charakter von Komplexitätskosten verursacht die diesbezügliche Intransparenz in vielen Unternehmen. Unseres Wissens weist kein Unternehmen in seiner Kostenrechnung Komplexitätskosten aus. Dementsprechend stehen die meisten Unternehmen vor einem Rätsel, wenn es um die genauen Kostenwirkungen ihrer Variantenvielfalt geht. Am Rande sei angemerkt, daß auch die betriebswirtschaftliche Theorie in diesem Bereich erst ansatzweise existiert.

Welcher »*Rattenschwanz von Konsequenzen*« bereits durch geringfügige Sortimentserweiterungen ausgelöst werden kann, soll am Beispiel eines Herstellers von Früchtemüslis verdeutlicht werden: Zu Ostern wurden verkaufsfördernd in Supermärkten Displays mit verschiedenen Varianten einer Müsli-Marke positioniert. Diese Displays hatten je nach Bestückung eigene Artikelnummern. Wurde eine andere Zusammensetzung der Bestückung gewählt, sei es eine kleinere Verpackungsgröße oder Schokolade anstatt Honig (eventuell, weil noch Restbestände vorhanden waren), so erhielt das Display eine neue Nummer. Selbstverständlich hatte jedes Einzelprodukt ebenfalls eine eigene Artikelnummer, die den Inhalt, den Herstellungsort und den Verpackungstyp (Größe,

3 Vgl. Wildemann 1990, S. 617f.

Forschung & Entwicklung	Einkauf & Logistik	Fertigung	Marketing & Vertrieb & Service	Controlling
– Erhöhter Aufwand durch Entwicklung komplexer Produkte – Zusätzlicher Aufwand für Erstellen und Verwalten der technischen Unterlagen – Konstruktion der zusätzlichen Teile – Pflege der zusätzlichen Teiledaten	– Erhöhter Aufwand für die Materialbedarfsermittlung – Mehr Bestell- und Liefervorgänge – Höhere Einstandspreise durch geringere Stückzahlen – Höhere Bestände – Erhöhung der Bestände an Spezialwerkzeugen	– Erhöhte Rüstkostenanteile aufgrund kleinerer Lose – Zunehmend unterschiedliche Modell- und Variantenläufe – Kompliziertere Austaktung der Montageeinrichtungen – Größere Verwechslungsgefahr beim Einbau der Teile – Erhöhter Aufwand in der Fertigungssteuerung	– Bestandsaufbau zur Aufrechterhaltung der Lieferbereitschaft – Größerer Schulungsaufwand für Mitarbeiter und Kunden – Umfangreichere Ausrüstung des Kundendienstes – Erhöhter Aufwand bei der Preisgestaltung – Größerer Aufwand der Produkt- und Preisdokumentation	– Erhöhter Aufwand in der Kalkulation sowie bei Ergebnisanalysen – Erhöhtes Volumen bei Inventur, Rechnungsprüfung, Analysen

Abbildung 5-1: Beispiele für kostentreibende Auswirkungen der Komplexität in verschiedenen Funktionsbereichen[4]

4 Quelle: in Anlehnung an Schulte 1991, S. 19.

besondere Beschriftung etc.) festlegte. Kein Wunder, daß die Artikelnummer inzwischen zehnstellig war. Kompliziert wurde es dann, als das Weihnachtsgeschäft nahte und die Displays mit angepaßter Beschriftung und Dekoration wieder ausgeliefert werden sollten. Hinzu kamen einige neue Displays, bei denen ein um ein paar Mark günstigerer und gleichzeitig etwas stabilerer Aufbau gefunden werden konnte. Unglücklicherweise mußte, da sich die Abmessungen geringfügig (um vier Millimeter) verändert hatten, die Bestückung für die neuen Weihnachtsdisplays völlig neu vorgenommen werden. Wieder war eine neue Artikelnummer fällig. Außerdem saß man jetzt auf eigens für die Displays produzierten Produkten, die nicht mehr untergebracht werden konnten. Der Koordinationsaufwand für die Herstellung der Displays, Bestückung, Auslieferung bzw. Nachlieferung zum Auffüllen – nunmehr zwei verschiedener Displayvarianten – und die Betreuung der Artikelnummern war enorm gestiegen.

Im Rahmen des *Marktorientierten Kostenmanagements* kommt der Senkung der Komplexitätskosten eine große Bedeutung zu, denn der Anteil der Komplexitätskosten an den Gesamtkosten kann erheblich sein. Aufgrund der angesprochenen Transparenzproblematik tut man sich im Regelfall mit einer exakten Quantifizierung schwer; man ist auf Einzelbeispiele angewiesen. Ein solches zeigt Abbildung 5-2: Hier sind 15 bis

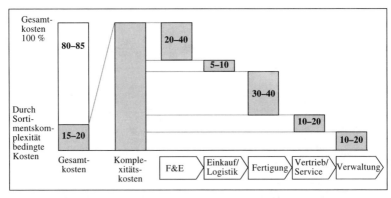

Abbildung 5-2: Anteil der Komplexitätskosten an den Gesamtkosten am Beispiel eines Automobilzulieferers[5]

5 Quelle: McKinsey & Company, Inc./Rommel u. a. 1993, S. 24.

20 Prozent der Gesamtkosten direkt abhängig von der Komplexität des Sortiments (z. B. der Anzahl der Teile und Varianten). Interessant ist die Tatsache, daß bei einer weitergehenden Analyse der Komplexitätskosten der Anteil der Komplexitätskosten in der Fertigung an den gesamten Komplexitätskosten ca. 30 bis 40 Prozent beträgt, immerhin ca. 60 bis 70 Prozent der Komplexitätskosten also in Gemeinkostenbereichen anfallen. Sie sind damit weitgehend intransparent und können auch nur schwierig den einzelnen Varianten zugeschlüsselt werden. Auf das Problem der Gemeinkostenschlüsselung werden wir im weiteren Verlauf unserer Ausführungen noch eingehen.

Für ein besseres Verständnis der Komplexitätskosten dient die in Abbildung 5-3 dargestellte Systematisierung. Wir unterscheiden zwischen direkten Komplexitätskosten auf der einen und Opportunitätskosten der Komplexität auf der anderen Seite. *Direkte Komplexitätskosten* erhöhen, wie bereits erwähnt, die Gemeinkosten produktproportional. Die Ursachen liegen in der vermehrten Inanspruchnahme der Infrastruktur durch jedes neue Produkt. Zur Veranschaulichung dieser Kosten kann noch einmal Abbildung 5-1 herangezogen werden.

Die direkten Komplexitätskosten werden zudem in einmalige und dauerhafte Kosten aufgeteilt. *Einmalige Komplexitätskosten,* beispielsweise in Form hoher Vorlaufkosten für Forschung und Entwicklung, fallen vor allem in Branchen wie dem Maschinen- und Fahrzeugbau an. Hierunter sind nicht nur einmalige Konstruktionsaufwendungen zu subsumieren, sondern auch erhöhte Bestände aufgrund erforderlicher Spezialwerkzeuge. Unter *dauerhaften Komplexitätskosten* versteht man Aufwendungen, die solange entstehen, wie das Produkt im Sortiment ist. Hier sind beispielsweise Aufwendungen für den begleitenden Kundendienst, die Qualitätssicherungsmaßnahmen etc. zu nennen.

Neben den direkten Komplexitätskosten treten indirekte Komplexitätskosten in Form von *Opportunitätskosten* auf. Als Opportunitätskosten bezeichnet man solche Kosten, die dadurch entstehen, daß eine Ressource im Unternehmen (z. B. die Zeit eines Managers) nicht optimal verwendet wird. Es geht hier also im wesentlichen darum, daß Ressourcen zur Bewältigung der Komplexität benötigt werden, die in einem anderen Kontext sinnvoller eingesetzt werden könnten. Es ist offensichtlich, daß diese Kostenkategorie wiederum in hohem Maße latenten Charakter aufweist und sich einer sinnvollen Quantifizierung wohl auf Dauer entzieht. Aufgrund vielfältiger Beobachtungen sind wir allerdings der

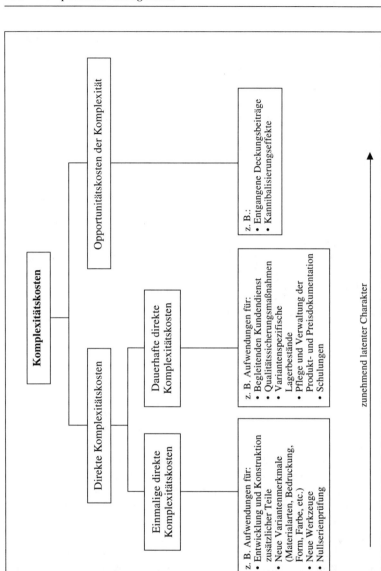

Abbildung 5-3: Gliederung der Komplexitätskosten

Auffassung, daß gerade diese Kategorie von Komplexitätskosten möglicherweise die größte wirtschaftliche Bedeutung hat.

Als Beispiel für Opportunitätskosten der Komplexität ist die Zeit eines Produktmanagers zu nennen, wenn er einen wesentlichen Anteil seiner Zeit infolge der Vielfalt der Varianten für hauptsächlich koordinierende Aktivitäten verwenden muß. Eine andere Form der Opportunitätskosten stellen *entgangene Deckungsbeiträge* dar. Dazu ein Beispiel: Die Verfügbarkeit des Produktes ist ein wesentlicher Ansatzpunkt, um die Markenloyalität der Kunden nicht zu gefährden. Entstehen durch eine übermäßige Variantenvielfalt Engpässe in der Fertigung oder Logistik, so werden die eigenen loyalen Kunden möglicherweise nahezu gezwungen, auf Konkurrenzprodukte auszuweichen. Das Unternehmen verliert nicht nur den Umsatz bzw. Deckungsbeitrag infolge des Ausweichens auf Konkurrenzprodukte, sondern es läuft Gefahr, wertvolle Stammkunden zu verlieren.

Als Opportunitätskosten im weiteren Sinne sind *Kannibalisierungs- und Substitutionseffekte* innerhalb des Sortiments zu nennen. Jede Einführung neuer Varianten beeinflußt den Absatz des bereits vorhandenen Sortiments. Bleibt der Gesamtabsatz gleich, wird also kein Marktanteil von direkten Konkurrenten gewonnen, so geht die Neueinführung zu Lasten der eigenen Produkte. Das Randsortiment kannibalisiert das Kernsortiment.

Kannibalisierungseffekte können auch als *Substitutionseffekte* auftreten, was folgendes Beispiel verdeutlichen soll. Seit einiger Zeit gehen Supermarktketten vermehrt dazu über, neben den etablierten Markenartikeln auch eigene Handelsmarken anzubieten. Die EDEKA ZENTRAL AG erzielt mit 600 Artikeln unter 30 verschiedenen Dachmarken bereits einen Umsatz von 800 Millionen DM – mit steigender Tendenz.[6] Oft werden diese Produkte von Markenartikelherstellern produziert. Unterschiedlich verpackt und als Billigprodukt unter einem anderen Namen verkauft, landet die weiße Ware in den Verkaufsregalen direkt neben den etablierten Marken. Die Vorteile für den Markenartikelhersteller liegen zunächst in zusätzlichen Deckungsbeiträgen sowie der besseren Ausnutzung vorhandener Kapazitäten.

Diese Betrachtung ist jedoch recht kurzfristig: Langfristig sind die Kosten aus eventuellen Substitutionseffekten zu berücksichtigen. Mar-

6 Vgl. o.V. 1995 (b), S. 19.

kenprodukte mit einer entsprechenden Positionierung in preislicher und produktpolitischer Hinsicht werden durch Handelsmarken mit niedrigem Preisniveau substituiert.

Wie bereits ausgeführt, fällt ein Großteil der Komplexitätskosten im Gemeinkostenbereich an. Das Problem der *Gemeinkostenschlüsselung* gewinnt damit an Bedeutung. Die herkömmliche Zuschlagskalkulation, die komplexitätsbedingte Gemeinkosten proportional zur Höhe wertabhängiger Größen (z. B. Fertigungseinzellöhne oder Materialeinzelkosten) verrechnet, ist nicht in der Lage, die Komplexitätskosten verursachungsgerecht den Produkten zuzuordnen. Die Komplexität der Produkte und Prozesse wird vernachlässigt. Die Komplexitätskosten werden mittels der Zuschlagskalkulation auf alle Produkte gleichmäßig verteilt. Die Folge ist eine zu starke Belastung der Standardprodukte mit Komplexitätskosten und eine im Gegensatz dazu zu geringe Belastung der Spezialprodukte. Spezialprodukte werden damit von Standardprodukten subventioniert. Das ohnehin bestehende Transparenzproblem der Komplexitätskosten wird zusätzlich verschärft.

Abbildung 5-4 verdeutlicht die diesbezügliche Problematik der Zuschlagskalkulation: Geht man davon aus, daß die Einzelkosten linear mit der Komplexität des Produkts anwachsen, so liefert die Zuschlagskalkulation unter Zugrundelegung eines bestimmten Gemeinkostenzuschlagsatzes ein ebenfalls lineares Anwachsen der Gesamtkosten mit zunehmender Komplexität. Geht man nun davon aus, daß ein Unternehmen seine Vorstellungen bezüglich des angestrebten Marktpreises in Anlehnung an die Zuschlagskalkulation ermittelt, so nimmt der angestrebte Marktpreis ebenfalls linear mit zunehmender Komplexität zu (gestrichelte Linie in Abbildung 5-4).

Unterstellt man nun, daß aufgrund der beschriebenen Gemeinkostenintensität von komplexen Produkten die tatsächlichen Gesamtkosten mit zunehmender Komplexität nicht linear, sondern überproportional anwachsen, so ergeben sich zwei potentielle Probleme. Bei den sehr komplexen individualisierten Produkten und Dienstleistungen tendiert das Unternehmen dazu, seine Leistungen zu billig zu vermarkten. Die Ursache für dieses Verhalten liegt darin, daß das Kostenrechnungssystem den Entscheidungsträgern gar nicht aufzeigt, wie kostenintensiv die komplexen Produkte und Dienstleistungen tatsächlich sind. Andererseits läuft das Unternehmen Gefahr, sich bei den einfachen standardisierten Produkten und Dienstleistungen »aus dem Markt herauszukalkulieren«:

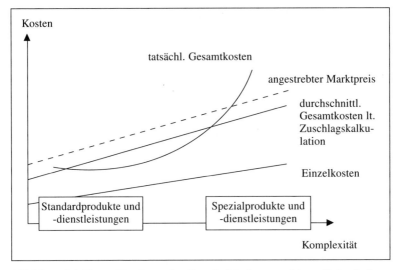

Abbildung 5-4: Vernachlässigung der Komplexitätskostenproblematik durch die Zuschlagskalkulation[7]

Diesen Kostenträgern werden in der Zuschlagskalkulation Kosten zugeordnet, die kausal von den komplexen Produkten und nicht von den Standardprodukten verursacht werden. Eine solche Preispolitik wird spätestens dann zum Problem, wenn man im Bereich der Standardprodukte mit Wettbewerbern konkurriert, die ausschließlich im Standardbereich tätig sind und daher die komplexitätsbedingten Kosten nicht in dem Umfang wie das betrachtete Unternehmen aufweisen. Diese Unternehmen werden im Standardbereich zumeist billiger sein und trotzdem kostendeckend arbeiten können.

Es sei an dieser Stelle noch darauf hingewiesen, daß die Bedeutung des Problems der Gemeinkostenzuordnung tendenziell zunimmt. Zum einen ist in diesem Zusammenhang darauf hinzuweisen, daß in produzierenden Unternehmen industrialisierter Länder über einen langen Zeitraum hinweg eine Zunahme der Gemeinkostenintensität festzustellen ist.[8] Zum anderen ist hier auf den Dienstleistungsbereich zu verweisen:

7 Quelle: Coenenberg 1992, S. 211.
8 Vgl. Miller/Vollman 1985, S. 143.

In zahlreichen Dienstleistungsunternehmen spielen die Einzelkosten eine vollkommen untergeordnete Rolle. Häufig beträgt der Anteil der Gemeinkosten an den Gesamtkosten über 90 Prozent. Derartige Kostenstrukturen sind z. B. für Fluggesellschaften und Hotels typisch. Es liegt auf der Hand, daß die Problematik der verursachungsgerechten Zuordnung von Gemeinkosten zu Produkten und Dienstleistungen um so signifikanter ist, je gemeinkostenintensiver die Strukturen eines Unternehmens sind.

Einen anderen Weg als die Zuschlagskalkulation geht die *Prozeßkostenrechnung*: Sie vermeidet weitgehend eine Quersubventionierung der Sondervarianten durch die Standardprodukte, indem sie die zeitliche oder mengenmäßige Beanspruchung betrieblicher Ressourcen als Grundlage für die Schlüsselung der Gemeinkosten heranzieht. Aufgrund der erläuterten gemeinkostentreibenden Auswirkungen von Komplexität bringt es die Anwendung der Prozeßkostenrechnung mit sich, daß komplexe Produkte und Dienstleistungen kalkulatorisch stärker mit Gemeinkosten belastet werden als standardisierte Produkte und Dienstleistungen. Diesen Effekt und das Ausmaß der möglichen Konsequenzen wollen wir im folgenden Beispiel veranschaulichen. Eine detaillierte methodische Darstellung der Prozeßkostenrechnung soll an dieser Stelle nicht erfolgen. Ein ausführliches Beispiel hierzu findet sich in Kapitel 7, wo auch entsprechende Literaturhinweise gegeben werden.

Die grundlegenden Daten des Beispiels sind in Tabelle 5-1 dargestellt. Es geht um eine Produktgruppe eines Maschinenbauunternehmens, die sich bei einem Umsatz von 21,6 Millionen DM dauerhaft in der Verlustzone befindet. Der Verlust beträgt derzeit ca. 4 Prozent vom Umsatz. Betrachtet man die in der ersten Spalte der Tabelle dargestellten Gesamtzahlen, so empfindet man die Verlustsituation als überraschend: Die Marktposition ist bei einem Marktanteil von 23 Prozent als günstig zu bezeichnen, auch der erzielte Deckungsbeitrag von 47 Prozent läßt ein wirtschaftlich gesundes Produkt vermuten.

Im Zusammenhang mit der Erarbeitung von Sanierungsmaßnahmen stellte sich heraus, daß die relevante Produktgruppe im wesentlichen drei Kategorien von Produkten unterschiedlicher Komplexität umfaßte:

– Grundausführungen, die vollständig standardisiert, dokumentiert und kalkuliert waren und in Großserienfertigung hergestellt wurden,

– Standardvarianten, die ebenfalls dokumentiert waren, für die Kalkulationen vorlagen und die dem Markt aktiv angeboten wurden, sowie
– Sondervarianten, die häufig auf Anfragen einzelner Kunden in kleinsten Stückzahlen hergestellt wurden.

Ein zielgerichtetes Vorgehen im Rahmen der Sanierung erforderte offensichtlich eine differenzierte Ergebnisbetrachtung dieser drei Kategorien. Diese ist auf der Basis der im Unternehmen zum Zeitpunkt praktizierten Zuschlagskalkulation im oberen Teil von Tabelle 5-1 dargestellt. Hier zeigt sich, daß die Verluste im wesentlichen aus der Vermarktung der Grundausführungen resultieren, während die Sondervarianten (bei einem bemerkenswerten Deckungsbeitrag von 58 Prozent) als profitabel eingestuft werden. Vor diesem Hintergrund wurden in dem Unternehmen Sanierungsschritte diskutiert, die im wesentlichen auf die Elimination der Grundausführungen und die vollkommene Konzentration auf die komplexeren Produktkategorien hinauslaufen sollten.

(in Millionen DM)	Produkt- gruppe in Summe	Grundaus- führungen	Standard- varianten	Sonder- varianten
Umsatz	21,6	9,5	4,8	7,3
Marktvolumen	93	53	21	19
(Marktanteil)	(23%)	(18%)	(23%)	(38%)
variable Kosten	11,5	5,8	2,6	3,1
Deckungsbeitrag	10,1	3,7	2,2	4,2
(in % vom Umsatz)	(47%)	(39%)	(46%)	(58%)
Fixkosten nach herkömm- licher Zuschlags- kalkulation	10,9	4,6	2,4	3,9
Ergebnis nach herkömmli- cher Kalkulation	**-0,8**	**-0,9**	**-0,2**	**+0,3**
(in % vom Umsatz)	**(-3,7)**	**(-9,5)**	**(-4,2)**	**(+4,1)**
Fixkosten nach Prozeß- kostenrechnung	10,9	3,5	2,0	5,4
Ergebnis nach Prozeß- kostenrechnung	**-0,8**	**+0,2**	**+0,2**	**-1,2**
(in % vom Umsatz)	**(-3,7)**	**(+2,1)**	**(+4,2)**	**(-16,4)**

Tabelle 5-1: Veränderte Ergebnisstruktur nach Anwendung der Prozeßkostenrechnung: Das Beispiel einer Produktgruppe eines Maschinenbauunternehmens

Es kamen jedoch Zweifel auf, inwieweit die durch die Zuschlagskalkulation vorgenommene Fixkostenzuordnung auf die drei Produktkategorien tatsächlich verursachungsgerecht war. Einige Beteiligte
waren der Auffassung, daß die tatsächliche Komplexität der kaufmänni-
schen und technischen Abwicklung der Sondervarianten hier nicht ausreichend berücksichtigt sei. Vor dem Hintergrund dieser Bedenken wurde parallel eine differenzierte Analyse auf der Basis der Prozeßkostenrechnung erstellt. Die entsprechenden Ergebnisse sind im unteren Teil
von Tabelle 5-1 dargestellt. Hier zeigt sich der bereits erwähnte Effekt:
Den Sondervarianten werden viel höhere Fixkosten zugeordnet als bei
der reinen Zuschlagskalkulation. Bei den Grundausführungen kommt
es dagegen in diesem Bereich zu einer massiven Entlastung. Die Prozeßkostenrechnung stellt also die bisherige Perspektive auf den Kopf: Nun
erweisen sich die Sondervarianten und nicht die Grundausführungen als
Kernproblem.

Es ist nicht unser Anliegen, eine der beiden Kostenrechnungsvarianten
als »richtig« und die andere als »falsch« darzustellen. Eine Kalkulation
ist letztlich niemals in einem absoluten Sinne richtig oder falsch. Eine
Kalkulation stellt u. E. im wesentlichen eine Entscheidungsgrundlage
dar, deren Qualität sich am besten aus der Qualität der resultierenden
Entscheidungen ablesen läßt: Im genannten Beispiel entschloß man sich
zu Sanierungsschritten, die sich an der Perspektive der Prozeßkostenrechnung orientierten. Es wurde eine gezielte Programmbereinigung bei
den Sondervarianten durchgeführt, teilweise konnten hier auch nachhaltige Preiserhöhungen erzielt werden. Den Schlüssel zu dieser letztlich erfolgreichen Sanierung lieferte eine verursachungsgerechte
Zuordnung der komplexitätsbedingten Kosten mit Hilfe der Prozeßkostenrechnung. Dies sollte für den Leser nachhaltig die Bedeutung des
Phänomens Komplexitätskosten verdeutlichen. Es sollte ebenfalls offensichtlich sein, daß die undifferenzierte »Verschmierung« dieser komplexitätsbedingten Kosten mit Hilfe der Zuschlagskalkulation eine potentielle Quelle von massiven Fehlentscheidungen darstellt.

Es soll an dieser Stelle nicht der Eindruck entstehen, daß Variantenvielfalt grundsätzlich negativ zu beurteilen sei. Zahlreiche Unternehmen sind mit einem differenzierten und intelligent strukturierten Produktprogramm auf Dauer erfolgreich. Wir beobachten aber immer wieder, daß Unternehmen in eine *Komplexitätsfalle* geraten. Vor diesem
Hintergrund geht es uns nicht um das Verteufeln von Komplexität, son-

dern vielmehr um den intelligenten Umgang damit – um *Komplexitäts-management*. Wir verstehen hierunter

- zum einen die *Vermeidung* von Komplexität im Sinne eines antizipativen Managements (Abschnitt 5.2),
- darüber hinaus die reaktive Beeinflussung des Komplexitätsgrades durch die systematische *Reduktion* von Komplexität (Abschnitt 5.3) und, wenn ein bestimmter Grad an Komplexität unvermeidbar ist,
- die möglichst wirtschaftliche *Beherrschung* von Komplexität (Abschnitt 5.4).

5.2 Komplexitätsvermeidung: Wehret den Anfängen

Komplexitätsvermeidung versucht, Komplexität gar nicht erst aufkommen zu lassen bzw. ihr möglichst frühzeitig entgegenzuwirken. Maßnahmen hierzu beginnen bereits in der Produktentwicklung: Zunächst ist der Ansatz der *Teile- und Materialstandardisierung* zu nennen. Entwicklungsingenieure sollten gezielt nach Möglichkeiten suchen, die Teile- und Materialvielfalt zu begrenzen. Dies läßt sich häufig beispielsweise dadurch erreichen, daß flächendeckend höherwertige Teile bzw. Materialien eingesetzt werden, als es für einzelne Produktvarianten erforderlich wäre. Sicherlich führt das dazu, daß die *Einzelkosten* einzelner Varianten möglicherweise über dem prinzipiell erreichbaren Kostenminimum liegen. Den Mehrkosten können jedoch wesentlich höhere Kosteneinsparungen im Gemeinkostenbereich aufgrund der niedrigeren Komplexität entgegenstehen.

Wir haben in vielen Unternehmen beobachtet, daß sich Entwicklungsingenieure zu einseitig auf die Einzelkosten der neuen Produkte konzentrieren: Um diese zu minimieren, werden häufig für jede Variante die kostengünstigsten Teile und Materialien ermittelt und eingeplant – ungeachtet der daraus mittelfristig resultierenden Komplexitätskosten. Auch die Managementsysteme, die in vielen Unternehmen im Entwicklungsbereich zur Anwendung gelangen, tragen dem Komplexitätsproblem nur unzureichend Rechnung: Beziehen sich beispielsweise die Zielvereinbarungen im Rahmen eines Entwicklungsprojekts in erster Linie auf die Einzelkosten des Produkts, nicht aber auf die Teilevielfalt, so sind Komplexitätsprobleme nahezu vorprogrammiert.

Zahlreiche Varianten entstehen jedoch nicht in der Entwicklungsphase, sondern werden während des Produktlebenszyklus zusätzlich eingeführt. Interessanterweise ist in den wenigsten Unternehmen genau spezifiziert, unter welchen Bedingungen Variantenwünsche – seitens des Marktes oder der eigenen Vertriebsabteilung – erfüllt werden. Somit wird das einfachste Mittel Komplexität zu vermeiden, nämlich über eine *klar definierte Variantenpolitik*, außen vor gelassen. Kriterien einer solchen Variantenpolitik sind z. B. das Absatzpotential und die Frage des eigenen Kompetenzspektrums. Schließlich sind die Kundenbedürfnisse dahingehend zu durchleuchten, ob es sich um reale Bedürfnisse oder nur Wünsche (»Nice to have-Phänomen«) handelt. Durch eine Ermittlung der Zahlungsbereitschaft der Kunden kann ermittelt werden, ob es sich um tatsächliche Bedürfnisse handelt.

Dokumentation
1. Wie sind Varianten dokumentiert?
2. Wer ist für die Pflege und Aktualisierung zuständig?
3. Wie wird sichergestellt, daß keine »inoffiziellen« Varianten vermarktet werden (z. B. auf der Basis guter persönlicher Kontakte zwischen Vertrieb und Produktion)?

Aufnahme neuer Varianten
4. Welche Kriterien müssen erfüllt sein, damit neue Varianten in das Sortiment aufgenommen werden?
5. Wer ist für die Überprüfung der Kriterien verantwortlich?

Kosten und Preise
6. Nach welchen Methoden werden durch Varianten verursachte Kosten ermittelt?
7. Wie wird sichergestellt, daß Varianten nicht zu Standardpreisen verkauft werden?

Variantenelimination
8. Welches sind die Kriterien für eine Produktelimination?
9. Wer ist für die regelmäßige und konsequente Durchleuchtung des Produktprogramms im Hinblick auf Eliminationskandidaten verantwortlich?

Tabelle 5-2: Kriterienkatalog für eine klar definierte Variantenpolitik

Auf der Basis unserer Erfahrungen in diesem Problemfeld haben wir den in Tabelle 5-2 dargestellten Kriterienkatalog für eine klar definierte Variantenpolitik aufgestellt. Man kann einem Unternehmen das Vorliegen einer solchen Politik dann attestieren, wenn all diese Fragen klar und von den im Unternehmen involvierten Personen weitgehend identisch beantwortet werden.

Ein erster Problembereich ist die *Dokumentation* von Varianten. In vielen Unternehmen gibt es keine aktuelle Unterlage darüber, welche Varianten derzeit tatsächlich zum Verkaufsprogramm gehören. Außerdem kann man oft beobachten, daß – falls eine solche Unterlage doch existiert – daran vorbei noch weitere Varianten an den Markt gelangen. Dies kann zum Beispiel auf guten persönlichen Kontakten zwischen Vertrieb und Produktion basieren.

Ein weiteres Problemfeld ist der Prozeß der *Aufnahme neuer Varianten* in das Produktprogramm. In vielen Unternehmen ist dafür die pauschale Aussage aus dem Vertrieb »Der Markt fordert das« ausreichend. Nach unseren Erfahrungen führt die Einführung eines klaren Kriterienkatalogs dazu, daß mehr als 80 Prozent dieser angeblichen Markterfordernisse sich im wesentlichen als gegenstandslos erweisen. Das dritte Problemfeld sind die *Kosten und Preise*. Hier geht es darum, regelmäßig die variantenbedingten Kosten zu ermitteln, die Aufmerksamkeit der Mitarbeiter für diese Kosten zu schärfen und sicherzustellen, daß diese Kosten bei der Preisbildung entsprechend berücksichtigt werden. Es sei hier nochmals an das Problem der Quersubventionierung von Spezialprodukten durch Standardprodukte erinnert (vgl. auch Abbildung 5-4). Ein letzter Problembereich ist die *Elimination* von Varianten. Hier ist sicherzustellen, daß nach klar definierten Kriterien regelmäßig Variantenbereinigung betrieben wird. In vielen Unternehmen beobachtet man, daß dem Produktprogramm ständig neue Varianten hinzugefügt werden, ohne daß existierende Varianten mit vernachlässigbarem Absatzvolumen eliminiert würden. Auf diese Weise nehmen die Komplexitätskosten mittelfristig zu.

Ein weiterer Ansatzpunkt zur Komplexitätsvermeidung ist das sogenannte *Bundling*: Unternehmen kombinieren nach dem Menüprinzip verschiedene Komponenten zu einem Leistungsbündel. Hierbei unterscheidet man zwei Formen des Bundling: einerseits das reine und andererseits das gemischte Bundling. Während bei dem *reinen* Bundling nur das Paket (Produkt A und Produkt B beispielsweise für zusammen 100,– DM) angeboten wird, können beim *gemischten* Bundling sowohl die Elemente des Pakets als auch das ganze Paket gekauft werden (beispielsweise Produkt A für 60,– DM und Produkt B für 50,– DM bzw. das

Paket zum Paketpreis von 100,– DM). Einige Beispiele zur Anwendung des Bundling in der Praxis wollen wir kurz anführen:

- Bei der Fast-Food-Kette McDONALD's wurde zeitweise ein Menü bestehend aus einer mittleren Portion Pommes frites, zwei Cheeseburgern und einem Getränk (0,4l) zu einem Bündelpreis von 8,29 DM anstatt 10,10 DM angeboten, was der Summe der Einzelpreise entspräche. In diesem Fall handelt es sich um die gemischte Form des Bundling.
- Ein Beispiel einer reinen Produktbündelung findet sich bei den Zusatzausstattungen in der Automobilindustrie. MERCEDES BENZ bietet in der E-Klasse drei Pakete mit verschiedenen Extras an. Die Grundausstattung »Classic« beinhaltet standardmäßig Airbag, ABS, elektrische Fensterheber, Wegfahrsperre, Zentralverriegelung usw. Das Zusatzausstattungspaket unter dem Namen »Elegance« bietet zu einem Aufpreis von 3450,– DM Extras wie Edelholzausstattung, Leichtmetallräder etc. Das Paket mit dem Namen »Avantgarde« (Aufpreis: 5750,– DM) umfaßt neben den Extras der »Elegance« Reihe eine tiefergelegte Karosserie, wärmedämmendes Glas, Scheinwerfer-Reinigungsanlage etc. Neben diesen drei Paketen werden weitere Sonderausstattungen als ungebündelte Varianten wie Klimaanlage, Lederpolster, Antriebsschlupfregelung etc. angeboten.[9]

Das Bundling hat mehrere wesentliche Vorteile. Zum einen sind die Vorteile *akquisitorischer Art*: Man erhofft sich durch das Angebot preislich attraktiver Bündel Absatzsteigerungen. Im Mittelpunkt unserer Betrachtungen stehen jedoch die *kostensenkenden Auswirkungen des Bundling*. Sie lassen sich anhand von Abbildung 5-1 (S. 153) veranschaulichen. So bewirkt das Bundling, indem die Variantenvielfalt reduziert wird, eine Verringerung der internen Koordinationskosten (standardisierte Fertigungsabläufe und Verringerung der Anzahl der Schnittstellen). Erhebliche Kostensenkungen ergeben sich zudem durch den Abbau der Bestände der Extra-Ausstattungen, wenn diese nunmehr zumindest teilweise serienmäßig eingebaut werden und damit produktionssynchron angeliefert werden können. Da das Bundling außerdem direkt die Zahl der angebotenen Varianten beeinflußt, bewirkt eine Reduzierung der

9 Vgl. o. V. 1995 (a), S. 12.

Variantenvielfalt eine direkte Reduktion der Gemeinkosten der Infrastruktur. Am Rande sei darauf hingewiesen, daß – kommt es zu Absatzsteigerungen aufgrund des Bundling – hiermit natürlich auch Potentiale zur Senkung der Stückkosten (Economies of Scale) entstehen.

5.3 Komplexitätsreduktion: Rückwirkend Fehler korrigieren

Während die im vorhergehenden Abschnitt dargestellten Ansätze der Komplexitätsvermeidung antizipativen Charakter haben, stellen Ansätze der Komplexitätsreduktion eine Reaktion auf schon entstandene Überkomplexität dar. Wir haben bereits im vorhergehenden Abschnitt erwähnt, daß es in Unternehmen oft keinen formalisierten Prozeß der Produktelimination gibt. Während es inzwischen vielerorts standardisierte Entscheidungsinstrumente im Hinblick auf neue Produkte gibt, kann dies nicht in der gleichen Form für die Elimination existierender Produkte festgestellt werden. Fehlendes Bewußtsein für die durch zu hohe Komplexität verursachten Kosten sowie vermutete (oder vom Vertrieb vorgeschobene) Verbundwirkungen zwischen der Vermarktung einzelner Produkte sind häufig die zentralen Ursachen, weshalb Unternehmen sich nicht systematisch mit dem Problemfeld der Produktelimination beschäftigen. Welcher horrende Variantenwust so über die Jahre hinweg entstehen kann, zeigt das Beispiel einer Sparte von ABB, wo im Rahmen einer Produktbereinigung eine Reduzierung von ca. 7700 auf etwa 3400 Produkte vorgenommen wurde.[10]

Ein erster Ansatzpunkt der Komplexitätsreduktion ist die Erarbeitung und regelmäßige Anwendung eines *Kriterienkatalogs für die Produktelimination*. Ein positives Beispiel für einen solchen Kriterienkatalog, das wir bei einem Nahrungsmittelhersteller vorfanden, ist in Tabelle 5-3 dargestellt.

Erste Ansatzpunkte für eine systematische Elimination von Varianten liefert häufig eine variantenbezogene ABC-Analyse nach Umsatz bzw. Deckungsbeitrag. Abbildung 5-5 verdeutlicht den Zusammenhang zwischen Ergebnis- und Umsatzverlauf in Abhängigkeit von der Anzahl der Varianten am Beispiel eines Handelsunternehmens. Deutlich ist die typische 20:80-Verteilung zu erkennen, wonach mit 20 Prozent der Vari-

10 Vgl. Schulz 1995, S. 12.

1. Wie ist die Performance im Markt?	2. Welche Informationen liefern Daten von Marktforschungsinstituten bzgl. des Handels bzw. bzgl. der Verbraucher?	3. Welche qualitativen Kriterien sprechen für bzw. gegen eine Produktelimination?
– Umsatzentwicklung des Produktes in den vergangenen Jahren – Absatzentwicklung des Produktes – Ertragssituation bzw. Beitrag zum Gesamtertrag (in Prozent und absolut)	– Entwicklung des Gesamtmarktes/Teilsegmentes (Handel) – Marktanteilsentwicklung – Distributionsentwicklung – Einkaufssituation im Handel – Bestandssituation an den Lagern des Handels – Preissituation – Ausgaben pro Käuferhaushalt (Verbraucher) – Einkaufsmenge pro Käuferhaushalt – Käuferreichweite – Gain and loss-Analyse – Nebeneinanderverwendung	– USP (Unique Selling Point) des Produktes – Positionierung des Produktes – Wettbewerbssituation – Beschaffenheit des Sortiments (Sortimentsbedeutung des relevanten Produktes) – Stärken-/Schwächen-Analyse – Handelseinstellung zu dem Produkt – Konsumenteneinstellungen – Auslaufsteuerung (d. h. Restbestände)

Tabelle 5-3: Kriterienkatalog eines Nahrungsmittelherstellers zur Entscheidung über eine Produktelimination

anten 80 Prozent des Umsatzes erzielt werden (A-Varianten). Ab einem bestimmten Punkt geht jedoch das Ergebnis variantenbedingt zurück. Ursachen hierfür sind u. a. Spezialwünsche der Kunden, Sonderanfertigungen für Nischenmärkte, Produkte, die nicht mehr im Verkaufsprogramm sind, aber immer noch verwaltet werden, und Sortimentserweiterungen. Zwar ist die ABC-Analyse nicht geeignet, unmittelbare Eliminationskandidaten zu identifizieren, dennoch ist vor allem im Hinblick auf die C-Varianten deren Wirtschaftlichkeit kritisch zu hinterfragen.

In der Regel ist eine rein produktbezogene Betrachtung nicht ausreichend für eine Produkteliminationsentscheidung. Vielmehr müssen häufig Kompromisse mit Kunden eingegangen werden, die eine starke Marktposition haben oder mit denen ein beträchtlicher Umsatz getätigt wird. Daher ist die Bedeutung des Kunden für das Unternehmen zusätzlich zu berücksichtigen. Die Bedeutung des Kunden für das Unternehmen läßt

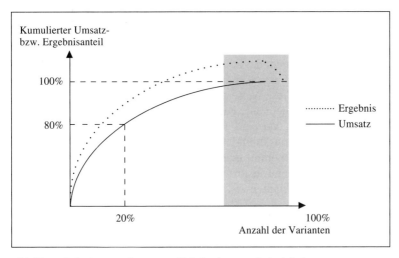

Abbildung 5-5: Variantenbezogene ABC-Analyse am Beispiel eines Handelsunternehmens

sich beispielsweise anhand einer Kundendeckungsbeitragsrechnung bestimmen. Demnach sind Kunden mit hohen Deckungsbeiträgen von tendenziell großer Bedeutung. Auch die zukünftige Kundenbedeutung kann durch entsprechende Kriterien berücksichtigt werden. Aus einer Gegenüberstellung der Kundenbedeutungen und der Variantenbedeutungen in einer Matrix kann ein Unternehmen im Anschluß an eine ABC-Analyse nun ablesen, welche Varianten tendenziell aus dem Sortiment genommen werden sollten (vgl. Abbildung 5-6). Mit Variantenbedeutung ist dabei die wirtschaftliche Bedeutung der einzelnen Varianten für das Unternehmen gemeint.

Die Matrix ist zunächst spalten- und dann zeilenweise zu betrachten: Varianten mit hoher eigenständiger Bedeutung wird man im Regelfall nicht als vorrangige Eliminationskandidaten einstufen. Man konzentriert sich daher auf diejenigen Varianten, denen im Rahmen der Beurteilung eine geringere Bedeutung zuerkannt wurde. In Hinblick auf diese Varianten hat man sich nun auf der Basis der in Abbildung 5-6 dargestellten Matrix die Frage zu stellen, ob zumindest ein bedeutender Kunde existiert, der diese Variante bezieht. Ist dies nicht der Fall, so handelt es sich hierbei definitiv um einen Eliminationskandidaten: Es gibt marktseitig keine zwingenden Gründe, die Variante im Sortiment zu behalten. Kann ein solcher Kunde allerdings identifiziert werden, so stellt sich als nächstes die Frage, ob er ein nennenswertes Volumen von dieser Variante bezieht. Ist dies nicht der Fall, so kann man möglicherweise den diesbezüglichen Bedarf des Kunden auf andere Produkte oder Varianten verlagern und auf diese Weise die relevante Variante ebenfalls eliminieren. Bezieht der bedeutende Kunde allerdings ein großes Volumen von der entsprechenden Variante, so handelt es sich wahrscheinlich nicht um einen Eliminationskandidaten.

Auf diesem Weg kommt man in dem in Abbildung 5-6 dargestellten Beispiel zu folgenden Einstufungen der einzelnen Varianten: Unproblematisch sind die Varianten 2, 4 und 5, da ihre Variantenbedeutungen im

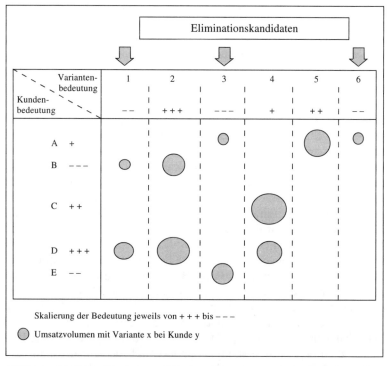

Abbildung 5-6: Identifikation von Eliminationskandidaten durch die Matrix der Kunden- und Variantenbedeutung

positiven Bereich liegen. Aufgrund ihrer geringen Bedeutung gelten die Varianten 1, 3 und 6 hingegen als Eliminationskandidaten. Im Fall von Variante 1 spricht zunächst alles für eine Elimination: Die Variantenbedeutung ist gering und der Kunde B zählt nicht zu den bedeutenden Abnehmern. Jedoch ist das Umsatzvolumen, das mit dem Kunden D (Kundenbedeutung: +++) erzielt wird, nicht zu vernachlässigen. Eine Elimination der Variante 1 ist daher nicht ohne weiteres möglich. Vielversprechendere Eliminationskandidaten sind im Gegensatz dazu die Varianten 3 und 6, mit denen auch eher geringe Umsätze verbucht werden. Ist man in der Lage den Bedarf des Kunden A (Kundenbedeutung: +) auf die Variante 5 zu verlagern, stünde einer Elimination der Varianten 3 und 6 nichts mehr im Wege.

Es ist offensichtlich, daß auch diese Matrix kein stereotypes Abarbeiten des Entscheidungsprozesses im Hinblick auf eine mögliche Produktelimination ermöglicht. Vielmehr liegt der Nutzen derartiger Instrumente darin, diesen Entscheidungsprozeß, der – wie wir mehrfach erwähnt haben – häufig nur ansatzweise und unsystematisch abläuft, zu systematisieren. Derartige Instrumente können Denkprozesse unterstützen, ihr Ziel liegt nicht darin, Entscheidungsträgern das Denken abzunehmen.

Ein Beispiel soll verdeutlichen, wie nachhaltig eine zu hohe Zahl an Varianten Prozesse im Unternehmen beeinträchtigen kann. Der Erfolg einer Straffung des Produktprogramms stellt sich nach unseren Erfahrungen recht schnell bei den unternehmensinternen logistischen Abläufen ein.[11] Abbildung 5-7 zeigt das Beispiel eines Sanierungsprojektes, bei dem nachhaltige Personalkürzungen durch eine Reduktion der Varianten im Produktprogramm sowie durch Kundenfokussierung erreicht wurden. Eine etwa 40prozentige Reduktion der Variantenzahl ermöglichte eine Verringerung der durchschnittlichen Lieferzeiten um 20 Prozent. Parallel dazu konnte die Zahl der nicht termingerecht gelieferten Aufträge auf etwa ein Zehntel des ursprünglichen Werts reduziert werden – und dies trotz einer Verringerung der Reichweite der Vorräte um fast die Hälfte. Diese Zahlen belegen, wie stark eine zu hohe Variantenvielfalt die Qualität der internen Abläufe beeinträchtigen kann. Eine zu hohe Anzahl der Varianten verlangsamt Prozesse und wirkt wie Sand im Getriebe. *Zu lange Durchlaufzeiten* und *zu hohe Bestände* sind nach unseren Erfahrungen häufig Indikatoren von Überkomplexität.

---

11 Vgl. im folgenden Homburg/Demmler 1994, S. 1603ff.

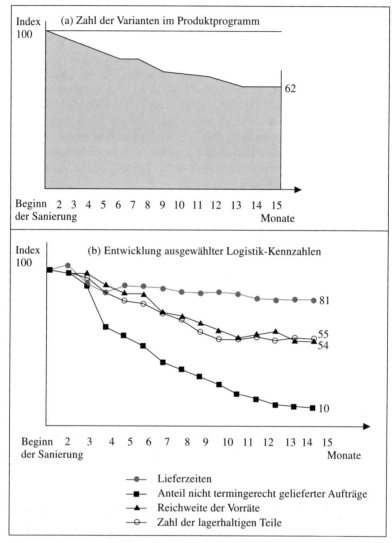

Abbildung 5-7: Auswirkungen der Variantenreduktion am Beispiel eines Sanierungsprojekts in einem Maschinenbauunternehmen[12]

12 Quelle: Homburg/Demmler 1994, S. 1603.

5.4 Komplexitätsbeherrschung: Das Unvermeidliche wirtschaftlich bewältigen

Im letzten Abschnitt dieses Kapitel wollen wir auf Ansätze zur Beherrschung von Komplexität eingehen. Es sei daran erinnert, daß es nun nicht mehr um eine Vermeidung bzw. Reduktion von Komplexität geht. Vielmehr gilt es, ein gegebenes Maß an Komplexität möglichst wirtschaftlich zu bewältigen.

Hinsichtlich der möglichst wirtschaftlichen Bewältigung von Komplexität liegt eine zentrale Fragestellung darin, zu welchem Zeitpunkt im Wertschöpfungsprozeß eine Variante »zur Variante wird«, d. h. den standardisierten Prozeß verläßt. Dieser Zeitpunkt wird auch als *Freezepoint* bezeichnet. Tendenziell gilt, daß Komplexität insbesondere dann kostenintensiv wird, wenn sie große Teile des Wertschöpfungsprozesses überlagert, wenn also der Freeze-point recht früh liegt. Der diesbezügliche Extremfall liegt vor, wenn eine Variante bereits bei der Beschaffung (aufgrund spezieller Materialanforderungen) gesondert behandelt wird. In diesem Fall zieht sich die Komplexität durch den gesamten Wertschöpfungsprozeß hindurch.

Wie bedeutend dieser Aspekt für die Kosten sein kann, ist in Abbildung 5-8 durch die Gegenüberstellung zweier Geräte eines Hausgeräteherstellers verdeutlicht: Gerät 2 erhält erst in der Endmontage sein kundenindividuelles Design, während Gerät 1 bereits bei der Vormontage in zahlreiche Varianten zerfällt. Dies macht sich unmittelbar bei den Fertigungskosten bemerkbar. Trotz einer größeren Variantenvielfalt sind sie bei Gerät 2 um ca. 5 Prozent niedriger als bei Gerät 1. Kostenvorteile können hier bis zur Endmontage durch weitgehende Economies of Scale aufgrund der standardisierten Prozesse und der größeren Anzahl gleicher Produkte erzielt werden.

Dieser Fall verdeutlicht nachhaltig, daß es im Zusammenhang mit den Kostenauswirkungen von Komplexität keineswegs lediglich darauf ankommt, *wieviel* Komplexität man sich leistet, sondern insbesondere auch darauf, *wann* die Komplexität im Wertschöpfungsprozeß entsteht. Dieser Effekt ist im soeben dargestellten Beispiel so bedeutend, daß es bei Gerät 2 gelingt, den Kunden letztlich eine größere Auswahl als bei Produktgerät 1 zu bieten und trotzdem niedrigere Fertigungskosten zu haben.

Die Erkenntnis über die Kostenauswirkungen des Freeze-points hat

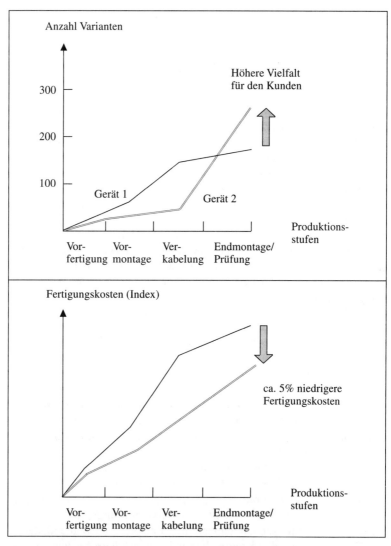

Abbildung 5-8: Mehr Varianten bei geringeren Kosten durch einen späten Freeze-point am Beispiel eines Hausgeräteherstellers[13]

13 Quelle: McKinsey & Company, Inc./Rommel u. a. 1993, S. 38.

weitgehende Konsequenzen. Die grundsätzliche Empfehlung lautet, über Maßnahmen nachzudenken, den Freeze-point möglichst weit nach hinten, in die späteren Stufen des Wertschöpfungsprozesses, zu verlagern. Ein originelles Beispiel, wie dies erreicht werden kann, wurde bereits in den siebziger Jahren bei einem namhaften japanischen Automobilhersteller praktiziert: Bei einem Pkw-Typ, der am Markt sowohl mit als auch ohne elektrischen Fensterheber angeboten wurde, war dennoch bei allen Modellen der Motor, der die Scheibe bewegt, in der Fahrertür eingebaut. Der Unterschied zwischen Fahrzeugen, die mit bzw. ohne elektrischen Fensterheber vermarktet wurden, lag lediglich darin, daß erstere über Schalter zur Bedienung dieser Motoren verfügten. Auf den ersten Blick sieht dies nahezu nach Verschwendung aus. In der Tat nahm das Unternehmen bewußt höhere Einzelkosten in Kauf, als es erforderlich gewesen wäre, denn die Motoren für diejenigen Modelle, die ohne elektrischen Fensterheber vermarktet wurden, hätte man natürlich einsparen können. Die Fertigungsingenieure hatten jedoch herausgefunden, daß aufgrund der nun nicht mehr gegebenen Notwendigkeit, in einer frühen Phase des Produktionsprozesses die Fahrzeuge mit bzw. ohne elektrischen Fensterheber voneinander zu trennen, erhebliche Gemeinkosteneinsparungen möglich waren.

Dieses Beispiel verdeutlicht einen *prinzipiellen Ansatzpunkt zur Beeinflussung des Freeze-points: Teile- und Materialstandardisierung.* Dieser Ansatz führt häufig dazu, bei den Einzelkosten etwas mehr auszugeben als prinzipiell notwendig wäre, um bei den Gemeinkosten dann deutlich höhere Einsparungen zu erzielen. Wir haben bereits in Abschnitt 5.2 auf dieses Instrument der Kostenbeeinflussung hingewiesen. Ergänzend sei noch angemerkt, daß Manager, die in der Logik der Zuschlagskalkulation denken (vgl. Tabelle 5-1, S. 161), große Probleme haben, solche Kostensenkungsansätze zu finden bzw. zu verstehen. Hierfür ist eine Denkweise in den Kategorien der Prozeßkostenrechnung erforderlich.

Auch durch die Einführung von *Gleichteilen* kann die angebotene Variantenvielfalt mit einer geringen Anzahl unterschiedlicher und somit letztlich kostengünstiger Teile hergestellt werden. Beispielsweise verwendet TOYOTA für seinen neuen Freizeitwagen 40 Prozent Gleichteile aus bestehenden Fahrzeugmodellen. Der Grundstein dafür ist bereits in der Konstruktion bei der Entwicklung des Produktes zu legen. Ein gutes Beispiel für den Einsatz von Gleichteilen ist die Verwendung der gleichen Schokoladenform für Osterhasen und Weihnachtsmänner. Lediglich die Folie legt die Variante fest und ist nunmehr die einzige Quelle von Rüstkosten.[14] Gerade die Minimierung der Rüstkosten durch Wechselvermeidung reduziert variantenabhängige Komplexitätskosten erheblich.[15]

Das gleiche Prinzip ist nicht nur auf der Ebene von Teilen, sondern auch auf der Ebene von Baugruppen anwendbar. Im Zusammenhang mit der Vereinheitlichung von Baugruppen spricht man auch häufig von *Modulbauweise*. Eine naheliegende Konsequenz einer solchen Modulbauweise ist das *Modular Sourcing*. Es sieht die Reduzierung der Zahl der Zulieferer auf einige wenige Modullieferanten vor, die ihrerseits die von den Sublieferanten gelieferten Teile zu Modulen zusammenführen. Auf diese Weise kann der Koordinationsaufwand erheblich reduziert werden. Wir gehen hierauf in Kapitel 7 detaillierter ein.

Ein fertigungstechnisches Instrument der Komplexitätsbeherrschung ist die *Fertigungssegmentierung*. Sie sieht eine weitgehende modulare Gestaltung der Produktion vor: Es werden nicht mehr alle Produkte mit ihren unterschiedlichen strategischen Ausrichtungen auf einer einzigen Fertigungslinie hergestellt.[16] Vielmehr werden konsequent voneinander getrennte, auf spezifische Wettbewerbsstrategien ausgerichtete *Produkt-Markt-Produktions-Kombinationen* gebildet. Die Fertigung orientiert sich am *Markt*. Eindeutige Verantwortungsbereiche, vereinfachte und flexibel modular aufgebaute Fertigungsverfahren führen zu geringeren Koordinationsaufwendungen. Dabei treten auch erhebliche Motivationswirkungen bei den Mitarbeitern auf.

Ein Beispiel für die Segmentierung der Fertigung nach Produkt-Markt-Aspekten liefert ein international tätiges Unternehmen der Maschinenbaubranche.[17] Das Unternehmen verfolgt aufgrund der Branchenstrukur (etablierte Produkte mit Differenzierung über Preis, Qualität und Lieferservice) die Strategie der Kostenführerschaft. Bisher wurden europaweit in fünf Standorten alle Produkte gleichermaßen gefertigt. Im Zuge einer Umstrukturierung wollte man eine nachhaltige Senkung der Herstellkosten, eine Verringerung der Durchlaufzeiten sowie eine Verbesserung des Qualitätsniveaus erreichen. Eine Analyse der Kriterien

---

14 Vgl. Schulte 1989, S. 64.
15 Vgl. zu dem Aspekt der Wechselvermeidung Rathnow 1993, S. 109.
16 Vgl. Wildemann 1994 (a), S. 47f.
17 Vgl. Wildemann 1994 (a), S. 9f.

- Höhe bzw. Konstanz des Fertigungsablaufs,
- Höhe bzw. Konstanz der Losgrößen,
- Produktabmessungen,
- Wettbewerbsorientierung und
- Spielraum bei Durchlaufzeiten und Lieferzeiten

führte zu drei Fertigungssegmenten A, B, und C. Im *Fertigungssegment A* wurde eine Kostenminimierungsstrategie verfolgt. Das Fertigungssegment charakterisierte sich durch ein hohes Produktionsvolumen, ein konstantes Produktmix, einen gleichbleibenden Fertigungsablauf und sehr große, konstante Losgrößen mit unterschiedlichen Durchlaufzeiten. Das zweite *Fertigungssegment B* wies hingegen ein wesentlich kundenspezifischeres Produktprogramm auf, woraus sich erhebliche Schwankungen des Absatzvolumens ergaben. Während im ersten Fertigungssegment eine Linienfertigung mit möglichst hoher Auslastungsquote (24 Stunden an sechs Tagen) gewählt wurde, erforderte das zweite Fertigungssegment ein wesentlich flexibleres Produktionssystem, das der gewählten Konzentrationsstrategie entsprach. Schließlich zeichnete sich das dritte *Fertigungssegment C* durch einen Einzelfertigungscharakter mit Differenzierungsstrategie (niedrige Losgrößen bei kleinen, schwankenden Volumina) im Hinblick auf kundenspezifische Anforderungen und höchste Qualität aus. Hochflexible Bearbeitungszentren wurden dafür aufgebaut. Organisatorisch ging man sogar soweit, die Fertigungssegmente in rechtlich und organisatorisch selbständige Werke aufzuteilen.

Der Erfolg dieser umfangreichen Restrukturierungsmaßnahmen zeigte sich in einer um 50 Prozent verringerten Durchlaufzeit (innerhalb von drei Jahren) und der Senkung der Bestände an Fertig- und Halbfertigerzeugnissen um 20 Prozent (innerhalb von zwei Jahren). Die Kostenvorteile einer flexiblen, segmentierten Fabrik verdeutlicht zusammenfassend Abbildung 5-9. Die durchschnittlichen Stückkosten steigen bei zunehmender Variantenvielfalt bei einer segmentierten im Vergleich zu einer herkömmlich organisierten Fabrik weniger stark an.[18]

Ein weiterer Aspekt, der im Zusammenhang mit der Bewältigung von Komplexität von grundlegender Bedeutung ist, bezieht sich auf das *Zusammenspiel zwischen der Breite der Produktpalette und der Fertigungs-*

18 Vgl. Wildemann 1990, S. 622.

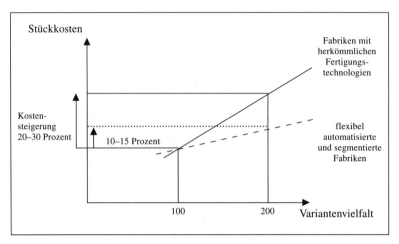

Abbildung 5-9: Kostenvorteile durch eine segmentierte Fabrik[19]

tiefe. Wir wollen dieses Problemfeld im folgenden an einem Beispiel verdeutlichen: Es geht um ein Unternehmen der Maschinenbaubranche, das trotz Marktführerschaft zu einem Sanierungsfall geworden war.

In Tabelle 5-4 sind relevante Daten für dieses Unternehmen sowie für neun Wettbewerber zusammengestellt. Eine erste grundsätzliche Aussage bezieht sich auf die Breite der Produktpalette, die die einzelnen Unternehmen vermarkten (von sehr eng bis sehr breit). Eine zweite wesentliche Größe ist die Fertigungstiefe. In diesem Zusammenhang wird zunächst zwischen Herstellern und Monteurunternehmen unterschieden. Bei letzteren handelt es sich um solche Unternehmen, die keine eigene Produktion haben. Sie kaufen fertige Produkte von den Herstellern ein und nehmen an diesen in einer kleinen Werkstattfertigung kundenspezifische Anpassungen vor. Sie haben somit eine geringere Fertigungstiefe als die Hersteller.

Bei den Herstellern ist weiter zu unterscheiden zwischen solchen mit bzw. ohne Basistechnologie. Mit Basistechnologie ist diejenige Technologie gemeint, bei der der Maschinenblock entsteht. Konkret handelt es sich hier um die beiden Technologien Gießen bzw. Schmieden. Einige der Hersteller führen diesen frühen Schritt in der Wertschöpfungs-

19 Quelle: Wildemann 1990, S. 623.

kette selbst durch, andere kaufen die gegossenen bzw. geschmiedeten Rohlinge von entsprechend spezialisierten Unternehmen zu. Hersteller mit Basistechnologie haben also unter den betrachteten Unternehmen die größte Fertigungstiefe.

Zusätzlich zu diesen Informationen sind noch die erzielten Umsatzvolumina im Durchschnitt der letzten drei Jahre sowie eine Tendenzaussage zur Rentabilität (ebenfalls im Durchschnitt der letzten drei Jahre) angegeben.

Wettbewerber	Breite der Produktpalette sehr breit/breit/ mittel/eng/ sehr eng	Fertigungstiefe			Umsatzvolumen (in Mio. DM)	Rentabilität
		Hersteller mit Basistechnologie	ohne	Monteur-unternehmen		
A	sehr eng	x			90	+
B	breit bis sehr breit			x	30	+
C	mittel	x			50	0/-
D	mittel			x	60	0
E	eng	x			75	+/0
F	sehr breit			x	80	+
G	eng		x		40	+
H	breit		x		55	-
I	mittel		x		40	-
Betrachtetes Unternehmen	sehr breit	x			110	-

Tabelle 5-4: Breite der Produktpalette, Fertigungstiefe, Umsatzvolumen und Rentabilität von zehn Wettbewerbern einer Maschinenbaubranche

Hinsichtlich der Situation des betrachteten Unternehmens stellt sich insbesondere die Frage nach den Ursachen der prekären Situation, trotz Marktführerschaft dauerhaft Verluste zu erwirtschaften. Zur näheren Analyse veranschaulicht Abbildung 5-10 die in Tabelle 5-4 enthaltenen Informationen nochmals graphisch. Hier wird eine gewisse Gesetzmäßigkeit im Hinblick auf die Profitabilität in dieser Branche deutlich: Profitable Unternehmen befinden sich im linken oberen Teil bzw. im rechten unteren Teil der Abbildung. Profitabilität kann also offensichtlich entweder auf der Basis eines breiten Produktprogramms mit entsprechend geringer Fertigungstiefe oder aber auf der Basis einer hohen Fertigungstiefe in Verbindung mit einem eng eingegrenzten Produktprogramm erzielt werden. Alle Unternehmen, die sich nicht bezüglich einer dieser beiden Größen beschränken (d. h. Unternehmen, die tendenziell im rechten oberen Teil der Abbildung positioniert sind), haben Rentabilitätsprobleme. Dies gilt insbesondere auch für das betrachtete Unternehmen.

Ähnliche Beobachtungen haben wir in zahlreichen Unternehmen gemacht: Der Versuch, dem Markt einerseits möglichst viel zu bieten und andererseits davon auch noch vieles selbst herzustellen, führt nahezu zwangsläufig zu Kostenproblemen. Beide Dimensionen beeinflussen nachhaltig die Koordinationskosten im Unternehmen, sind somit letztlich als Kostentreiber einzustufen. Hohe Werte bezüglich beider Größen erhöhen nachhaltig die Wahrscheinlichkeit, daß es mittelfristig zu einer Kostenexplosion im Unternehmen kommt. Die grundlegende Empfehlung lautet also in diesem Zusammenhang, daß man, wenn man ein hohes Maß an Komplexität in der Produktpalette akzeptiert, bei der Fertigungstiefe Abstriche machen sollte, um so die Komplexitätskosten zu beherrschen und im Rahmen zu halten.

Zu diesem Beispiel erscheint uns noch eine letzte Anmerkung angebracht: Das betrachtete Unternehmen, das zu einem Sanierungsfall geworden war, wies eine recht interessante Historie auf. Es hatte über mehrere Jahre hinweg reale Umsatzsteigerungen zu verzeichnen, allerdings wuchsen die Verluste mit. Hintergrund dieser Entwicklung war die Tatsache, daß das Wachstum im Unternehmen im wesentlichen durch eine vollkommen unkritische Hereinnahme von Varianten in das Produktprogramm erreicht wurde. Dies führte mittelfristig zu einer Kostenexplosion im Unternehmen. Es wurde gewissermaßen »Wachstum um jeden Preis« praktiziert. Wir sind durchaus der Meinung, daß dies ein recht weit verbreitetes Problem ist. In zahlreichen Unternehmen herrscht u. E. eine zu unkritische Einstellung gegenüber dem Phänomen Wachstum. Natürlich ist Wachstum prinzipiell ein positives Phänomen. Allerdings ist es langfristig nur gesund, wenn es auf echten Wettbewerbsvorteilen und Markterfolgen basiert. Wachstum, das auf einem unkontrollierten Variantenwildwuchs basiert, führt langfristig, wie unser Beispiel nachdrücklich gezeigt haben sollte, zu massiven Kostensteigerungen, die die Umsatzsteigerung bei weitem überwiegen können.

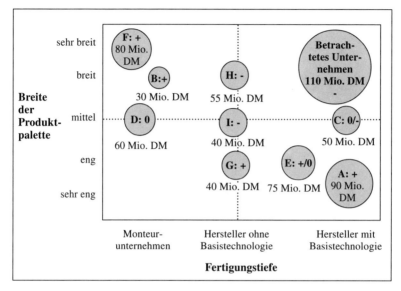

Abbildung 5-10: Rentabilität der zehn Wettbewerber in Abhängigkeit von Fertigungstiefe und Breite der Produktpalette

6. Rabatte und Boni: Die entgangenen Erlöse

Preispolitische Entscheidungen werden in vielen Unternehmen recht unsystematisch gefällt. Aufgrund der Schwierigkeit, die langfristigen Auswirkungen von Preissenkungen abzuschätzen, erliegt man oftmals allzu schnell der Versuchung, durch preisliche Maßnahmen kurzfristige Umsatzsteigerungen zu erzielen. In einem Buch über Kostenmanagement kann dieses Problemfeld nicht umfassend behandelt werden. Ein spezielles Resultat dieser Problematik soll uns hier allerdings beschäftigen: In vielen Unternehmen ist die Diskrepanz zwischen den (z.B. in Preislisten festgelegten) Bruttopreisen und den tatsächlich erzielten Preisen beträchtlich. Das gilt insbesondere in Unternehmen, die an große Firmenkunden (Händler oder Produktnutzer) verkaufen. Spannen von bis zu 60 Prozent zwischen Listenpreisen und tatsächlich erzielten Preisen sind keine Seltenheit.

Wir interessieren uns in diesem Kapitel speziell für die Diskrepanz zwischen Nettopreis und tatsächlich erzieltem Preis, d. h. für die *Erlösschmälerungen*. Nach unseren Erfahrungen und Beobachtungen basieren längst nicht alle Zugeständnisse, die den Kunden in Form von Rabatten oder Boni gewährt werden, auf Markterfordernissen. Hier wird häufig durch ein unsystematisches Management des Konditionensystems Geld verschenkt. Unnötige Rabatte und Boni stellen im weiteren Sinne durchaus auch Kosten dar, so daß Ansätze zu deren Vermeidung sinnvoll unter dem Begriff des Kostenmanagements eingeordnet werden können.

Im ersten Abschnitt dieses Kapitels skizzieren wir das Problemfeld. Grundsätze zur Gestaltung eines Konditionensystems mit dem Ziel der weitgehenden Vermeidung von nicht markterforderlichen Rabatten und Boni werden im zweiten Abschnitt dargestellt.

6.1 Das Problemfeld

Im Zusammenhang mit Erlösschmälerungen unterscheiden wir zwischen Rabatten und Boni. Rabatte sind solche Preisnachlässe, die dem Kunden bereits bei Rechnungstellung gewährt werden. Im Gegensatz hierzu werden Boni rückwirkend vergütet. So ist es zum Beispiel im handelsorientierten Marketing üblich, einem Handelsunternehmen bei Erreichen eines gewissen Absatzvolumens (z. B. bezogen auf einen Zeitraum von einem Jahr) einen Bonus zu gewähren. Dieser wird allerdings nicht unterjährig mit den Rechnungen gewährt, sondern erst rückwirkend. Je nach Ursache der Gewährung lassen sich unterschiedliche Formen von Rabatten und Boni unterscheiden.

Funktions- oder Stufenrabatte werden dem Handel von den Herstellern für bestimmte Handelsleistungen (Lagerung, Präsentation, Beratung) gewährt. Je höher der Rabatt, desto eher wird das Handelsunternehmen das Produkt in sein Sortiment aufnehmen; gleichzeitig verringert sich die Gewinnspanne des Herstellers.

Der *Mengenrabatt* kommt bei einer Abnahme großer Mengen zum Tragen. Der Vorteil des Herstellers durch die erreichten Economies of Scale kann an den Kunden zu einem bestimmten Anteil weitergegeben werden. Bei einem Mengenrabatt spricht man auch von einer nichtlinearen Preisbildung, da der tatsächlich zu zahlende Durchschnittspreis mit steigender Abnahmemenge sinkt.[1] Verschiedene Mengenrabattformen haben sich weitgehend etabliert:

– Bei einer *durchgerechneten Rabattstaffel* wird der Rabattsatz auf die gesamte Bezugsmenge angewendet. Beim Kauf von z. B. 10 000 Schrauben erhält der Kunde einen achtprozentigen Rabatt auf den Bruttolistenpreis. Bei der Abnahme von ca. 15 000 Stück sind es zehn Prozent und beim Kauf von 20 000 Schrauben sogar 12 Prozent Rabatt. Modifizierte Formen von durchgerechneten Rabattstaffeln finden sich beispielsweise im Lebensmittelbereich, wenn dem Verbraucher größere Verpackungen relativ gesehen zu einem niedrigeren Preis angeboten werden.
– Ist der Rabatt hingegen nur für das angegebene Mengenintervall gültig, handelt es sich um einen *angestoßenen Mengenrabatt*. Ein Beispiel: Der Stückpreis eines Werbegeschenkkugelschreibers bei einer Abnahmemenge von 300 Stück beträgt 0,99 DM. Die nächsten 100 Stück (innerhalb derselben Bestellung) werden zu einem Preis von 0,92 DM angeboten. Entscheidet sich der Kunde für eine Abnahmemenge von 500 Stück, beträgt der Kaufpreis für die letzten 100 Stück nur noch 0,88 DM.

---

1 Vgl. im folgenden Simon/Tacke 1992, S. 51ff.

– *Bonusprogramme* sind eine weitere Sonderform des Mengenrabatts.
Vor allem bei Fluggesellschaften sind in den letzten Jahren Frequent-
Flyer-Programme entwickelt worden, die bei einer bestimmten Anzahl geflogener Meilen diverse Vergünstigungen (z. B. Freiflug, Wo-
chenendreisen in eine europäische Großstadt incl. Übernachtung etc.)
anbieten.

– Eine andere Form, Mengenrabatte zu gewähren, liegt in *Blocktarifen*.[2]
Ein Blocktarif setzt sich aus einem Grundtarif und einem mengen-
abhängigen Tarif zusammen. Beispiele hierfür findet man u. a. im
Telefonbereich: Für die Nutzung eines (stationären oder mobilen)
Telefons bezahlt man im Regelfall einen monatlichen Fixbetrag so-
wie einen Betrag pro Einheit. Der Mengenrabattcharakter wird deut-
lich, wenn man sich veranschaulicht, daß der Durchschnittspreis je
Einheit mit zunehmender Nutzung des Telefons abnimmt.

Weitere Rabattformen sind

– Treuerabatte,
– Exklusivitätsrabatte,
– zeitabhängige Rabatte sowie
– aktionsbezogene Rabatte.

Häufig gelangen verschiedenste Rabatt- und Bonusformen parallel zueinander im Unternehmen zur Anwendung. Das Resultat kann dann eine
sogenannte *Preistreppe* sein: Sie veranschaulicht das zunehmende »Ab-
bröckeln« des Bruttopreises hin zum sogenannten Pocketpreis. Dabei
handelt es sich um den tatsächlich, d. h. nach Abzug aller Rabatte und
Boni, erzielten Preis. Eine Zwischenstufe ist der Rechnungspreis, in dem
Minderungen des Bruttopreises durch Rabatte, nicht aber durch Boni
berücksichtigt sind. Abbildung 6-1 zeigt die Struktur einer solchen Preistreppe am Beispiel eines Herstellers von technischen Gebrauchsgütern.

Die zentrale Frage bei einem derart komplexen Konditionensystem
liegt darin, inwieweit die einzelnen Rabatt- und Bonusformen tatsächlich markterforderlich sind. Wir haben immer wieder beobachtet, daß
derartige Preistreppen nur zum Teil auf Markterfordernissen basieren.
Häufig ist eine solche Preistreppe auch das Resultat eines sehr alten

---

2 Vgl. Simon/Tacke 1992, S. 54.

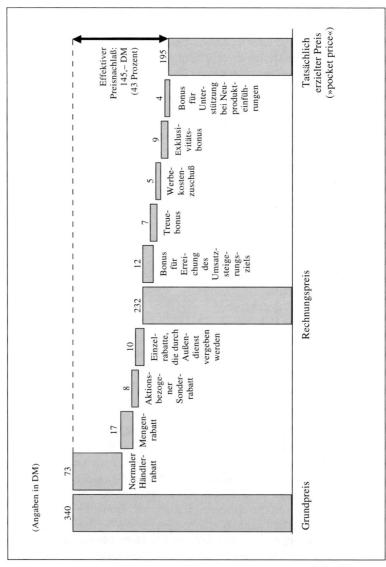

Abbildung 6-1: Preistreppe am Beispiel eines Herstellers von technischen Gebrauchsgütern

Konditionensystems, das über Jahre hinweg vollkommen erodiert ist. Ein typischer Indikator eines solchen Erosionsproblems liegt darin, daß einzelnen Rabattformen ursprünglich gewisse Leistungen entgegenstanden, die heutzutage nicht mehr erbracht werden. Der Rabatt oder Bonus wird allerdings weiterhin gewährt. Besonders bei Kunden, mit denen langfristige Geschäftsbeziehungen existieren, entsteht mit der Zeit eine Art »Gewohnheitsrecht«, was einmal gewährte Rabatte und Boni betrifft. Als Resultat dieser Entwicklung birgt die Preistreppe in zahlreichen Unternehmen beträchtliche Potentiale zur Verminderung von Erlösschmälerungen.

6.2 Grundsätze der Gestaltung eines Konditionensystems

Der Schlüssel zu einem effektiven Management der Preistreppe liegt in der Gestaltung des Konditionensystems. Hierunter verstehen wir die Gesamtheit aller Regeln im Unternehmen, nach denen Rabatte und Boni gewährt werden. Nach unseren Erfahrungen kann bereits die Befolgung weniger zentraler Grundsätze nachhaltige Erfolge mit sich bringen. Diese Grundsätze sollen im folgenden kurz erläutert werden.

Kundensegmentierung: Ein leistungsstarkes Konditionensystem muß auf einer aussagefähigen Segmentierung der Kunden basieren. Es ist der Grundsatz anzuwenden, daß Kunden verschiedener Segmente unterschiedliche Rabatte und Boni gewährt werden. Basis einer solchen Segmentierung können z. B. die ABC-Analyse oder das Kundenportfolio (vgl. jeweils Kapitel 3) sein. Sehr konsequent fanden wir diesen Ansatz bei einem Chemieunternehmen realisiert, dessen Konditionensystem wir vor kurzem begutachteten: Auf der Basis eines Kundenportfolios waren für die einzelnen Kundenkategorien klare Konditionen-Richtlinien definiert worden. So war beispielsweise niedergelegt, daß der Rabatt für einen Starkunden maximal 25 Prozent des Bruttopreises betragen durfte, während für Mitnahmekunden keinerlei Rabatte über den Skonto hinaus zugelassen waren.

Eine solche Kundensegmentierung muß zumindest folgenden Anforderungen genügen:

- Die einzelnen Segmente müssen hinreichend trennscharf definiert sein.

- Die Zuordnung der Kunden zu den verschiedenen Segmenten muß weitgehend klar sein.
- Es muß mit vertretbarem Aufwand möglich sein, die einzelnen Segmente differenziert anzusprechen.
- Die Segmentierung muß eine gewisse zeitliche Stabilität aufweisen.

Der Aspekt der Segmentierung ist von außerordentlicher Wichtigkeit für die erfolgreiche Anwendung eines Konditionensystems. Dies verdeutlicht man sich sehr leicht anhand des sogenannten *Preisbandes*. Hierunter versteht man das Intervall zwischen dem niedrigsten und dem höchsten erzielten Preis für ein bestimmtes Produkt oder für eine bestimmte Dienstleistung. Eine diesbezügliche Untersuchung ergab beispielsweise Preisunterschiede (zwischen höchstem und niedrigstem Preis) von 35 Prozent bei einem Hersteller von Fußbodenbelägen, 60 Prozent bei einem Hersteller von Beleuchtungszubehör und sogar 200 Prozent bei einem Chemieunternehmen.[3] Abbildung 6-2 zeigt das Preisband am Beispiel eines Herstellers von Autobatterien. Es reicht von 14 bis 26 $. Die prozentuale Differenz zwischen Niedrigst- und Höchstpreis beträgt somit ca. 50 Prozent. Es ist ganz offensichtlich, daß eine solche Struktur eine Menge potentieller Probleme beinhaltet. Dies gilt insbesondere dann, wenn der erheblichen Preisdifferenzierung keine klare Segmentierung zugrunde liegt: Werden derart unterschiedliche Preise ohne klare Regeln in ein- und demselben Kundensegment angewendet, so ist eine katastrophale Entwicklung am Markt nahezu vorprogrammiert.

Leistungsorientierung: Im Grundsatz muß gelten, daß jede Rabatt- oder Bonusleistung an eine entsprechende Gegenleistung gekoppelt ist. So sollte beispielsweise ein Handelsrabatt nur dann gewährt werden, wenn der Kunde (d. h. der Händler) die Handelsfunktion auch tatsächlich wahrnimmt. Hierzu zählt insbesondere die Lagerhaltung. Leistungsorientierung meint auch, daß klar zu definieren ist, wie die jeweilige Leistung gemessen wird. Letztlich geht es auch darum, eine solche Leistungsüberprüfung regelmäßig vorzunehmen.

Komplexitätsbegrenzung: Es ist darauf zu achten, daß die Zahl der verwendeten Kriterien und somit das Spektrum möglicher Rabatt- und Bonuskonstellationen überschaubar bleibt. Eine zu hohe Komplexität

---

3 Vgl. Marn/Rosiello 1993, S. 51.

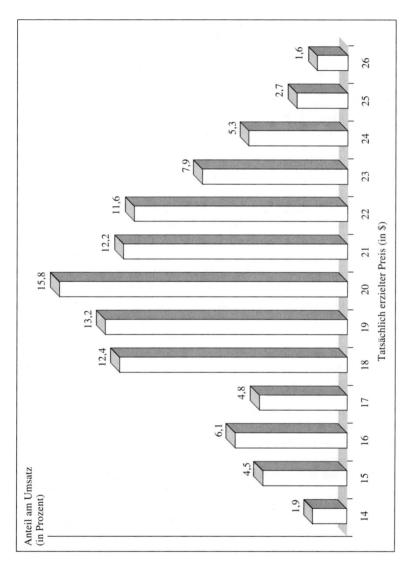

Abbildung 6-2: Preisband am Beispiel eines Herstellers von Autobatterien[4]

4 Quelle: Marn/Rosiello 1993, S. 50.

kann zu unvertretbar hohen Kosten im Zusammenhang mit der Anwendung des Konditionensystems führen. Außerdem steigt die Fehleranfälligkeit mit zunehmender Komplexität.

Transparenz nach außen: Den Kunden sollte verdeutlicht werden, welche Kriterien zur Vergabe von welchen Rabatten und Boni führen. Diese Offenheit macht sich bezahlt: Intransparenz führt in einem so sensiblen Umfeld letztlich nur zu Mißtrauen.

Transparenz nach innen: Wir haben festgestellt, daß die interne Information über das Rabatt- und Bonussystem sowie die dadurch bewirkten Resultate (z. B. Preistreppe und Preisband) in vielen Unternehmen mangelhaft ist. Häufig existiert überhaupt kein Preisinformationssystem. In anderen Fällen wird lediglich der Rechnungspreis regelmäßig analysiert. So erheben zahlreiche Unternehmen beispielsweise einen Nachlaßfaktor, der sich aus dem Quotienten des Rechnungspreises durch den Bruttopreis ermittelt. Diese Größe gibt jedoch nur Auskunft über das Rabattvolumen in einem bestimmten Zeitraum. Nach der Rechnungsstellung gewährte Boni werden häufig nicht systematisch aufbereitet. Darüber hinaus stellt man häufig fest, daß es auch sehr schwierig ist, diese Informationen im Einzelfall zusammenzutragen. Erfolgt die Marktbearbeitung über den Handel, so ist es beispielsweise gängige Praxis, daß Werbekostenzuschüsse irgendwo im Marketingetat verbucht werden. Diese interne Transparenzproblematik trägt wesentlich dazu bei, daß die Erosion des Konditionensystems in Unternehmen häufig übersehen wird.

Konsequenz in der Anwendung: Es ist eine unerläßliche Komponente eines erfolgreichen Konditionenmanagements, das definierte System konsequent umzusetzen. Erfahrungsgemäß macht dies immer dann Probleme, wenn ein Kunde eine im Zusammenhang mit einem Rabatt stehende Leistung nicht (mehr) erfüllt. In diesem Fall ist es unerläßlich, die Gewährung des relevanten Rabattes nicht vorzunehmen. Dies mag zwar im Einzelfall schwierig und konfliktintensiv sein, die Verletzung dieses Grundsatzes führt jedoch mittelfristig zu einem Verlust an Glaubwürdigkeit, der bei weitem schwerer wiegt.

Einbau angemessener Ermessensspielräume: Auch das raffinierteste Konditionensystem wird nicht verhindern können, daß im Tagesgeschäft Entscheidungen zwingend erforderlich werden, die über den im System definierten Rahmen hinausgehen. Konzipiert man ein vollkommen starres System, so bedeutet die erste Gewährung eines zusätzlichen Rabattes bereits eine Außerkraftsetzung des Systems. Hiermit wird ein gefährliches unternehmensinternes sowie -externes Signal gesetzt. Es wird nämlich prinzipiell signalisiert, daß das System zur Disposition steht. Vor diesem Hintergrund empfiehlt es sich, einen gewissen Ermessensspielraum in das System einzubauen. So sehen leistungsfähige Konditionensysteme beispielsweise eine klar eingegrenzte Rabattbefugnis für den Außendienst vor. Auf diese Weise erlaubt das System dem Außendienst ein Reagieren auf Besonderheiten im Tagesgeschäft.

Akzeptanz des Panta-rhei-Prinzips: Auch wenn ein Konditionensystem noch so gut durchdacht ist, ergibt sich unter den heutigen dynamischen Marktbedingungen nach einer gewissen Zeit zwangsläufig die Notwendigkeit einer größeren Anpassung an die geänderten Marktverhältnisse. Es ist heute illusorisch davon auszugehen, daß man ein Konditionensystem für einen Zeitraum von zehn Jahren festlegen kann. Unsere Erfahrungen haben gezeigt, daß spätestens alle drei bis vier Jahre ein grundsätzlicher Überarbeitungsbedarf besteht. Es empfiehlt sich, diese grundsätzliche Erkenntnis, daß alles im Fluß ist (panta rhei, griechisch, bedeutet »alles fließt«), zu akzeptieren. Hieraus folgt, daß man den Veränderungsbedarf proaktiv angehen sollte und nicht erst dann mit einer Anpassung des Systems reagieren darf, wenn es ganz offensichtlich nicht mehr marktfähig ist.

Ein Konditionensystem, das den soeben formulierten Anforderungen entspricht, ist in den Tabellen 6-1 und 6-2 dargestellt. Es wurde vor einiger Zeit bei einem Hersteller von technischen Gebrauchsgütern entwickelt. Die Produkte des Herstellers werden nahezu ausschließlich über Fachhändler vertrieben. Diese werden anhand der in Tabelle 6-1 dargestellten Kriterien in drei Kategorien aufgeteilt. Auf der Basis dieses Systems erfolgt jährlich eine Einstufung der einzelnen Handelsunternehmen. Die Erfüllung *aller* Kriterien ist erforderlich, um als A-Händler klassifiziert zu werden. Die Rabatte und Boni, die in den jeweiligen Kategorien gewährt werden, sind in Tabelle 6-2 dargestellt.

»Schön und logisch – aber gegenüber dem Handel nicht durchzusetzen« – dieser Einwand mag Lesern aus Unternehmen, die sich einer stark konzentrierten Handelslandschaft mit dem entsprechenden Machtübergewicht auf der Handelsseite gegenüber sehen (z. B. Unternehmen der Konsumgüterindustrie), nach der Lektüre dieses Kapitels auf der Zunge liegen. Wir sehen diese Durchsetzungsproblematik durchaus – man wird in der praktischen Anwendung der aufgeführten Grundsätze immer wieder Abstriche machen müssen. Diese Problematik darf aber nicht dazu führen, daß ein Unternehmen im Hinblick auf seine Rabatt- und Bonusgestaltung überhaupt kein System hat. Langfristig gesehen ist die Position auch gegenüber einem sehr großen Handelskunden besser, wenn man sich an einem klar definierten System orientiert.

Kriterium \ Händlerkategorie	A	B	C
Umsatz mit der relevanten Produktgruppe im Vorjahr	10 Mio. DM	5 Mio. DM	1 Mio. DM
Lagerhaltung	Kernsortiment, Randsortiment I und II werden bevorratet	Kernsortiment und Randsortiment I werden bevorratet	Kernsortiment wird bevorratet
Bereitschaft zur Kooperation bei Werbung gefordert	ja	ja	nein
Mindestauftragswert	45 000,- DM	20 000,- DM	5 000,- DM

Tabelle 6-1: Händlersegmentierung als Basis für ein Konditionensystem eines Herstellers von technischen Gebrauchsgütern

Rabattart \ Händlerkategorie	A	B	C
Normaler Händlerrabatt	21–25 %	18–21 %	15–17 %
Mengenrabatt	ab 100 000,– DM 2 % ab 200 000,– DM 3 %		–
Aktionsbezogener Sonderrabatt	3–5 % abhängig von Dauer und Volumen der Aktion	3–5 % abhängig von Dauer und Volumen der Aktion	–
Einzelrabatte, die durch Außendienst vergeben werden	4–5 %	3 %	–
Bonus für Erreichung des Steigerungsziels (Basis: Absatz des Vorjahres)	mindestens 20prozentige Absatzsteigerung: 7 % mindestens 15prozentige Absatzsteigerung: 6 % mindestens 10prozentige Absatzsteigerung: 5 %		bezogen auf die Steigerung gegenüber Vorjahr
Treuebonus	4–5 %	3 %	–
Werbekostenzuschuß	bis zu 50 % der nachgewiesenen Kosten	bis zu 30 % der nachgewiesenen Kosten	–
Exklusivitätsbonus	5 %	4 %	–
Bonus für Unterstützung bei Neuprodukteinführungen	2–3 % (Basis: Umsatz mit dem neuen Produkt)	2–3 %	–

Tabelle 6-2: Konditionensystem eines Herstellers von technischen Gebrauchsgütern

7. Kostenmanagement in der Beschaffung

Änderungen des unternehmerischen Umfeldes, die es zunehmend erschweren, absatzseitige Gewinnerschließungspotentiale zu realisieren, führen in jüngerer Zeit dazu, daß sich eine Vielzahl von Unternehmen in zunehmendem Maße auf Kostensenkungspotentiale besinnt, die im Beschaffungsbereich liegen. Diese Tendenz wird durch eine Reduktion der Wertschöpfungstiefe in zahlreichen Unternehmen zusätzlich gefördert, die gleichbedeutend ist mit einer *Steigerung der Materialintensität*, also dem wertmäßigen Anteil an Zukaufteilen an den Kosten eines Endproduktes. Eine Vorreiterrolle scheint hier die Automobilindustrie zu spielen.[1] Beispielsweise geht die deutsche Automobilindustrie von einer Fertigungstiefe (gemessen durch den Anteil der Eigenfertigungskosten an den gesamten Herstellkosten) von 40,2 Prozent im Jahr 1995 aus, während dieser Wert 1987 noch bei 46,3 Prozent lag.[2] Die Fertigungstiefen japanischer Automobilhersteller liegen noch deutlich darunter.[3] Cammish/Keough berichten, daß das durchschnittliche Einkaufsvolumen produzierender Unternehmen in den USA mittlerweile mit ca. 60 Prozent des Umsatzes doppelt so hoch ist wie vor 30 Jahren.[4]

Bei zunehmender Bedeutung des Kostenblocks »Materialkosten« wird eine effektive und effiziente Abwicklung der Beschaffung immer wichtiger. Dies geht einher mit einer Umorientierung des zentralen Ziels der Beschaffung. Stand bislang zumeist die Erzielung eines möglichst geringen Beschaffungspreises für den benötigten Input-Faktor im Mittelpunkt, so findet nun in höherem Maße eine Fokussierung auf die Gesamtkosten der Beschaffung statt.

In Abschnitt 7.1 gehen wir daher zunächst auf die unterschiedlichen Kosten ein, die Verantwortliche in der Beschaffung neben dem Preis zu berücksichtigen haben. Eine *Systematik der Beschaffungskosten* soll für mehr Transparenz in der Beschaffung sorgen. Bevor die Beschaffungsabteilung aktiv wird, ist eine vorgelagerte Entscheidung über Selbstfertigung oder Fremdbezug *(Make-or-buy-Entscheidung)* zu fällen, wor-

---

1 Vgl. Homburg 1995 (c), S. 814.
2 Vgl. Melchert 1992, S. 1.
3 Vgl. Jünnemann 1989, S. 85.
4 Vgl. Cammish/Keough 1991, S. 23.

auf wir in Abschnitt 7.2 eingehen werden. Instrumente zur Beeinflussung der in Abschnitt 7.1 skizzierten Kosten setzen im wesentlichen bei den Lieferanten und den Mitarbeitern an. Das *Lieferantenmanagement* und das *Management der Mitarbeiterstruktur* sind Ansätze, diese Kosten nachhaltig zu senken. Die Abschnitte 7.3 und 7.4 beziehen sich jeweils auf einen dieser Bereiche. Weitgehend ausgeklammert bleibt dagegen der Aspekt der Kostensenkung über niedrigere Einkaufspreise. Die Nutzung dieses Instruments hängt stark von der Verhandlungsposition eines Unternehmens gegenüber seinen Zulieferern ab. Abschließend stellen wir in Abschnitt 7.5 ein *Kennzahlensystem* vor, das die kostenorientierte Steuerung des Einkaufsbereichs unterstützen kann.

7.1 Systematik der Beschaffungskosten

Nicht selten entpuppen sich preisgünstige Angebote im nachhinein als zeit- und kostenintensive Probleme. Höhere Logistikkosten, verstärkte Reparaturen nach Ablauf der Gewährleistung und geringere Serviceleistungen lassen den vordergründigen Preisvorteil dahinschmelzen. Deswegen sind in einer Systematik der Beschaffungskosten sämtliche Kosten zu erfassen, die bei dem Fremdbezug einer Leistung für das einkaufende Unternehmen entstehen. Die Gesamtkosten der Beschaffung lassen sich einteilen in die »Costs of Ownership« auf der einen und Kosten des Lieferantenmanagements auf der anderen Seite.

Neben dem tatsächlich bezahlten Preis für einen Input-Faktor fallen unter die *Costs of Ownership* insbesondere Handlingkosten, die vor, während bzw. nach der Nutzung des Input-Faktors entstehen. Wichtige Komponenten sind Kosten

- der Qualitätssicherung,
- der Logistik,
- des Transports,
- der Lagerhaltung und
- der Entsorgung.

Die Costs of Ownership zeichnen sich durch einen relativ regelmäßigen Anfall und ihre Abhängigkeit insbesondere von der Menge und der Beschaffenheit des bestellten Gutes aus.

Tabelle 7-1 zeigt beispielhaft die Kalkulation zuliefererspezifischer Handlingkosten. Für die Tätigkeiten in den genannten Bereichen wurden über eine Prozeßkostenrechnung die Stückkosten pro Tätigkeit ermittelt. Das Unternehmen identifizierte im Beispielfall vier Stellen, in denen Tätigkeiten verrichtet wurden, die im Zusammenhang mit der Bereitstellung der Produkte stehen. Diese Tätigkeiten waren bisher als Materialgemeinkosten über eine Zuschlagskalkulation den Produkten zugeordnet und nicht näher analysiert worden. Im einzelnen handelt es sich bei der Warenannahme um das Abladen der Ware, das Um- und Auspacken sowie um das Rücksenden bei schadhaft gelieferter Ware. Neben dem unternehmensinternen Transport ist das Ein- und Auslagern im Lager zu berücksichtigen. Schließlich kommt die Wareneingangskontrolle bei der Qualitätssicherungsstelle hinzu. Unabhängig von den Tätigkeiten in den einzelnen Stellen sind beispielsweise Kapitalbindungskosten sowie Schwund oder Verderb zu kalkulieren. Insgesamt sind im Beispielfall 5,60 DM auf den Preis des bestellten Produktes hinzuzurechnen. Es liegt auf der Hand, daß gerade bei geringwertigen Einkaufsgütern die Handlingkosten im Vergleich zum Einkaufspreis substantielle, gelegentlich sogar dominante Bedeutung haben können.

Durchlaufstelle	Tätigkeit	Kosten je Stück (in DM)	Forderung an Zulieferer
Warenannahme	Abladen Um-/Auspacken Rücksendungen Leihverpackungen	2,50	Behälterkonzept mit Kunden abstimmen
Transport	Fahren, Auf-/Abladen	1,40	Norm-Verpackung verwenden
Lager	Ein-/Auslagern Kapitalbindung Schwund/Verderb	0,50 0,20 0,30	Just-in-Time Pufferlager Konsignationslager
Qualitätssicherung	Eingangskontrolle	0,70	Ware mit Prüf- zertifikat anliefern
		ges. 5,60	

Tabelle 7-1: Beispiel einer Kalkulation zuliefererspezifischer Handlingkosten[5]

5 Quelle: Riffner 1995 (b), S. 39.

Gegenüber den Costs of Ownership enthalten die *Kosten des Lieferantenmanagements* vornehmlich unregelmäßig anfallende Kosten wie z. B. solche

- der Lieferantenwahl,
- der Lieferantenförderung und -bewertung (auch Zertifizierung) oder
- der Pflege der Geschäftsbeziehung.

Offensichtlich hängen diese Kosten recht stark von der Zahl und der Qualität der Lieferanten eines Unternehmens ab (vgl. auch Abschnitt 7.3).

Die entwickelte Kostensystematik ist u. E. von grundsätzlicher Bedeutung. Unternehmen sollten sich bei beschaffungspolitischen Entscheidungen sehr stark der Tatsache bewußt sein, daß es neben dem eigentlichen Einkaufspreis auch weitere zu berücksichtigende Kosten gibt. Wir haben in zahlreichen Unternehmen beobachtet, daß Beschaffungsentscheidungen zu stark auf den Einkaufspreis als Entscheidungsparameter konzentriert sind. Dies hat zum einen die Ursache, daß die Handlingkosten und die Kosten des Lieferantenmanagements viel weniger transparent sind als der Einkaufspreis. Zum zweiten fällt ein wesentlicher Teil dieser Kosten außerhalb des Verantwortungsbereichs der Beschaffungsmanager an (zum Beispiel in der Produktion). Konzentriert sich die Leistungsbeurteilung im Beschaffungsbereich im wesentlichen auf das Erzielen günstiger Einkaufspreise, so wird ein Einkaufsmanager wenig Neigung verspüren, bei entsprechenden Entscheidungen Kosten, die in einem anderen Bereich anfielen, zu berücksichtigen.

Wie bedeutend die von uns propagierte Gesamtkostenbetrachtung sein kann, verdeutlicht ein Beispiel, auf das wir vor einiger Zeit in einem großen deutschen Chemieunternehmen stießen (Abbildung 7-1). Im Rahmen einer Beschaffungsentscheidung standen hier zwei Lieferanten zur Auswahl: Im Fall von Lieferant A war die Belieferung aus einem mitteleuropäischen Produktionsstandort vorgesehen, im Fall von Lieferant B aus einem asiatischen Produktionsstandort. Zu konstatieren ist zunächst ein substantieller Preisvorteil des Angebots aus Asien. Es ist um fast 50 Prozent billiger. Eine detaillierte Analyse der anfallenden Handlingkosten sowie der Kosten des Lieferantenmanagements ergab allerdings, daß diese bei dem asiatischen Zulieferer jeweils um ca. 50 Prozent höher als bei dem europäischen Lieferanten waren. In Summe lagen die beiden Angebote in etwa auf dem gleichen Kostenniveau (vgl. Abbildung 7-1). Im vorliegenden Fall entschloß man sich daher unter zusätzlicher Berücksichtigung des Beschaffungsrisikos dazu, mit Lieferant A dauerhaft zusammenzuarbeiten.

Wir haben bereits erwähnt, daß in den meisten Unternehmen hinsichtlich der Handlingkosten sowie der Kosten des Lieferantenmanagements ein massives Transparenzproblem existiert: Diese Kosten gehören überwiegend zum Block der Produktions- bzw. Materialgemeinkosten, die im Regelfall über einen Zuschlagmechanismus den Produkten zugeordnet und nicht mehr analysiert werden. Die Erlangung einer höheren Kostentransparenz setzt nach unseren Erfahrungen die Anwendung von Methoden der Prozeßkostenrechnung voraus.

Der Einkauf erhält hierdurch darüber hinaus eine verursachungsgerechtere Zuordnung der Materialgemeinkosten, womit er zielgerich-

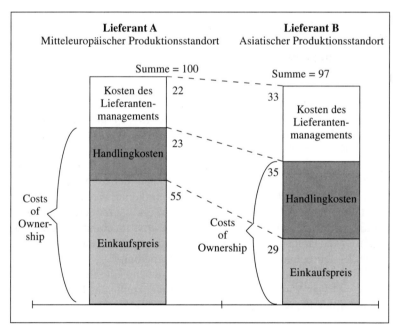

Abbildung 7-1: Zwei Zulieferer eines Chemieunternehmens im Gesamtkostenvergleich

teter auf eine Reduzierung der Gesamtkosten hinarbeiten kann. Die detaillierte Tätigkeitsanalyse ist außerdem Grundlage, um in Zusammenarbeit mit dem Zulieferer direkt auf die Prozesse Einfluß zu nehmen und damit die Kosten zu reduzieren.

Am Beispiel eines international tätigen Konzerns der Computerbranche soll der Einsatz der Prozeßkostenrechnung im Beschaffungs- und Logistikbereich demonstriert werden.[6] Das Unternehmen hatte einen starken Anstieg der Kosten im Beschaffungs- und Logistikbereich registriert und suchte nach einem Instrument, Transparenz in die Kosten und Leistungen dieser Bereiche zu bringen. Mit der Prozeßkostenrechnung sollten u. a. folgende Fragen beantwortet werden:

– Was kostet eine Lagertransaktion?
– Was kostet ein neuer Lieferant?
– Wie teuer ist eine Bestellung im Einkauf?

Die für die Prozeßkostenrechnung erforderlichen Prozesse und *Cost Driver* waren aus dem Einkauf, dem Lager, dem Materialingenieurwesen, der Produktionsplanung, der Dokumentation, der Kommissionierung und dem Versand zu ermitteln. Die Prozeßstruktur ist aus den genannten Bereichen bereits ersichtlich. Der erste und aufwendigste Schritt einer Prozeßkostenrechnung war die Tätigkeitsanalyse, die in Zusammenarbeit mit den obengenannten Bereichen erfolgte. Auf der Basis der vorhandenen Kostenstelleneinteilungen wurden nun Teilprozesse definiert, die die Kostenstellenleistungen in ihren operativen Tätigkeiten widerspiegelten. Tätigkeitsanalysen können allgemein durch Sekundäranalysen, also durch Auswertungen von vorhandenen Stellenbeschreibungen, Berichten etc. oder Interviews (Welche Tätigkeiten werden ausgeübt? Wie läßt sich die Arbeit im Prozeß messen? etc.) durchgeführt werden. Häufig wurden bereits recht brauchbare Daten im Rahmen von Total Quality Management-Projekten erhoben, die leicht modifiziert für die Prozeßkostenrechnung übernommen werden können.

Aufbauend auf der Tätigkeitsanalyse wurden nun die Teilprozesse und die Cost Driver festgelegt. An die Cost Driver stellte das Beispielunternehmen folgende Anforderungen:[7]

6 Vgl. Löffler 1991, S. 187ff.
7 Vgl. Löffler 1991, S. 191.

- Sie sollen 80 Prozent der Kosten eines Teilprozesses erklären.
- Sie müssen mit den Prozeßkosten korrelieren.
- Sie müssen plausibel erscheinen.
- Sie sollen zur Prozeßoptimierung herangezogen werden können.
- Sie sollten automatisch erfaßt werden können.

Das Ergebnis der umfangreichen Analysetätigkeiten ist aus Tabelle 7-2 abzulesen.

Hauptprozeß	Teilprozeß	Cost Driver
Bestandsmanagement		Teilenummern
Materialeinkauf	– Lieferantenmanagement – Bestellverwaltung	– Lieferanten – Bestellungen
Handelsware	– Bestellverwaltung – Bestandsverwaltung	– Bestellungen – Produkte
Dokumentation und Organisation	– Baugruppenmanagement	– Baugruppen
Materialingenieurwesen	– Lieferantenqualifikation – Bauteilequalifikation	– Lieferanten – Bauteile
Fertigungsplanung	– Baugruppenmanagement – Auftragsplanung	– Baugruppen – Produktionsaufträge
Lager	– Lagerraum – Materialbestellung	– gelagerte Teile – Transaktionen
Kommissionierung		– Produkte
Versand		– Kisten/Kartons
Fracht	– Überseefracht – lokale Fracht	– Entfernung/Gewicht – Gewicht

Tabelle 7-2: Hauptprozesse, Teilprozesse und Cost Driver in der Beschaffung und Logistik am Beispiel eines international tätigen Computerherstellers[8]

Aus den Hauptprozessen werden im folgenden der Materialeinkauf, das Materialingenieurwesen sowie das Lager zur weiteren Analyse herausgegriffen. Der Prozeß des Materialeinkaufs beinhaltet das Lieferantenmanagement und die Bestellverwaltung. Da das Beispielunternehmen einen Schwerpunkt auf die enge Zusammenarbeit mit seinen Lieferan-

8 Quelle: Löffler 1991, S. 190.

ten legt, zählt das Lieferantenmanagement zu den zentralen und kostenintensiven Bereichen.

Eine Kalkulation der Verwaltungskosten im Vergleichsfall eines Stand-
ardbauteils mit einem »Exotenteil« zeigt Tabelle 7-3. Die Materialkosten bei beiden Teilen betragen jeweils 10,– $.

Die gesamten Prozeßkosten ermitteln sich aus den Prozeßkostensätzen
für

– den Materialeinkauf (insbesondere das Lieferantenmanagement und
  die Bestellverwaltung),
– das Materialingenieurwesen (insbesondere die Lieferanten- und Bau-
  teilequalifikation) und
– das Lager (insbesondere Raumkosten und Kosten für die Materialbereitstellung).

Die Prozeßkosten für das Lieferantenmanagement werden beispielhaft
erläutert: Vom Lieferanten A wurden 200 verschiedene Teile bezogen,
u. a. das Standardteil XY mit einem Halbjahresbedarf von 1000 Stück.
Als Cost Driver im Lieferantenmanagement hatte man die »Anzahl der
Lieferanten« bestimmt (vgl. Tabelle 7-2). Die Prozeßkosten für das
Lieferantenmanagement beliefen sich insgesamt auf etwa 500 000,– $.
Der Prozeßkostensatz berechnete sich demzufolge aus den Prozeßkosten in Höhe von 500 000,– $, dividiert durch die Anzahl der Lieferan-
ten (100), also 5000,– $ pro Lieferant. Zur Berechnung der Prozeßko-
sten pro Teil XY wurde nun die Prozeßmenge (1/200 x 1/1000) mit dem
Prozeßkostensatz (5000,– $) multipliziert. Demnach fielen an Prozeß-
kosten (pro Teil XY) für das Standardbauteil 0,025 $ im Lieferanten-
management an. Bei dem Exotenteil ermittelte man hingegen Prozeßkosten in Höhe von 20,– $ für das Lieferantenmanagement.

Als weitere Prozeßkostensätze ergaben sich für die Bestellverwaltung
bei dem Standardbauteil 0,06 $, für die Lieferanten- und die Bauteile-
qualifikation im Rahmen des Materialingenieurwesens insgesamt 0,31 $
und für das Lager insgesamt 0,18 $. Zusammengefaßt errechneten sich
gesamte Prozeßkosten bei dem Standardbauteil in Höhe von 0,58 $ im
Gegensatz zu 37,– $ bei dem Exotenbauteil.

Während die traditionelle Zuschlagskalkulation Materialgemeinkosten
in Höhe von 1,– $ pro Stück ausweisen würde (bei einem Zuschlagssatz
von 10 Prozent), weist die Prozeßkostenrechnung lediglich Kosten in

Beispiel für eine prozeßorientierte Kalkulation

Standardbauteil:

versch. Teile pro Lieferant	= 200
Halbjahresbedarf	= 1000
Ø Transaktionsmenge	= 50
Anzahl der Bestellungen	= 2

Prozeßschritte	Prozeßmenge		Prozeßkostensatz		Prozeßkosten
Materialeinkauf:					
Lieferantenmgmt.	$\frac{1}{200 \cdot 1000}$	$\cdot$	5000 \$	=	0,025 \$
Bestellverwaltung	$\frac{2}{1000}$	$\cdot$	30 \$	=	0,06 \$
Materialingenieurwesen:					
Lieferantenqualifikation	$\frac{1}{200 \cdot 1000}$	$\cdot$	2000 \$	=	0,01 \$
Bauteilequalifikation	$\frac{1}{1000}$	$\cdot$	300 \$	=	0,30 \$
Lager:					
Raum	$\frac{1}{1000}$	$\cdot$	100 \$	=	0,10 \$
Materialbereitstellung	$\frac{1}{50}$	$\cdot$	4 \$	=	0,08 \$
			Totalprozeßkosten:		0,58 \$

Exotenbauteil:

versch. Teile pro Lieferant	= 5
Halbjahresbedarf	= 50
Ø Transaktionsmenge	= 10
Anzahl der Bestellungen	= 1

Prozeßschritte	Prozeßmenge		Prozeßkostensatz		Prozeßkosten
Materialeinkauf:					
Lieferantenmgmt.	$\frac{1}{5 \cdot 50}$	$\cdot$	5000 \$	=	20 \$
Bestellverwaltung	$\frac{1}{50}$	$\cdot$	30 \$	=	0,6 \$
Materialingenieurwesen:					
Lieferantenqualifikation	$\frac{1}{5 \cdot 50}$	$\cdot$	2000 \$	=	8 \$
Bauteilequalifikation	$\frac{1}{50}$	$\cdot$	300 \$	=	6 \$
Lager:					
Raum	$\frac{1}{50}$	$\cdot$	100 \$	=	2 \$
Materialbereitstellung	$\frac{1}{10}$	$\cdot$	4 \$	=	0,4 \$
			Totalprozeßkosten:		37 \$

Tabelle 7-3: Beispiel einer Prozeßkostenrechnung bei einem international tätigen Computerhersteller[9]

9 Quelle: Löffler 1991, S. 194.

Höhe von 0,58 $ bei dem Standardbauteil aus. Eine erhebliche Fehl-
bewertung wäre die Folge der Anwendung der Zuschlagskalkulation.
Beim Exotenbauteil hingegen (es werden nur fünf verschiedene Teile
bezogen), von dem nur 50 Stück pro Halbjahr benötigt werden, fallen
37,– $ an Prozeßkosten an. Die erhöhten Steuerungs- und Koordinations-
kosten aufgrund der geringen Bestellmenge werden nun ausgewiesen.

7.2 Make-or-buy-Entscheidungen

Die Entscheidung über Eigenerstellung oder Fremdbezug (Make-or-buy)
ist eine der zentralen Entscheidungen in der Beschaffung und hat starken Einfluß auf die Zahl der Lieferanten. Da Entscheidungen über die
Leistungstiefe fast immer *langfristiger* Natur sind, ist die Unternehmensleitung gefordert, aus einer langfristigen Unternehmenssicht heraus
Make-or-buy-Entscheidungen zu fällen. Wir betrachten die Make-or-
buy-Entscheidung daher aus einer strategischen Perspektive.

Bisher dominieren in der Praxis kostenrechnerische Ansätze die Entscheidungsfindung bei Make-or-buy-Entscheidungen. Dabei wird von
einem Vergleich der Fremdbezugskosten – in der Regel in Höhe des
Marktpreises – und der entscheidungsrelevanten Kosten der Fertigung
ausgegangen. Der Umfang der entscheidungsrelevanten Kosten fällt je
nach Fristigkeit der Entscheidung und der Kapazitätssituation in der
Fertigung unterschiedlich aus. Handelt es sich um eine kurzfristige
Entscheidungssituation bei freien Kapazitäten, so sind lediglich die zusätzlichen variablen Kosten entscheidungsrelevant. Kommt es jedoch
zu Engpässen im Falle einer Eigenfertigung, so sind die engpaßbezoge-
nen Opportunitätskosten zu berücksichtigen.

Bei längerfristiger Betrachtung sind neben den variablen Kosten auch
die kurzfristig fixen (dafür aber langfristig variablen) Kosten in die Ver-
gleichsrechnung aufzunehmen. Es ist das Gemeinkostenpotential zu
bestimmen, das bei einem Fremdbezug freigestellt bzw. bei einer Eigenerstellung gebunden wird. Probleme ergeben sich hierbei im Fall einer
standardmäßigen Vollkostenrechnung mit Zuschlagssätzen, die eine ge-
naue Analyse des Gemeinkostenblocks verhindert.

Die Orientierung der Make-or-by-Entscheidung an kostenrechneri-
schen Kriterien halten wir für grundsätzlich fragwürdig. Gerade in Zeiten, in denen Unternehmen mit permanenten Überkapazitäten zu kämp-

fen haben, ist die Versuchung recht groß, durch eine forcierte Eigenfertigung die Probleme zu mildern: Man vergleicht vor dem Hintergrund freier Kapazitäten die variablen Kosten der Eigenfertigung mit den Preisen eines möglichen Lieferanten (die im Regelfall auf Vollkostenbetrachtungen basieren) und entschließt sich zur Eigenfertigung. Das Problem bei dieser Vorgehensweise liegt darin, daß eine langfristige Entscheidung aufgrund kurzfristiger Parameter gefällt wird: Make-or-by-Entscheidungen haben häufig einen gewissen Bindungscharakter und sind nicht beliebig reversibel. Es ist daher nicht angebracht, sie allein auf der Basis von variablen Kosten zu fällen. Berücksichtigt man den langfristigen Charakter einer solchen Entscheidung, so ist es falsch, die Fixkosten einfach als gegeben anzusehen. Langfristig betrachtet sind die Fixkosten beeinflußbar. In jedem Fall ist davon abzuraten, forcierte Eigenfertigung als Lösung des Problems permanenter Überkapazitäten anzusehen. Auch der Risikoaspekt (Remanenz von Fixkosten bei Bedarfsschwankungen) wird durch die rein kostenorientierte Betrachtung nicht hinreichend berücksichtigt. Schließlich ist darauf hinzuweisen, daß die kostenorientierte Betrachtung im wesentlichen auf eine Sequenz von Einzelentscheidungen hinausläuft und im Regelfall nicht zur Entwicklung eines insgesamt schlüssigen Fertigungskonzepts führt.

Aus diesen Gründen halten wir einen eher strategisch orientierten Ansatz im Falle von Make-or-buy-Entscheidungen für geeigneter. Die Berücksichtigung von *Transaktionskosten* geht diesen Schritt.

Bei jeder arbeitsteiligen Leistungserstellung fallen Kosten der Koordination für Organisation und Abwicklung der Leistungserstellung an. *Transaktionskosten* lassen sich unterscheiden in[10]

- Anbahnungskosten,
- Vereinbarungskosten,
- Abwicklungskosten,
- Kontrollkosten und
- Anpassungskosten.

Die Höhe dieser Transaktionskosten und damit die Beantwortung der Frage, inwieweit vertikal integriert werden sollte, steht in engem Zusammenhang mit den *Eigenschaften* einer Leistung, den davon abhän-

10 Vgl. Picot 1991, S. 344.

gigen Koordinationsproblemen sowie den zusätzlich zu berücksichtigenden Rahmenbedingungen. Als wichtigste Eigenschaft ist die Spezifität einer Leistung zu nennen. Weitere Eigenschaften sind die strategische Bedeutung der Leistung, die Unsicherheit der Leistungsbeziehungen sowie die Häufigkeit der durchgeführten Transaktionen.[11] Abbildung 7-2 veranschaulicht die wesentlichen Bestimmungsfaktoren des vertikalen Integrationsgrads.

In diesem Zusammenhang ist darauf hinzuweisen, daß der Grad der vertikalen Integration keineswegs nur zwei Ausprägungen (Make-or-buy) hat. Vielmehr existieren gerade im Bereich des Fremdbezugs unterschiedliche Intensitäten der Zusammenarbeit mit Lieferanten bis hin zu langfristigen Liefervereinbarungen und Entwicklungskooperationen, die teilweise schon Merkmale der Eigenerstellung aufweisen (und mit denen wir folglich einen höheren vertikalen Integrationsgrad assoziieren als mit Kunden-Lieferanten-Beziehungen ohne nennenswerte Bindungselemente).

Spezifität einer Leistung bedeutet, daß z. B. Werkzeuge oder Anlagen fast ausschließlich für den Bedarf eines einzigen Unternehmens ausge-

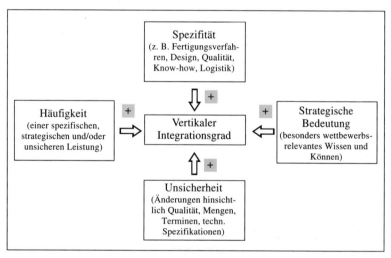

Abbildung 7-2: Bestimmungsfaktoren des vertikalen Integrationsgrads

11 Vgl. Gerhardt/Nippa/Picot 1992, S. 136f.

richtet und aufgrund dessen nicht für den restlichen Markt geeignet sind. Beispiele für Spezifität sind u. a. kundenspezifische Fertigungsverfahren, spezifisches Poduktdesign und die Standortspezifität. Generell gilt, daß bei zunehmender Spezifität eine längerfristige und intensivere Einbindung des Lieferanten erforderlich ist. Im Extremfall ist die Leistung selbst zu erstellen.

Als zweite vorrangige Eigenschaft ist die *strategische Bedeutung* einer Leistung zu nennen. Häufig sind derartig strategisch bedeutende Leistungen für das Unternehmen gleichzeitig hochspezifisch, da sich das Unternehmen damit gezielt vom Wettbewerb differenziert. Als Beispiel hierfür ist die Entwicklung und Fertigung einer neuartigen Antriebstechnik im Automobilbau zu nennen. Mit diesem spezifischen Know-how hat sich das Unternehmen einen Wettbewerbsvorteil verschafft. Tendenziell ist daher bei einer hohen strategischen Bedeutung der Leistung von einem hohen vertikalen Integrationsgrad auszugehen – allein deshalb, weil die Geheimhaltung der strategisch bedeutenden Leistung bei einer Verlagerung zu einem externen Zulieferer nicht gesichert wäre oder zumindest hohe Koordinationskosten in Form von Überwachungs- und Kontrollkosten nach sich ziehen würde. Generell ist zwar im Falle einer strategisch bedeutsamen Leistung gleichzeitig von einer unternehmensspezifischen Leistung auszugehen. Der Umkehrschluß kann jedoch nicht gezogen werden. Hier sollte regelmäßig angesetzt werden, um spezifische Leistungen zu standardisieren. Denn oft ist zu beobachten, daß gewisse Leistungen zwar aus Unternehmenssicht als spezifisch und damit (implizit) als strategisch bedeutsam betrachtet werden, dies jedoch hauptsächlich aus der Vergangenheit heraus begründet ist und nicht die aktuelle Situation widerspiegelt. Da aber spezifische Leistungen tendenziell höhere Transaktionskosten verursachen als standardisierte Leistungen, sind derartige Sachverhalte zu überprüfen und gegebenenfalls durch Standardlösungen zu ersetzen.

Das Ausmaß der vertikalen Integration hängt neben den bereits genannten Eigenschaften von der *Unsicherheit* in Bezug auf quantitative, qualitative, terminliche oder technische Änderungen sowie von der *Häufigkeit der Leistungserbringung* ab. Allgemein gilt, daß bei zunehmender Unsicherheit der vertikale Integrationsgrad höher ist. Gibt es starke Nachfrageschwankungen, ist die Produkttechnologie noch nicht ausgereift und ist daher mit zahlreichen Änderungen zu rechnen, so sind vertragliche Vereinbarungen mit Lieferanten in der Regel äußerst problematisch. Die Transaktionskosten für Vertragsformulierung bzw. für nachvertragliche Anpassungen mit den Lieferanten sind so bedeutend, daß ein hohes Maß an vertikaler Integration anzuraten ist. Im übrigen sollte die vertikale Integration um so stärker ausfallen, je *häufiger* spezifische, strategisch bedeutsame und gegebenenfalls unsichere Leistungen zu erstellen sind, denn eine Eigenfertigung lohnt sich meistens aufgrund von Größeneffekten erst ab einer bestimmten Stückzahl.

Welche Normstrategien für die Entscheidung über Make-or-buy unter Berücksichtigung der Transaktionskosten lassen sich nun ableiten? Wir konzentrieren unsere Ausführungen im folgenden auf eigenerstellte Leistungen unter Berücksichtigung von Fremdbezugsbarrieren. Fremdbezugsbarrieren sind in der Regel dann zu beachten, wenn es sich um spezifische Leistungen handelt, für deren Erstellung z. B. Fachwissen erforderlich ist (Know-how-Barrieren).

Normstrategische Empfehlungen können nun aus einer Matrix (vgl. Abbildung 7-3) abgeleitet werden, die durch die Transaktionskosten (spezifiziert durch die Eigenschaften der Leistung Spezifität, strategische Bedeutung und Unsicherheit) bzw. Fremdbezugsbarrieren definiert ist.[12] Klare Handlungsempfehlungen lassen sich für den ersten und den vierten Quadranten ableiten. Bei hohen Fremdbezugsbarrieren und gleichzeitig hohen Transaktionskosten kommt tendenziell eine Eigenerstellung der Leistung in Betracht (Quadrant 1). Unseren Erfahrungen zufolge handelt es sich bei den Leistungen des ersten Quadranten üblicherweie um zentrale Kernleistungen, die zum Kerngeschäft des Unternehmens zu zählen sind und daher nicht ausgelagert werden können. Im Gegensatz dazu ist bei geringen Fremdbezugsbarrieren und geringen Transaktionskosten (Quadrant 4) eher eine Verlagerung der Leistungserstellung nach außen zu empfehlen. Wir konnten in zahlreichen Unternehmen beobachten, daß gerade Leistungen dieser Kategorie nicht nach außen verlagert werden, obwohl es sich um eher kleine, dafür aber zahlreiche Leistungen handelt, die erhebliche Managementkapazitäten binden.

Problemfälle stellen die Quadranten 2 und 3 für das Unternehmen dar. Leistungen, die in den dritten Quadranten fallen, sollten an sich fremdbezogen werden. Aufgrund bestehender Barrieren ist dies aber nicht ohne weiteres möglich. Derartige Leistungen binden in der Regel ein erhebliches Maß an Ressourcen und verringern zudem die unternehme-

12 Vgl. Gerhardt/Nippa/Picot 1992, S. 138f.

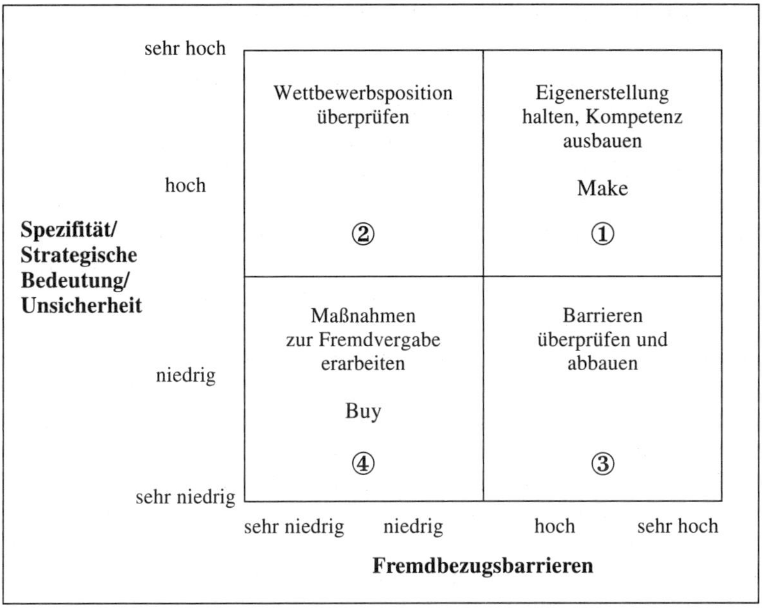

		Wettbewerbsposition überprüfen	Eigenerstellung halten, Kompetenz ausbauen
	hoch		Make
Spezifität/ Strategische Bedeutung/ Unsicherheit		②	①
		Maßnahmen zur Fremdvergabe erarbeiten	Barrieren überprüfen und abbauen
	niedrig		
		Buy	
		④	③

sehr hoch

sehr niedrig

sehr niedrig   niedrig   hoch   sehr hoch

Fremdbezugsbarrieren

Abbildung 7-3: Strategieempfehlungen für eigenerstellte Leistungen[13]

rische Flexibilität. Mittelfristig ist der Abbau der Barrieren anzustreben, um die Leistungen fremdvergeben zu können. Dringender Handlungsbedarf ist bei Leistungen geboten, die zwar hochspezifisch sind, bei denen ein Fremdbezug jedoch ohne weiteres möglich wäre (Quadrant 2), da der Markt z. B. das erforderliche Know-how problemlos zur Verfügung stellen könnte. Da Leistungen dieses Quadranten oft für das Unternehmen von hoher strategischer Bedeutung sind, zielen Strategien in diesem Bereich auf die Sicherung der eigenen Wettbewerbsposition durch das Errichten von Barrieren (z. B. Erzielen eines Know-how-Vorsprungs) ab.

Insgesamt ist darauf zu achten, daß sich die Eigenschaften der Leistungen im Zeitverlauf verändern können. Was heute noch eine Leistung mit hoher Spezifität ist, kann nach einem Technologiesprung schnell zur Standardausführung werden.

13 Quelle: Gerhardt/Nippa/Picot 1992, S. 139.

7.3 Instrumente des Lieferantenmanagements

Im Zusammenhang mit der in Abschnitt 7.1 dargestellten Kostensystematik im Beschaffungsbereich haben wir bereits angesprochen, daß wesentliche Ansatzpunkte für das Management dieser Kosten im Bereich des Lieferantenmanagements liegen. Speziell die Handlingkosten sowie die Kosten des Lieferantenmanagements werden unmittelbar von Entscheidungen beeinflußt, die sich auf die Lieferantenbasis sowie die Zusammenarbeit mit den Lieferanten beziehen. Ein erstes wichtiges Entscheidungsfeld ist hier die *Auswahl* von Lieferanten. Eine systematische Vorgehensweise in diesem Bereich kann wesentlich zur vorbeugenden Kostenvermeidung beitragen. Insbesondere die Kosten des Lieferantenmanagements werden stark von der *Zahl* der Lieferanten beeinflußt. Jede Geschäftsbeziehung bindet in gewissem Umfang auch Ressourcen. Ein zweiter wesentlicher Ansatzpunkt des Kostenmanagements bezieht sich also auf die Lieferantenzahl. Schließlich hat auch die *Intensität der Zusammenarbeit* mit Lieferanten wesentliche kostenbezogene Auswirkungen. Sie ist der dritte Ansatzpunkt für die Kostenbeeinflussung im Bereich des Lieferantenmanagements.

Im gesamten Kontext des Lieferantenmanagements ist allerdings vor einer undifferenzierten Pauschalisierung von Maßnahmen zu warnen. Vielmehr sind Maßnahmen des Lieferantenmanagements von bestimmten situativen Faktoren abhängig zu machen. Ein geeignetes Instrument, um eine entsprechende Differenzierung zu unterstützen, ist das Beschaffungsportfolio, das wir am Ende dieses Abschnitts darstellen.

Wir befassen uns zunächst mit der *Lieferantenauswahl*. Aus den bisherigen Ausführungen über das Spektrum der relevanten Beschaffungskosten folgt unmittelbar, daß der Preis hierfür nicht alleiniges Kriterium sein kann. In vielen Situationen kann er nicht einmal wichtigstes Kriterium sein.

Tabelle 7-4 stellt einen umfassenden Kriterienkatalog zur Lieferantenbeurteilung vor.

Auf der Basis eines solchen Kriterienkatalogs können im Rahmen einer Profilanalyse (vgl. Abbildung 7-4) nun alle relevanten Lieferanten bewertet werden. Für die Ermittlung einer quantifizierten Bewertung (Lieferantenindex) im Hinblick auf die Auswahl aus einer größeren Anzahl an Lieferanten bietet es sich an, die Merkmale mit einer standardisierten Bewertungsskala (hier: von 1: sehr schlecht bis 7: sehr gut) zu

Hauptkriterien	Einzelkriterien
1. Lieferzeit	– Lieferfristen – Verständigung des Abnehmers bei Lieferverzögerung oder Lieferausfall
2. Termintreue	– Einhaltung der Liefertermine – Liefersicherheit – Lieferbereitschaft
3. Qualität	– Technische Qualität – Normung – Qualitätsgarantien – Umweltbelastung
4. Reklamationen	– Ausschußquote – Erledigung von Reklamationen
5. Service	– Beratung – 24-Stunden-Service – Schulungsangebote
6. Preis	– Einstandspreis
7. Allgemeine Kriterien	– F&E-Tätigkeit – Kapazität des Lieferanten – Übernahme der Lagerhaltung – Qualitätskontrolle

Tabelle 7-4: Kriterienkatalog zur Lieferantenbeurteilung

versehen. Verbindet man die bewerteten Merkmale je Lieferant, so zeichnen sich lieferantenspezifische Kurven ab. Liegt ein Lieferant mit seiner Kurve oberhalb jeder anderen Kurve, dann ist dies die optimale Alternative. Er stellt bezogen auf jedes Merkmal die beste Alternative dar. Würde man in Abbildung 7-4 beispielsweise die Selektion auf die beiden Lieferanten A und B beschränken, so wäre dies für Lieferant B der Fall.

Gibt es hingegen Überschneidungen (vgl. Abbildung 7-4), so ist zur Entscheidungsfindung eine Gewichtung der Merkmale vorzunehmen. Man spricht dann von *Scoring-Methoden*.

Die Gewichtungen der Kriterien sind vom Entscheidungsträger zu bestimmen. Die Multiplikation der Ausprägungen mit den Gewichten und die anschließende Addition dieser Ergebnisse führen zu einem Index, der als Entscheidungsgrundlage für die Lieferantenauswahl dient. Tabelle 7-5 verdeutlicht das beschriebene Verfahren anhand des ein-

Entscheidungskriterien für die Bewertung eines Lieferanten	Bewertungsstufen						
	1	2	3	4	5	6	7
1. Lieferzeit	5 Wochen	4 Wochen	3 Wochen	2 Wochen	1 Woche	3 Tage	24 Stunden
2. Termintreue	> 5 Wochen später	4 Wochen später	3 Wochen später	2 Wochen später	1 Woche später	2 Arbeitstage später	pünktl. Lieferung
3. Qualität	liegt unter Qualitätsanforderungen			entspricht Qualitätsanforderungen			übertrifft Qualitätsanforderungen
4. Reklamationen	> 25 % d. Lieferungen	> 20 %	> 15 %	>10 %	>5 %	>3 %	<1%
5. Service	kein Service			gelegentlicher Service			kompletter Service
6. Preis	15 % über durchschnittl. Preisniveau	10 %	5 %	Durchschnitt	etwas günstiger	erheblich günstiger	konkurrenzlos günstiger
7. Allgemeine Kriterien							

Lieferant A ——————— Lieferant B − − − − Lieferant C ··············

Abbildung 7-4: Profilanalyse zur Lieferantenbewertung

gangs gewählten Beispiels. Der Lieferant B wird bei dem Qualitätskriterium (Gewichtungsfaktor 20 Prozent) am besten beurteilt (gewichteter Punktwert: 1,4). Insgesamt schneidet der Lieferant B mit dem gewichteten Gesamtpunktwert von 5,4 Punkten am besten ab. Lieferant C hingegen, der bei den Kriterien Termintreue, Service, Preis sowie den allgemeinen Kriterien am besten beurteilt wird und auch insgesamt den höchsten absoluten Gesamtpunktwert hat (39 Punkte), liegt nach der Gewichtung knapp hinter dem Lieferanten B.

Entscheidungskriterien für die Bewertung eines Lieferanten	Gewich-tungsfaktor	Lieferant A		Lieferant B		Lieferant C	
1. Lieferzeit Punktsumme/gewichteter Punktwert	25	2	0,5	6	1,5	4	1,0
2. Termintreue Punktsumme/gewichteter Punktwert	10	3	0,3	3	0,3	6	0,6
3. Qualität Punktsumme/gewichteter Punktwert	20	2	0,4	7	1,4	5	1,0
4. Reklamationen Punktsumme/gewichteter Punktwert	10	2	0,2	6	0,6	5	0,5
5. Service Punktsumme/gewichteter Punktwert	15	3	0,45	5	0,75	6	0,9
6. Preis Punktsumme/gewichteter Punktwert	15	3	0,45	4	0,6	7	1,05
7. Allgemeine Kriterien Punktsumme/gewichteter Punktwert	5	4	0,2	5	0,25	6	0,3
Gewichteter Gesamtpunktwert Σ		(19)	**2,3**	(36)	**5,4**	(39)	**5,35**
Rangfolge der Lieferanten		**3**		**1**		**2**	

Tabelle 7-5: Lieferantenbewertung mit Hilfe des Scoring-Modells

Ein weiterer zentraler Parameter zur Beeinflussung der Kosten ist die *Lieferantenzahl*. Hierbei handelt es sich im Grundsatz um eine dreistu-fige Entscheidung: Auf der ersten Stufe erfolgt die Entscheidung dar-über, welche Input-Faktoren überhaupt beschafft werden sollen. Diese Stufe entspricht der im vorhergehenden Absatz skizzierten Make-or-by-Entscheidung und soll uns an dieser Stelle nicht mehr beschäftigen.

Auf der zweiten Stufe ist über die *Modulstruktur* der Beschaffung zu entscheiden. Im Kern geht es um die Frage, inwieweit einzelne Bauteile zu Baugruppen (Modulen) gebündelt werden und integriert beschafft werden sollen (*Modular Sourcing*). Es liegt auf der Hand, daß hierdurch die Zahl der Direktlieferanten verringert wird.

Auf der dritten Stufe ist zu entscheiden, wieviele Lieferanten konkret für eine Beschaffungseinheit (sei es ein Modul oder ein einzelnes Bau-teil) genutzt werden sollen.

Eine umsatzbezogene *ABC-Analyse* auf der Lieferantenseite ist ein sinnvolles Instrument im Rahmen von Überlegungen zur Lieferantenzahl. Auch in der Beschaffung ist üblicherweise festzustellen, daß der überwiegende Teil des Beschaffungsvolumens mit einer recht geringen Zahl von Lieferanten abgewickelt wird. Zu überlegen ist in einem solchen Fall, welche Input-Produkte von Lieferanten, von denen nur wenig bezogen wird, verzichtbar, im Zuge von Modulbeschaffung zusammenführbar oder auf andere Lieferanten übertragbar sind. Beispielsweise könnte ein externer Dienstleister zwischen z. B. neun C-Lieferanten geschaltet werden, der sich im folgenden um die Koordination und die Lieferung zu kümmern hat. Der Einkauf muß nicht mehr bei allen neun C-Lieferanten einzeln nachfragen, sondern kümmert sich ausschließlich um den externen Dienstleister, der aber jetzt als A-Lieferant gilt. Der Dispositionsaufwand der Bestell- und Abwicklungsvorgänge reduziert sich im Verhältnis von neun zu eins. Ist der Dienstleister ein Spediteur oder Einkaufsagent, dann können die Teile bereits fertigungsgerecht verpackt in optimalen Losgrößen direkt ans Band geliefert werden. Zur Gewährleistung einer gewissen Versorgungssicherheit verpflichtet sich der A-Lieferant, ein Pufferlager zu betreiben.[14]

Überlegungen hinsichtlich der Reduktion der Lieferantenzahl gehen auf der untersten Ebene, d. h. auf der Ebene des einzelnen Beschaffungsprodukts, bis hin zum Konzept des *Single Sourcing.* Hiermit ist die dauerhafte und in der Regel sehr enge Anbindung an einen speziellen Lieferanten gemeint. In diesem Fall gibt das beschaffende Unternehmen also zumindest teilweise seine Verhandlungsmacht gegenüber Lieferanten preis: Der ausgewählte Lieferant gelangt (zumindest kurzfristig) in eine monopolartige Situation. Diesem möglichen Nachteil stehen gerade bei technologisch komplexen und speziell auf den Abnehmer zugeschnittenen Produkten erhebliche Kostensenkungspotentiale gegenüber.

Derartige Kostensenkungen können sich zum einen durch eine vereinfachte Beschaffungsabwicklung (d. h. geringere Handlingkosten) ergeben. Zum anderen eröffnet man sich Kostendegressionspotentiale durch Skaleneffekte aufgrund der Nachfragebündelung sowie gemeinsame Erfahrungskurveneffekte. Wenn beispielsweise alle Airbags für sämtliche Fahrzeugmodelle eines Unternehmens (modellübergreifendes

14 Vgl. Riffner 1995 (a), S. 18.

Single Sourcing) oder für alle Werke (werksübergreifendes Single Sourcing) nur noch von einem Abnehmer zugeliefert werden, können erhebliche Skaleneffekte realisiert werden.

Weitere Kostensenkungspotentiale können aus der intensiven Zusammenarbeit beispielsweise durch gemeinsam realisierte Prozeßoptimierungen entstehen. So haben bereits einige Industrieunternehmen im Rahmen einer Single Sourcing-Beschaffung mit ihren Lieferanten so umfassende Qualitätssicherungskonzepte entwickelt, daß der Lieferant direkt in die Produktion liefert und keine Wareneingangskontrolle mehr erfolgen muß.

Eine Studie aus dem Jahre 1993 zeigt jedoch, daß Single Sourcing eher die Ausnahme darstellt: In nur knapp zehn Prozent der Fälle haben Unternehmen für ein Produkt nur einen einzigen Lieferanten.[15] Am häufigsten wird Single Sourcing im Fahrzeugbau und der Elektroindustrie eingesetzt (15,4 Prozent), während in der Metallverarbeitung Single Sourcing praktisch nicht angewendet wird (2,4 Prozent).[16]

Single Sourcing ergibt sich häufig im Zusammenhang mit *Modular Sourcing*, d. h. durch die Zusammenfassung von bislang einzeln zugekauften Bauteilen zu Baugruppen. Eine Lieferbeziehung besteht nur noch mit ausgewählten Modullieferanten, wobei im Regelfall für jedes Modul nur ein Lieferant gewählt wird. Die Auslagerung von zumeist montage- und lohnintensiven Tätigkeiten führt zu vereinfachten Fertigungsprozessen innerhalb des Unternehmens und reduziert gleichzeitig den Koordinationsaufwand von bisher mehreren Lieferanten auf jetzt einen Modullieferanten. Kostenwirkungen werden durch verminderte Bestände aufgrund von produktionssynchroner Belieferung, einer Verlagerung der Lagerhaltung der Einzelteile auf den Zulieferer und eine damit einhergehende Reduzierung der Kapitalbindung sowie verringerte Dispositionskosten für Vormaterialien realisiert. Als Beispiel für Modular Sourcing läßt sich der Einbau kompletter Sitzanlagen von KEIPER RECARO im Werk Bremen der MERCEDES BENZ AG anführen.[17]

Welche enormen Produktivitätssteigerungspotentiale hinsichtlich der Reduktion der Lieferantenzahl gesehen werden, verdeutlicht Abbildung 7-5 am Beispiel von Automobilherstellern. Bei der Generalisierung sol-

15 Vgl. Homburg 1994, S. 11.
16 Vgl. Homburg 1994, S. 10.
17 Vgl. Arnold 1995, S. 98.

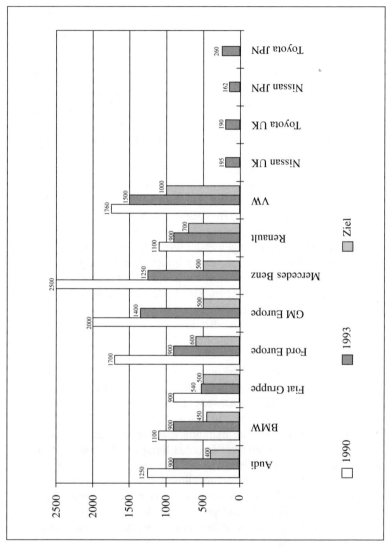

Abbildung 7-5: Anzahl der Lieferanten ausgewählter Automobilhersteller[18]

18 Quelle: Wolters 1994, S. 23.

cher Beobachtungen ist grundsätzlich eine gewisse Vorsicht angebracht: Gerade Automobilunternehmen verfügen aufgrund ihrer Größe gegenüber ihren Zulieferern über eine beträchtliche Verhandlungsmacht, so daß die Nachteile der Abhängigkeit von einzelnen Zulieferern deutlich weniger ins Gewicht fallen als in vielen anderen Bereichen. Unabhängig hiervon können wir jedoch auf der Basis unserer bisherigen Ausführungen feststellen, daß die Reduktion der Lieferantenzahl mittels der skizzierten Ansätze erhebliche Kostensenkungspotentiale beinhaltet. Wir sind allerdings der Überzeugung, daß die Kostensenkungen sich weniger bei den Kosten des Lieferantenmanagements als vielmehr bei den Handlingkosten ergeben: Die enge Zusammenarbeit mit ausgewählten Lieferanten mit dem Ziel der gemeinsamen Produktivitätssteigerung ist in diesem Zusammenhang sicherlich wichtiger als die reine Reduktion der Lieferantenzahl.

Hiermit sind wir beim dritten zentralen Parameter, der *Intensität der Zusammenarbeit mit Lieferanten* angelangt. In vielen Unternehmen wird dieser Ansatz zur Steigerung der Beschaffungsproduktivität u. E. bislang noch systematisch übersehen. In der Zusammenarbeit mit den Zulieferern überwiegt das *Konfrontationsmodell*: Kunde und Zulieferer stehen sich in Verhandlungen als Gegner gegenüber; entsprechend der Logik eines Nullsummenspiels wird der Nutzen des einen Partners automatisch mit Nachteilen für den anderen Partner assoziiert. Im Rahmen des *Kooperationsmodells,* das wir propagieren, spielen dagegen Win-win-Konstellationen eine entscheidende Rolle. Durch gemeinsame Wertanalysen der Wertschöpfungskette vom Lieferanten bis zum Abnehmer der Produkte werden Ansätze zur Vermeidung von Verschwendung identifiziert. Von den daraus resultierenden Kostenreduktionen können beide Partner profitieren.

Durch gemeinsame Workshops direkt bei den Lieferanten können Methoden der Kostenreduzierung übermittelt und das Bewußtsein für einen kontinuierlichen Verbesserungsprozeß geweckt werden. Verschwendungsvermeidung kann beispielsweise über[19]

– die Standardisierung von Abläufen,
– die Optimierung der Arbeitsplatzorganisation,
– die Einbeziehung der Mitarbeiter in den Problemlösungsprozeß,

19 Vgl. Wildemann 1994 (b), S. 27.

- Qualitätsmanagement und
- Visualisierungstechniken

geschehen. Die Workshops umfassen neben der Methodenschulung auch den Einsatz von Spezialisten, die für die Umsetzung in bestimmte Fertigungsbereiche sorgen. Man konzentriert sich hierbei auf Produktivitätserhöhungen, Bestandssenkungen und verschiedene Systeme der Materialbereitstellung. Mit diesen Maßnahmen können mitunter Produktivitätssteigerungen von bis zu 40 Prozent, Flächenreduzierungen von bis zu 25 Prozent und Durchlaufzeitensenkungen von bis zu 50 Prozent erreicht werden.[20] Am engsten gestaltet sich die Zusammenarbeit, wenn das Unternehmen nicht nur das verfahrensbezogene, sondern auch das produktbezogene Know-how des Lieferanten nutzt und ihn in seine F&E-Tätigkeiten integriert.

Als besondere Form der Zusammenarbeit mit Lieferanten existiert schließlich die *Just-in-Time-Beschaffung* (JiT). Mit ihrer Hilfe wird eine weitgehende Eliminierung der Lagerhaltung und der mit ihr verbundenen Kosten bei gleichzeitiger Inkaufnahme erhöhter Logistikkosten angestrebt. Bei der JiT-Beschaffung werden die benötigten Güter synchron zum Fertigungsprozeß direkt an den Verbrauchsort geliefert.[21] Zum Zeitpunkt des Bedarfs ist nur die für den Fertigungsschritt erforderliche Menge vorhanden. Jegliche Lagerhaltung entfällt im Idealfall. Erfahrungen in der Praxis zeigen jedoch, daß die JiT-Beschaffung in ihrer Reinform bislang nur sehr gering verbreitet ist. Häufiger wird eine sogenannte produktionssynchrone Beschaffung praktiziert, die durchaus noch eine gewisse Lagerhaltung beinhaltet. Im übrigen ist zur JiT-Beschaffung in Reinform auch kritisch anzumerken, daß die Kosten, die der Volkswirtschaft durch den Gütertransport entstehen (und die sicherlich über den an die Unternehmen weitergegebenen Kosten liegen) unberücksichtigt bleiben.

Die zentrale Voraussetzung für das Funktionieren einer produktionssynchronen Beschaffung ist eine vertrauensvolle Zusammenarbeit mit dem Lieferanten. Ein flüssiger und frühzeitiger Informationsaustausch über die Fertigungsmengen muß zur Selbstverständlichkeit werden. Die Anwendung erfolgt außerdem häufig nur bei Single Sourcing und A-

---

20 Vgl. Wildemann 1994 (b), S. 27f.
21 Vgl. Arnold 1995, S. 101.

Teilen mit einem regelmäßigen Verbrauch, da der Koordinations- und Handlingaufwand sehr groß ist. Für den Lieferanten bedeutet eine produktionssynchrone Beschaffung enorme Anforderungen hinsichtlich Flexibilität und Qualität, da keine Zeit für Qualitätsprüfungen bleibt. Ein weiterer wichtiger Aspekt ist die technische Abwicklung der Beschaffungsaufgabe. Datenverarbeitungs- und Datenübertragungssysteme übernehmen Routinearbeiten und können auf diese Weise die Abwicklung der Beschaffung wirkungsvoll unterstützen. Für den Informationsfluß ist eine Standardisierung des Datenaustausches zwischen Zulieferer, Abnehmer und ggf. Spediteur hilfreich. Die Anbindung an die Planungs- und Dispositionssysteme der wichtigsten Lieferanten kann sich als sinnvoll erweisen. Die vertragliche Gestaltung der Beziehung zum Lieferanten (Rahmen- bzw. Abrufverträge können beispielsweise die Planungssicherheit erhöhen und somit die Kosten senken) sowie die Durchführung von Maßnahmen der Lieferantenförderung (z. B. Workshops, Schulungen etc.) gehören ebenfalls zur Optimierung der Zusammenarbeit.

Die Forderung nach einer Intensivierung der Zusammenarbeit mit Lieferanten kann natürlich nicht flächendeckend umgesetzt werden. Vielmehr ist hier eine differenzierte Vorgehensweise erforderlich. Dies gilt auch für die Frage, zu wievielen Lieferanten ein Unternehmen bei der Beschaffung eines bestimmten Produktes Geschäftsbeziehungen unterhalten sollte. Ein nützliches Hilfsmittel für die Ableitung differenzierter Beschaffungsstrategien ist das *Beschaffungsportfolio* (vgl. Abbildung 7-6). Zu beschaffende Produkte werden hierbei in Abhängigkeit von ihrer Komplexität sowie der wirtschaftlichen Bedeutung für das Unternehmen eingestuft. Generell kann gesagt werden, daß die Beschaffungspolitik zwei mögliche Kostenprobleme vermeiden muß: Erstens das Problem, zu teuer einzukaufen, und zweitens das Problem, zu hohe Kosten des Handlings bzw. des Lieferantenmanagements zu verursachen (vgl. auch Abbildung 7-1, S. 197). Betrachtet man nun die Ausprägung dieser beiden Probleme von der Lieferantenzahl her, so ist davon auszugehen, daß die Kosten des Handlings und des Lieferantenmanagements mit zunehmender Lieferantenzahl zunehmen, während die Gefahr, Produkte und Dienstleistungen zu teuer einzukaufen, mit zunehmender Lieferantenzahl aufgrund des intensiveren Wettbewerbs tendenziell abnimmt.

Bei hoher Komplexität der Produkte ist davon auszugehen, daß die

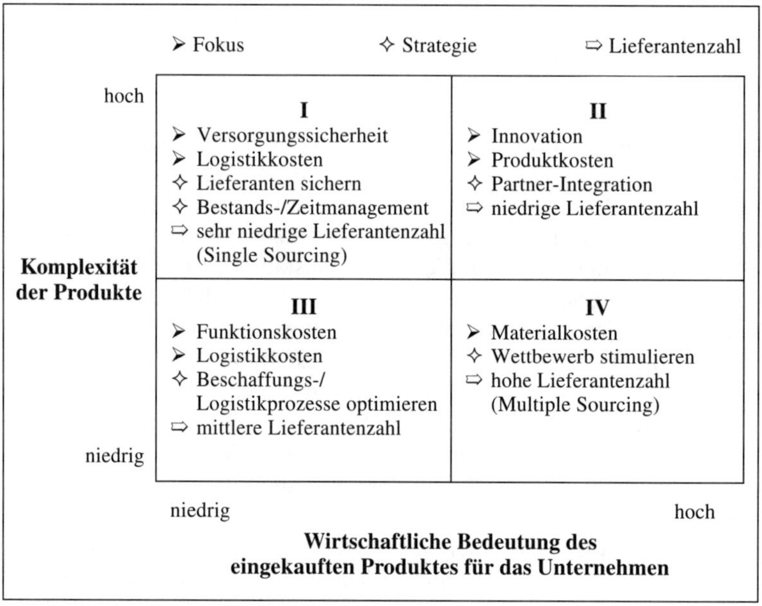

> Fokus	◇ Strategie	⇨ Lieferantenzahl

hoch

Komplexität der Produkte

	I	II
	> Versorgungssicherheit > Logistikkosten ◇ Lieferanten sichern ◇ Bestands-/Zeitmanagement ⇨ sehr niedrige Lieferantenzahl (Single Sourcing)	> Innovation > Produktkosten ◇ Partner-Integration ⇨ niedrige Lieferantenzahl
	III	IV
	> Funktionskosten > Logistikkosten ◇ Beschaffungs-/ Logistikprozesse optimieren ⇨ mittlere Lieferantenzahl	> Materialkosten ◇ Wettbewerb stimulieren ⇨ hohe Lieferantenzahl (Multiple Sourcing)

niedrig

niedrig   hoch

**Wirtschaftliche Bedeutung des
eingekauften Produktes für das Unternehmen**

Abbildung 7-6: Das Beschaffungsportfolio[22]

Kosten für Handling und Lieferantenmanagement tendenziell hoch sind. Es kann daher sehr kostenintensiv sein, zu mehreren Lieferanten Geschäftsbeziehungen zu unterhalten. Insbesondere, falls die wirtschaftliche Bedeutung des Produktes gering ist (Feld I in Abbildung 7-6), sollte man der Vermeidung von Handlingkosten und Kosten des Lieferantenmanagements Vorrang vor der Optimierung des Einkaufspreises gewähren und mit einer sehr niedrigen Zahl von Lieferanten zusammenarbeiten, möglicherweise sogar Single Sourcing praktizieren. Ist dagegen bei hoher Produktkomplexität die wirtschaftliche Bedeutung ebenfalls hoch (Feld II), so wird man gleichfalls mit einer niedrigen Zahl von Lieferanten zusammenarbeiten, aus Absicherungsgründen möglicherweise aber Single Sourcing vermeiden. Bei niedriger Produktkomplexität sind die Kosten des Handlings sowie des Lieferantenmanagements im Regelfall geringer. Insbesondere bei hoher wirtschaftlicher Bedeutung (Feld IV)

22 Quelle: Homburg 1995 (c), S. 829, und Weinke 1995, S. 81.

empfiehlt es sich daher, auf intensiven Wettbewerb zwischen den Lieferanten zu setzen und mit einer recht hohen Lieferantenzahl zusammenzuarbeiten. Bei Produkten von sehr niedriger wirtschaftlicher Bedeutung (Feld III) sind die möglichen Preisoptimierungspotentiale dagegen weniger bedeutend, so daß man sich mit einer mittleren Lieferantenzahl zufrieden gibt.

Die einzelnen Felder des Portfolios eignen sich auch unterschiedlich gut für ein Local bzw. Global Sourcing. Grundsätzlich eigenen sich Güter geringer Komplexität für *Global Sourcing*. Aufgrund der im internationalen Kontext höheren Handlingkosten wird man insbesondere in Feld IV über Globalisierung Kosteneinsparungen erzielen können. Andererseits sind hochwertige Spezialitäten oft nur regional verfügbar und müssen deshalb international beschafft werden. Aus diesem Grund kann ein Unternehmen möglicherweise gezwungen werden, Güter des Portfoliofeldes I international zu beschaffen. In diesem Fall sollte man sich allerdings kritisch die Frage stellen, ob bei Gütern geringer wirtschaftlicher Bedeutung ein hohes Maß an Komplexität wirklich ökonomisch sinnvoll ist.

7.4 Mitarbeiterstruktur und -einsatz in der Beschaffung

Neben der Zusammenarbeit mit den Lieferanten können auch in der internen Organisation der Beschaffungsfunktion wesentliche Kostensenkungspotentiale identifiziert werden. Ein essentieller Punkt ist hierbei u. E. die *Mitarbeiterqualifikation*. Die Beschaffungsbereiche in vielen Unternehmen genossen in der Vergangenheit kein sehr hohes Ansehen, fungierten vielerorts sogar als »Karrieregrab«. Daraus erklärt sich die Tatsache, daß in vielen Unternehmen in der Beschaffung nicht gerade die qualifiziertesten und motiviertesten Mitarbeiter zu finden sind. In diesem Zusammenhang sollte man sich klarmachen, daß der Beschaffungsbereich wohl derjenige Unternehmensbereich ist, der das günstigste Verhältnis zwischen den Kosten der Abteilung (Funktionskosten) und den durch die Abteilung beeinflußten Kosten aufweist. Wir vertreten daher die Auffassung, daß Investitionen im Beschaffungsbereich, beispielsweise in Schulungsmaßnahmen zur Verbesserung der Mitarbeiterqualifikation, unter wirtschaftlichen Gesichtspunkten mit die sinnvollsten Investitionen darstellen, die ein Unternehmen überhaupt tätigen kann. Anzustreben sind umfassende technische Kenntnisse, aber auch solide betriebswirtschaftliche Fähigkeiten sowie fundierte Fremdsprachenkenntnisse.

Besonders intensiv investiert SONY in die Qualifikation der Einkäufer. Vor allem in technologisch anspruchsvollen Märkten reicht es nicht mehr aus, wenn der Einkäufer auf dem Gebiet der Beschaffung ein Spezialist ist. Vielmehr ist zunehmend der Generalist gefragt, der sich entsprechend des Bedarfs und wechselnder Prioritäten in andere Gebiete einarbeiten kann. Kenntnisse und Fähigkeiten, die im SONY-Einkauf zentrale Bedeutung haben, reichen z. B. vom Basiswissen über Patentrechte, Fremdsprachen, den Einkauf betreffende Gesetze und bestimmte Fertigungstechnologien über spezielle Material-, allgemeine wirtschaftliche Kenntnisse bis hin zu Kenntnissen im Umgang mit modernen Kommunikationstechnologien. Um dieses Know-how der Einkäufer aufzubauen bzw. zu vertiefen, bietet SONY seinen Einkäufern die Möglichkeit, ein spezifisches Einkäuferzertifikat zu erlangen. Im Modulprinzip werden Kurse angeboten, auf die man, je nachdem wo eigene Wissenslücken liegen, zugreifen kann. Im Know-how seiner Mitarbeiter sieht SONY den Schlüssel zum Erfolg. Das gesammelte Wissen der Einkäufer wird regelmäßig über sogenannte Working Councils ausgetauscht.[23]

Neben der Mitarbeiterqualifikation ist insbesondere der *Einsatz der Mitarbeiter* für die Beschaffungskosten entscheidend. Wir empfehlen diesbezüglich zu überprüfen, inwieweit eine Reduktion der administrativen Tätigkeiten zu Gunsten wertsteigernder Aktivitäten erreicht werden kann.

Das Unternehmen 3M beispielsweise berichtet von einem um 50 Prozent verringerten Anteil der administrativen Tätigkeiten im Einkauf nach Prozeßoptimierungsmaßnahmen innerhalb von zwei Jahren.[24] Die gewonnene Zeit der Mitarbeiter aufgrund des Produktivitätszuwachses wurde hauptsächlich auf wertsteigernde Tätigkeiten verlagert. So ist die Bestellabwicklung für Produktionsmaterialien auf die Produktionsplanung übertragen worden, die nun je nach Bedarf direkt beim Lieferanten bestellt. Die Verlagerung der Einkaufskompetenz direkt an den Materialdisponenten (im Rahmen vorab definierter Vereinbarungen) vermeidet unnötige Schnittstellen und beschleunigt den gesamten Bestell-

---

23 Vgl. Wangerin 1995, S. 21.
24 Vgl. Eckseler 1995, S. 23.

prozeß. Eine weitere Maßnahme lag in der drastischen Reduktion der DV-Listen und Einkaufsformulare. Außerdem wurden unnötige Unterschriften auf Einkaufsanforderungen eliminiert und Bestellungen überwiegend über Fax anstatt per Brief abgewickelt. In diesem Zusammenhang versuchte man generell, den Einsatz von Papier zu vermeiden und bei Einkaufsanforderungen auf EDV umzustellen. Die EDV ermöglichte beim Kauf von Standardprodukten mit geringem Wert, der erfahrungsgemäß einen Großteil der administrativen Tätigkeiten ausmacht, eine direkte Bestellung beim vom Einkauf vorgegebenen Lieferanten.

Der Einsatz der Mitarbeiter bezieht sich aber auch auf die Zusammenarbeit mit anderen Bereichen. Eine empirische Untersuchung von Chao/Scheuing/Ruch ergab, daß die Kommunikation zwischen dem Einkauf und seinen internen Kunden – unzweifelhaft eine wichtige Voraussetzung für eine erfolgreiche Zusammenarbeit – vielerorts völlig unzureichend ist.[25] Maßnahmen zur Verbesserung dieser Zusammenarbeit können u. a. der Einsatz von CAD-System-kompatiblen Datenbanken im Einkauf, der Einsatz von Ingenieuren im Beschaffungswesen und die Mitarbeiterrotation zwischen den internen Kunden und dem Einkauf sein. Auch die Einbindung von Mitarbeitern aus dem Beschaffungsbereich in funktionsübergreifenden Teams (z. B. im Rahmen von Neuproduktentwicklungen) ist ein Ansatz, der mittelfristig die Qualität der Zusammenarbeit erhöht.

7.5 Kennzahlengestützte Strukturanalyse der Beschaffung

Abschließend stellen wir ein Kennzahlensystem vor, das gleichzeitig Frühwarnindikator und Steuerungsinstrument zur Beurteilung der Leistungsfähigkeit der Beschaffungsabteilung sein soll. Zusätzlich eignet es sich als Benchmarking-Instrument für den zwischenbetrieblichen Unternehmensvergleich. Die Ergebnisse einer empirischen Untersuchung sollen darüber hinaus Aufschluß über Anwendung und Verbreitungsgrad von Kennzahlensystemen in der betrieblichen Praxis geben.[26]

Im allgemeinen müssen Kennzahlen, die in konzentrierter Form über einen zahlenmäßig erfaßbaren Tatbestand informieren, bestimmten An-

---

25 Vgl. Chao/Scheuing/Ruch 1993, S. 37.
26 Vgl. im folgenden Homburg/Werner/Englisch 1997.

forderungen genügen. Erstens müssen sie Sachverhalte und Zusammenhänge auf einem metrischen Skalenniveau messen können (Prinzip der Quantifizierbarkeit). Zweitens müssen sie das Beurteilungsvermögen und die Entscheidungsfähigkeit des Managements erhöhen (Prinzip der Informationsfähigkeit), indem sie einen möglichst schnellen und umfassenden Überblick über komplexe Strukturen und Prozesse geben. Nicht zuletzt muß ihre Erhebung auch wirtschaftlich vertretbar sein. Die isolierte Betrachtung einzelner Kennzahlen ist dabei kaum sinnvoll, erst die Kombination zu einem Kennzahlensystem, das wechselseitige Interdependenzen berücksichtigt, kann die volle Leistungsfähigkeit sicherstellen. Ein solches System sollte möglichst übersichtlich, widerspruchsfrei, flexibel (d. h. aufnahmefähig für weitere Kennzahlen) sowie genau, aktuell und vollständig sein. Darüber hinaus können solche Kennzahlen auch für einen inner- oder zwischenbetrieblichen Vergleich (Benchmarking) herangezogen werden.

Die Schwierigkeit, geeignete Kennzahlen zur Messung der Beschaffungsleistung zu finden, läßt sich u. a. darauf zurückführen, daß eine klare Abgrenzung von Begriffen wie Beschaffungsleistung, -effizienz oder -effektivität mühsam ist und daß die Beschaffungsleistung zu einem überwiegenden Teil das Ergebnis funktionsübergreifender Aktivitäten ist. Dies wird auch an den Anforderungen an ein Kennzahlensystem für die Beschaffung deutlich. So soll ein solches Kennzahlensystem Zielvorgaben für den Beschaffungsbereich ermöglichen, Abweichungen, Chancen und Risiken erkennen lassen, Einsparungspotentiale aufdekken, die Leistung sowohl der gesamten Beschaffung als auch der einzelnen Mitarbeiter meßbar machen und die Erfüllung von Routineaufgaben erleichtern. Kennzahlen sollten darüber hinaus aus den Zielen der Beschaffungsfunktion und den Verantwortlichkeiten der Einkaufsabteilung abgeleitet werden.

Wegen der hohen Unternehmensindividualität von Kennzahlen für das Benchmarking kann es nicht unser Anliegen sein, eine für jede Unternehmung passende Systematik zu entwickeln. Ziel muß vielmehr die Ableitung eines relativ allgemeingültigen und unternehmensübergreifenden Instrumentariums sein, das an das jeweilige unternehmensindividuelle Benchmarking-Projekt angepaßt werden kann (und somit der Forderung der Flexibilität gerecht wird). Die hier entwickelte Kennzahlensystematik bezieht sich konsequenterweise auf die gesamte Beschaffungsleistung. Dies schließt nicht aus, daß z. B. in einem speziellen

Benchmarking-Projekt einzelne Teilprozesse herausgegriffen und einer gesonderten Betrachtung unterworfen werden. Hierfür ist dann unter Umständen eine spezifischere Definition von Kennzahlen nötig.

Ein solches Kennzahlensystem muß sich zunächst an den Zielgrößen *Kosten*, *Qualität* und *Zeit* orientieren. Kennzahlen, die sich auf diese Größen beziehen, sollen ihrer grundsätzlichen Bedeutung wegen mit dem Begriff *Leistungsstandard-Kennzahlen* überschrieben werden. Sie umfassen im wesentlichen Personal-, Material- und Abteilungskosten, Lieferqualität und -pünktlichkeit sowie die Zeitspanne zwischen Materialanforderung und Bestellung.

Leistungsstandard-Kennzahlen können ihrer grundlegenden Art zufolge jedoch nicht aufzeigen, *wie* ein bestimmter Leistungsstandard erreicht wird. Ziel einer Strukturanalyse der Beschaffung ist aber auch die Erkennung der Hintergründe der Erreichung bestimmter Zielwerte. Die Erreichung einer optimalen Position der Beschaffung im Hinblick auf die Zielgrößen Kosten, Qualität und Zeit bedarf der Optimierung bestimmter Rahmenbedingungen, in die die Beschaffungsprozesse eingebettet sind. Wegen des unterschiedlichen Charakters der untersuchten Größen müssen auch die diesbezüglichen Meßgrößen anders beschaffen sein. Sie dienen dazu, grundsätzliche Gegebenheiten in den Rahmenbedingungen der Beschaffung aufzudecken und sind ihrer Natur zufolge weniger determiniert im Hinblick auf monetäre, qualitative und zeitliche Aspekte: Wir sprechen in diesem Zusammenhang von *Leistungs-schlüssel-Kennzahlen*.

Wir haben in den beiden vorhergehenden Abschnitten dargelegt, daß Kostenmanagement im Beschaffungsbereich insbesondere bei den Lieferanten und den Mitarbeitern ansetzen kann. Dementsprechend beziehen sich Leistungsschlüssel-Kennzahlen auf die vier Bereiche *Lieferantenstruktur*, *Lieferanteneinsatz*, *Mitarbeiterstruktur* und *Mitarbeitereinsatz*. Im einzelnen geht es vor allem um die Anzahl von Lieferanten unter verschiedenen Gesichtspunkten, plaziertes Einkaufsvolumen, gemeinsame Produktentwicklung sowie Qualifikation und Arbeitsstil der Mitarbeiter. Abbildung 7-7 veranschaulicht die Struktur des vorgeschlagenen Kennzahlensystems. Die einzelnen Kennzahlen sind in Tabelle 7-6 aufgeführt.

Die Verbreitung der einzelnen Kennzahlenkategorien in der Praxis wurde empirisch untersucht. Die wesentlichen Ergebnisse sind in Abbildung 7-8 zusammengefaßt. Es zeigt sich, daß Leistungsstandard-Kenn-

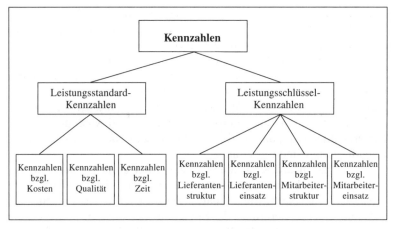

Abbildung 7-7: Struktur des Kennzahlensystems für die Beschaffung

A. Leistungsstandard-Kennzahlen

Kosten
– Anzahl der Einkäufer bezogen auf eine bestimmte Anzahl von Einkaufspositionen
– Anzahl der Einkäufer bezogen auf ein bestimmtes wertmäßiges Einkaufsvolumen
– Abteilungskosten/Beschaffungskosten
– Beschaffungskostensenkung über alle Materialien hinweg innerhalb einer bestimmten Periode

Qualität
– Anzahl der verspäteten Lieferungen/Anzahl der Lieferungen insgesamt
– Anzahl der zurückgewiesenen Lieferungen/Anzahl der Lieferungen insgesamt
– Wertmäßiges Einkaufsvolumen, das die Eingangskontrolle nicht passiert/ wertmäßiges Einkaufsvolumen insgesamt
– Anzahl der nicht sofort bedienten Materialanforderungen/Anzahl der Materialanforderungen insgesamt

Zeit
– Durchschnittlicher Zeitraum, der zwischen dem Zeitpunkt der ersten internen Bedarfsmeldung und dem Zeitpunkt liegt, an dem die Bestellung den Lieferanten erreicht

B. Leistungsschlüssel-Kennzahlen

Lieferantenstruktur
– Anzahl der Lieferanten, auf die x Prozent des wertmäßigen Einkaufsvolumens entfällt/Anzahl der Lieferanten insgesamt
– Anzahl der Lieferanten mit Auslieferung im Umkreis von x km von der eigenen Produktionsstätte/Anzahl der Lieferanten insgesamt
– Anzahl der Lieferanten, die zertifiziert sind/Anzahl der Lieferanten insgesamt
– Anzahl der Lieferanten, an denen eine Beteiligung gehalten wird/Anzahl der Lieferanten insgesamt

Lieferanteneinsatz
– Wertmäßiges Einkaufsvolumen, das auf komplett und funktional abgrenzbare Baugruppen entfällt/wertmäßiges Einkaufsvolumen insgesamt
– Wertmäßiges Einkaufsvolumen, dem Rahmenverträge zugrunde liegen/ wertmäßiges Einkaufsvolumen insgesamt
– Neuproduktentwicklungen, bei denen von Anfang an der Lieferant einbezogen ist/Neuproduktentwicklungen insgesamt
– Anzahl der Qualitätsprobleme bei zugekauftem Material, die durch ein gemeinsames Lieferanten-Abnehmerteam bearbeitet werden/Anzahl der Qualitätsprobleme insgesamt
– Anzahl der Tage gemeinsam durchgeführter Workshops im Jahr
– Durchschnittlicher Zeitraum, der zwischen dem Zeitpunkt, an dem die Bestellung den Lieferanten erreicht, und dem Zeitpunkt der Lieferung liegt
– Wertmäßiges Einkaufsvolumen, das durch elektronischen Datenaustausch bestellt wird/wertmäßiges Einkaufsvolumen insgesamt

Mitarbeiterstruktur
– Anzahl der Einkäufer mit mindestens x-jähriger Einkaufserfahrung/Anzahl der Einkäufer insgesamt
– Anzahl der Einkäufer mit technischer Ausbildung/Anzahl der Einkäufer insgesamt
– Anzahl der Sprachen, die verhandlungssicher beherrscht werden

Mitarbeitereinsatz
– Wertmäßiges Einkaufsvolumen, das vom Einkauf abgewickelt wird/wertmäßiges Einkaufsvolumen insgesamt
– Anzahl der Fortbildungstage je Einkäufer und Jahr
– Arbeitszeit, die der Einkäufer auf Verwaltungsarbeit verwendet/Arbeitszeit insgesamt
– Arbeitszeit, die der Einkäufer auf Qualitätsprobleme von Beschaffungsobjekten verwendet/Arbeitszeit insgesamt
– Anzahl der Einkaufsobjekte, die jährlich formal hinsichtlich der günstigsten globalen Beschaffungsmöglichkeiten überprüft werden/Anzahl der Einkaufsobjekte insgesamt
– Anzahl der vereinbarten Treffen mit Produktion und F&E im Monat
– Anzahl der standardisierten Einkaufsteile/Anzahl der Einkaufsteile insgesamt

Tabelle 7-6: Leistungsstandard- und Leistungsschlüssel-Kennzahlen

zahlen (abgesehen von denen, die sich auf die Zeit beziehen) deutlich häufiger zur Anwendung gelangen als Leistungsschlüssel-Kennzahlen. Im Kern bedeutet dies, daß die in der Praxis eingesetzten Kennzahlensysteme sehr stark ergebnis- und weniger ursachenorientiert sind. An die im ersten Kapitel kritisierte überzogene Symptomorientierung herkömmlicher Ansätze des Kostenmanagements sei nochmals erinnert. Ein effektives Kostenmanagement in der Beschaffung setzt in zahlreichen Unternehmen also die Erweiterung der existierenden Kennzahlensysteme um ausgewählte Leistungsschlüssel-Kennzahlen voraus.

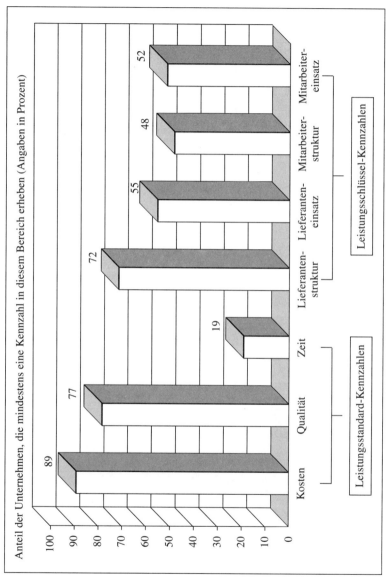

Abbildung 7-8: Verbreitung ausgewählter Kennzahlenkategorien in der Praxis

8. Kostenmanagement durch Organisationsgestaltung

Dieses Kapitel befaßt sich abschließend mit den Auswirkungen von organisatorischen Entscheidungen auf die Kosten. Hierbei handelt es sich um ein sehr komplexes Themengebiet. Vor diesem Hintergrund muß sich dieses Kapitel mehr als jedes andere darauf beschränken, ein Gefühl für die grundsätzlichen Zusammenhänge zu vermitteln.

Im ersten Abschnitt steht die *Aufbauorganisation* im Mittelpunkt der Betrachtung. Es geht insbesondere um die Frage, wie man durch die Gestaltung der Spezialisierung im Unternehmen Kosten beeinflußt. Ein zentraler Begriff ist in diesem Zusammenhang der der *Koordinationskosten*. Diese (wie so viele andere wichtige Kostenkategorien) latente Kostengröße gehört nach unseren Beobachtungen zu den zentralen Problemen vieler Großunternehmen.

Im zweiten Abschnitt geht es um die *Ablauforganisation*. Es wird verdeutlicht, wie Prozesse im Unternehmen durchleuchtet und optimiert werden können.

8.1 Aufbauorganisation: Struktur beeinflußt Kosten

Ausgangspunkt der Überlegungen ist, daß es zwei zentrale Problemfelder der Organisationsgestaltung gibt: das Spezialisierungsproblem und das Koordinationsproblem.[1] Im Zusammenhang mit der *Spezialisierung* geht es, vereinfacht ausgedrückt, um die Entscheidung, welche Teile der Gesamtaufgaben eines Unternehmens auf einzelne Mitarbeiter der Organisation bzw. Gruppen von Mitarbeitern (Abteilungen, Bereiche o. ä.) verteilt werden sollen. Die *Koordinationsproblematik* besteht darin, daß die Aktivitäten der einzelnen Unternehmensmitglieder im Hinblick auf die Unternehmensziele ausgerichtet werden müssen. Offensichtlich resultiert also das zweite Basisproblem aus der Lösung des ersten. Es stellen sich in Verbindung mit diesen beiden Entscheidungsfeldern drei *Kernfragen*:

1 Vgl. Kieser/Kubicek 1992.

1. Wie stark sollte eine Spezialisierung erfolgen?
2. Anhand welcher Kriterien sollte die Spezialisierung erfolgen?
3. Welche Koordinationsinstrumente sollten in welchem Ausmaß genutzt werden?

Das vorliegende Kapitel kann keineswegs eine umfassende Beantwortung dieser drei Fragen zum Ziel haben. Vielmehr geht es darum, dem Leser einige Anregungen zur Behandlung dieser Fragen – speziell im Hinblick auf kostenbezogene Aspekte – zu vermitteln. Allgemeingültige Antworten dürften ohnehin ausgesprochen problematisch sein.

Im Hinblick auf die erste Frage sollte man sich zunächst grundsätzlich verdeutlichen, *welche Kostenauswirkungen* aus der Spezialisierung resultieren. Hier ist zum einen die mögliche Kostensenkung durch spezialisierungsbedingte Effizienzsteigerung und zum anderen die Entstehung von Koordinationskosten (Zeit der Mitarbeiter für koordinierende Aktivitäten, koordinierende Besprechungen, Einrichtung von Koordinationsstellen etc.) hervorzuheben. Da die Kosten durch Ineffizienz aufgrund fehlender Spezialisierung mit zunehmender Spezialisierung abnehmen und die Koordinationskosten gleichzeitig zunehmen, gibt es einen unter Kostengesichtspunkten optimalen Grad der Spezialisierung (vgl. Abbildung 8-1).

Sicherlich sind die in Abbildung 8-1 aufgezeigten Zusammenhänge im konkreten Fall kaum zu quantifizieren. Die Darstellung sollte daher eher dazu verwendet werden, grundsätzlich Überlegungen zum Spezialisierungsgrad im Unternehmen anzustellen. Wir haben insbesondere in Großunternehmen eine Tendenz zur Überspezialisierung beobachtet (vgl. Abbildung 8-1). Das führt unter Kostengesichtspunkten dazu, daß die Koordinationskosten überhöht sind und die durch Spezialisierung erzielten Effizienzgewinne massiv überlagern. In der Gesamtkostenbetrachtung bedeutet dies, daß die Spezialisierung kostenintensiver ist, als es notwendig wäre. Die wesentliche Empfehlung lautet also, sich kritisch die Frage zu stellen, inwieweit im Unternehmen Überspezialisierung vorhanden ist. Ein wichtiger Indikator hierfür sind die Koordinationskosten. Einige Schlüsselindikatoren, die auf eine *zu hohe Koordinationsintensität* hinweisen, sind

– zahlreiche Stellen im Unternehmen, die ausschließlich Koordinationszwecke erfüllen,

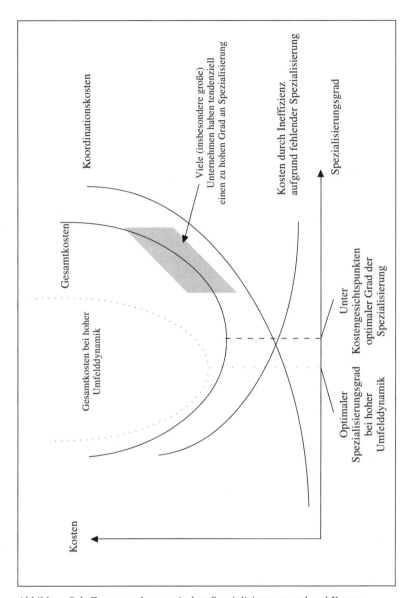

Abbildung 8-1: Zusammenhang zwischen Spezialisierungsgrad und Kosten

– zahlreiche Querschnittsbesprechungen, die ausschließlich Koordinationszwecken dienen, sowie
– langsame Routine- und Entscheidungsprozesse.

Unternehmen, in denen derartige Phänomene in hohem Maße auftreten, sollten sich auf der Basis von Abbildung 8-1 über ihren Spezialisierungsgrad ernsthafte Gedanken machen.

In diesem Zusammenhang ist noch darauf hinzuweisen, welchen Einfluß die immer höhere Dynamik und Komplexität im Umfeld von Unternehmen hat. Hohe Dynamik führt dazu, daß der durch Spezialisierung erzielbare potentielle Nutzen aufgrund der fehlenden Repetitivität der Aufgaben geringer wird, anders ausgedrückt, daß die Kosten durch Ineffizienz aufgrund fehlender Spezialisierung geringer ausfallen. Jedoch erhöhen sich mit zunehmender Dynamik die Koordinationskosten aufgrund des höheren Koordinationsbedarfs. Unter Kostengesichtspunkten bedeutet dies, daß der optimale Spezialisierungsgrad *geringer* wird. Gerade in Zeiten hoher Dynamik ist also eine Überspezialisierung extrem kostenintensiv (vgl. Abbildung 8-1).

Im Hinblick auf die zweite Frage (Anhand welcher Kriterien sollte man sich spezialisieren?) ist zunächst grundsätzlich zwischen funktionaler und objektorientierter Spezialisierung zu unterscheiden.[2] Eine *funktional* strukturierte Organisation weist Stellen auf, bei denen jeweils relativ gleichartige Verrichtungen ausgeführt werden, eine objektorientiert strukturierte nimmt dagegen eine Bündelung von Aufgaben anhand bestimmter Objekte, z. B. Produkte, Kunden(-gruppen), Regionen oder Projekte, vor.

Wesentlicher Vorteil der funktional strukturierten Organisation ist deren tendenziell hohe Effizienz. Diese resultiert letztlich aus einer Spezialisierung auf bestimmte Tätigkeiten mit geringen »Rüstkosten« bei der Aufgabenbearbeitung und daher eher geringen Anforderungen an die Administration. Zudem kann bei einer funktionalen Strukturierung bei Kapazitätsengpässen relativ schnell über die Zuteilung der Kapazitäten entschieden werden. Eine funktionale Strukturierung erleichtert darüber hinaus die Durchsetzung einer einheitlichen Unternehmenspolitik am Markt. Marktinterdependenzen entfallen bei dieser Strukturie-

---

2 Vgl. im folgenden Gruner/Garbe/Homburg 1997 sowie die dort zitierte Literatur.

rung somit fast völlig. Als Nachteil dieser Strukturierung ist insbesondere das Fehlen von Stellen zu nennen, die bezüglich bestimmter Produkte oder Märkte gezielt Informationen sammeln und Prozesse steuern. Zudem wird bei einer funktionalen Strukturierung eine Marktorientierung organisatorisch nicht verankert, das Abteilungsdenken hingegen tendenziell gefördert.

Objektorientierte Organisationsformen weisen je nach Ausgestaltungsobjekt unterschiedliche Vorteile auf. Durch den Objektbezug wird jedoch immer ein Planungsgegenstand konkretisiert, somit ein klarer Planungsrahmen geschaffen und dadurch die Unternehmensleitung entlastet. Ein Nachteil aller objektorientierten Organisationsformen ist deren erhöhter Koordinationsbedarf hinsichtlich der Funktionen und zur gesamtbetrieblichen Abstimmung der einzelnen objektbezogenen Aufgabenträger.

Eine Aussage, welche organisatorische Strukturierung in einem Unternehmen eine optimale Aufgabenerfüllung gewährleistet, läßt sich nicht pauschal, sondern nur in Abhängigkeit von Kontextvariablen treffen. So sind funktional strukturierte Organisationen insbesondere für überschaubare Märkte und stabile Kontextfaktoren geeignet. Unternehmen mit funktional strukturierten Organisationen sind typischerweise nicht sehr groß und weisen ein homogenes Produktprogramm mit geringem Umfang auf.

Überschaubare Märkte und stabile Umweltfaktoren sind jedoch in der heutigen Zeit eher seltene Rahmenbedingungen. Dies begründet eine wachsende Verbreitung objektorientierter Organisationsformen, die für dynamische und komplex strukturierte Märkte besser geeignet sind. Mögliche Strukturierungsmerkmale objektorientierter Organisationsformen sind Produkte, Kunden(-gruppen) und – in letzter Zeit – Prozesse. Auf die letztgenannte Form der objektorientierten Organisation gehen wir im zweiten Abschnitt des Kapitels ein.

Ein zentrales Problem, das dem Bereich der Spezialisierung zuzuordnen ist, liegt in der *Spartenbildung.* Ab einer gewissen Größe weisen heute nahezu alle Unternehmen eine solche Organisation nach Sparten (Geschäfts- bzw. Unternehmensbereiche, Divisions usw. sind inhaltsgleiche Begriffe) auf, wobei den Leitungen der Sparten häufig ein beträchtliches Maß an Entscheidungsautonomie zugestanden wird. Häufig stellen diese Sparten bereits sogar rechtlich selbständige Unternehmen dar.

Für die Spartenbildung kann man grundsätzlich drei Dimensionen heranziehen, die sicherlich miteinander korrelieren: Kundengruppen, Kundennutzen und Produkte/Technologien. Für das weitere Vorgehen wollen wir lediglich zwischen einer kunden- und einer produktorientierten Spartenbildung differenzieren (vgl. Abbildung 8-2), da diese beiden Kategorien nahezu alle in der Praxis zu beobachtenden Fälle abdecken dürften.

Nach Auffassung der Verfasser sind produktorientierte Geschäftsbereiche in der Praxis nach wie vor noch viel zu weit verbreitet. Ein Kernproblem der Spartenbildung, die sich nicht an Kunden orientiert, liegt u. E. darin, daß sie tendenziell sehr hohe Koordinationskosten verursacht. Dies gilt insbesondere dann, wenn der Marktzugang der verschiedenen produktorientiert definierten Sparten über einen gemeinsamen Vertrieb erfolgt (Prinzip des »One Face to the Customer«). In solchen Organisationsmodellen ist es auch üblich, daß die Spartenleitung keinen disziplinarischen Zugriff auf den Regionalvertrieb hat (vgl. den linken Teil von Abbildung 8-2). Im Regelfall gibt es eine von den Sparten unabhängige Vertriebsleitung. Die Abstimmungsprozesse zwischen produktorientierter Sparte und Vertrieb, die man in solchen Unternehmen bisweilen beobachten kann, lassen sich recht zutreffend mit der Vokabel »Abstimmungsorgie« umschreiben. Dies gilt für die periodischen Planungsprozesse ebenso wie für zentrale Marketingaktivitäten, wie z. B. die Preisgestaltung oder die Einführung neuer Produkte am Markt. Die Koordinationskosten sind immens.

Ein Hauptargument für die produktbezogene Organisationsform ist oft die klare Zuordnung der Produktion (bzw. ihrer Kosten) zu den einzelnen Geschäftsbereichen. Überspitzt könnte man sagen, daß es sich im wesentlichen um eine *produktionsorientierte* Organisationsform handelt. Das Problem der hohen Koordinationskosten wird häufig übersehen bzw. unterschätzt. Diese Kosten treten ja auch in keiner Kostenrechnung des Unternehmens auf. Eine Organisationsform, die sich auf kundenbezogene Sparten stützt, erweist sich dagegen in vielen Fällen als koordinationseffizienter. Es ist mit weniger Aufwand verbunden, die Aktivitäten konsistent auf Kundenbedürfnisse auszurichten. In Zeiten immer anspruchsvoller werdender Kunden gewinnt dieser Aspekt immer mehr an Bedeutung. Im Rahmen eines solchen Modells ist es beispielsweise möglich, die Produktion als zentralen Dienstleister (Cost Center) zu behandeln, der die Geschäftsbereiche mit Produkten belie-

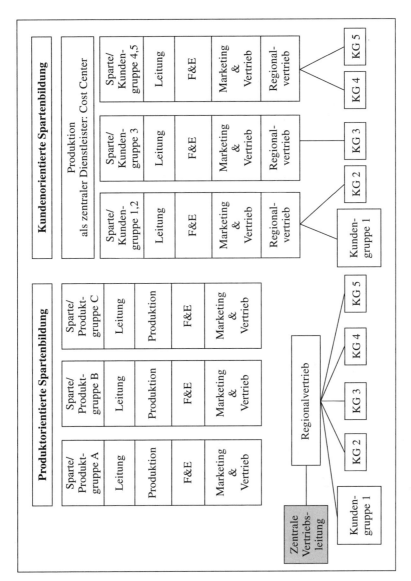

Abbildung 8-2: Gegenüberstellung von produktorientierter und kundengruppen-orientierter Spartenbildung

fert (vgl. den rechten Teil von Abbildung 8-2). Möglicherweise ist es erforderlich, eine Sekundärverantwortung der kundenorientierten Geschäftsbereiche für einzelne Produktgruppen zu verankern, so daß im Geschäftsbereich auch ein Produktmanagement installiert wird. In diesem Fall kann z. B. der Geschäftsbereich die Hauptverantwortung für diejenigen Produktgruppen übernehmen, die in erster Linie in den ihm zugeordneten Kundengruppen vermarktet werden. Allerdings – und dies halten wir für entscheidend – verlieren hier die Produkte die Rolle als erstrangiges Gliederungskriterium.

Die grundsätzliche Strukturierungsproblematik läßt sich anhand der Produkt-/Kundengruppenmatrix verdeutlichen (vgl. Abbildung 8-3). Ein Punkt bedeutet hierbei, daß Produktgruppe X in wesentlichem Umfang von Kundengruppe Y benötigt wird. Wären Produktgruppen und Kundengruppen einander in beiden Richtungen eindeutig zuzuordnen, so gäbe es kein Strukturierungsproblem. Ist dies, wovon im Regelfall auszugehen ist, aber nicht der Fall, so kann man mit Hilfe einer derartigen Darstellung veranschaulichen, wie intensiv die Koordinationsprobleme bei bestimmten Organisationsformen (Spartenbildungen) sind.

Ein weiteres Problem der Organisationssegmentierung ist an dieser Stelle erwähnenswert: Verschiedene Märkte stellen oft sehr unterschiedliche Anforderungen an die einzelnen Anbieter. Wir haben in vielen Unternehmen beobachtet, daß Geschäftseinheiten, die unterschiedliche Märkte mit stark heterogenen Anforderungen bearbeiten, häufig Kostenprobleme bekommen. Besonders stark kann dieses Problem im Zusammenhang mit der Unterscheidung zwischen Standard- und Spezialgeschäft auftreten. Man sollte sich bewußt machen, daß diese beiden

Kundengruppen Produktgruppen	1	2	3	4
A	•		•	
B		•		•
C	•	•		•
...			usw.	

• bedeutet: Produktgruppe X wird im wesentlichen Umfang
  von Kundengruppe Y benötigt

Abbildung 8-3: Produkt-/Kundengruppenmatrix

Geschäftstypen stark unterschiedliche und in weiten Teilen kaum zu ver-
einbarende Anforderungen an die Anbieter stellen. Diese Anforderungen beziehen sich bei weitem nicht nur auf die Produkte oder Dienstleistungen. Vielmehr beziehen sie sich auf nahezu alle zentralen Prozesse
im Unternehmen, mithin auf das gesamte Geschäftssystem. Die Unterschiede reichen bis hin zu den Denk- und Verhaltensweisen der einzelnen Mitarbeiter.

Unternehmen, die derart unterschiedlichen Marktanforderungen nicht
durch eine organisatorische Trennung der jeweiligen Einheiten Rechnung tragen, können hierdurch mit massiven Kostenproblemen konfrontiert werden. Permanente Kompromisse zwischen den gegenläufigen Anforderungen verschiedener Marktsegmente sind auf die Dauer sehr
kostentreibend. Der durch die Organisationsstruktur angelegte Versuch,
den divergierenden Marktanforderungen verschiedener Marktsegmente
»unter einem Dach« gerecht zu werden, ist u. E. eine häufig übersehene
Quelle von Kostenproblemen.

Wir haben bereits erwähnt, daß dieses Problem im Hinblick auf den
Unterschied zwischen Standard- und Spezialgeschäft besonders signifikant sein kann. Ein Instrument zur Untersuchung, inwieweit die Kostenstruktur einer Geschäftseinheit sich klar am Standard- bzw. am Spezialgeschäft orientiert, ist die in Abbildung 8-4 dargestellte Matrix der
Personal- und Materialkosten. Diese beiden Kostenarten machen in Summe bis zu 80 Prozent der Gesamtkosten eines produzierenden Unternehmens aus. Ein Standardgeschäft weist typischerweise hohe Materialkosten (in Prozent vom Umsatz) auf; standardisierte Volumenprodukte
lassen in der Regel nicht viel Raum für eigene Wertschöpfung. Damit
die Kostenstruktur insgesamt gesund ist, müssen aber die Personalkosten entsprechend niedrig sein. Dies ist dann der Fall, wenn die Prozesse im Unternehmen straff auf die Anforderungen eines Standardproduk-
tes ausgerichtet sind. Im Gegensatz hierzu ist ein Spezialprodukt, das
im wesentlichen auf Einzelfertigung mit hohen kundenspezifischen
Variantenanteilen basiert, personalintensiv, muß dafür aber material-
effizient sein.

Kostenstrukturen, die keiner dieser beiden idealtypischen Ausprägungen ähneln, erweisen sich häufig als problematisch. Abbildung 8-4 verdeutlicht dies am Beispiel von vier strategischen Geschäftseinheiten
(SGE) eines Industriegüterunternehmens. Während SGE 1 (Standardprodukte) und SGE 4 (kundenspezifische Variantenprodukte) eine gute

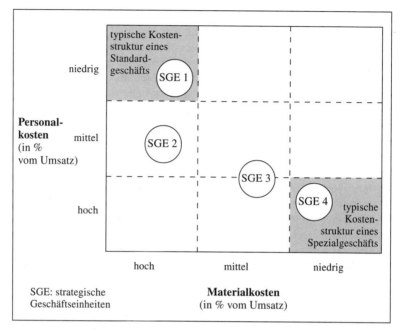

Abbildung 8-4: Personal- und Materialkostenstrukturen von vier strategischen Geschäftseinheiten eines Industriegüterunternehmens[3]

Rentabilität aufweisen, ist SGE 3 nur sehr schwach profitabel, und SGE 2 ist ein Sanierungsfall. Die beiden profitablen Geschäftsfelder weisen also eine Kostenstruktur auf, die mit ihrer strategischen Orientierung konsistent ist. SGE 3 produziert im wesentlichen Spezialprodukte – hat aber bei einigen Produkten Materialkostenprobleme. Hier konnte durch eine Reihe von Produktüberarbeitungen eine signifikante Senkung der Materialkosten erreicht werden.

Problematisch ist die Situation bei SGE 2; diese Geschäftseinheit vermarktet im wesentlichen Standardprodukte, ist aber auch bezüglich kundenspezifischer Anpassungen recht flexibel. Eine detaillierte Analyse zeigte, daß die Erfüllung dieser kundenspezifischen Sonderwünsche überaus aufwendig abgewickelt wurde – eine gewissermaßen zwangs-

3 Quelle: Homburg/Demmler 1994, S. 1599.

läufige Problematik, da solche Abläufe nicht in die typischen Prozesse eines Geschäftssystems für Standardprodukte passen. Dieser Aufwand stand in keinem Verhältnis zur Wertschöpfung, die mit diesen Varianten erzielt wurde. Man entschloß sich, die Eigenfertigung dieser Varianten aufzugeben und sie aus dem nach außen dokumentierten Verkaufsprogramm zu eliminieren. Falls sie aus vertriebspolitischen Gründen dennoch benötigt wurden, wurden sie von einem darauf spezialisierten Unternehmen zugekauft.

Unsere bisherigen Ausführungen haben verdeutlicht, daß dem Konzept der Koordinationskosten in unserem Denkansatz eine zentrale Rolle zukommt. Wir haben uns bisher darauf konzentriert, wie der Koordinationsaufwand durch aufbauorganisatorische Entscheidungen beeinflußt wird. Darüber hinaus hängt die Höhe der Koordinationskosten jedoch auch maßgeblich davon ab, *welche Koordinationsinstrumente* in welchem Ausmaß angewendet werden (vgl. die dritte eingangs formulierte Fragestellung).

Zunächst wollen wir verdeutlichen, welche Koordinationsinstrumente es überhaupt gibt. Kieser/Kubicek unterscheiden in diesem Zusammenhang zwischen

- persönlicher Weisung,
- Selbstabstimmung,
- Programmen,
- Plänen und
- nichtstrukturellen Koordinationsinstrumenten.[4]

Während die beiden ersten Koordinationsinstrumente auf einer unmittelbaren persönlichen Kommunikation zwischen den Organisationsmitgliedern basieren, handelt es sich bei den beiden folgenden Instrumenten um eher unpersönliche, aus der Sicht der Mitarbeiter um institutionalisierte Koordinationsinstrumente. Zur Abgrenzung von der letztgenannten Kategorie werden die vier erstgenannten Instrumente auch als strukturelle Koordinationsinstumente bezeichnet.

Merkmal der *persönlichen Weisung* ist die vertikale Kommunikationsrichtung. Dafür ist es erforderlich, Instanzen einzurichten und diese mit umfassenden Weisungs- und Entscheidungsbefugnissen auszustatten.

---

4 Vgl. Kieser/Kubicek 1992, S. 104ff.

Wird überwiegend die persönliche Weisung als Koordinationsinstrument eingesetzt (starke Hierarchieorientierung), kann es leicht zu einer Überlastung des Managements kommen.

Koordination durch *Selbstabstimmung* wird häufig eingesetzt, um das Management zu entlasten und dem einzelnen Mitarbeiter (z. B. im Rahmen von Teamstrukturen) mehr Verantwortung einzuräumen. Man verspricht sich dadurch eine größere Motivation der Teammitglieder und eine verbesserte Qualität der Arbeitsleistung. Derartige durch Selbstabstimmung geleitete teilautonome Teams sind vor allem in letzter Zeit in der Produktion großer Industriebetriebe eingerichtet worden.

Die Koordination durch Verfahrensregelungen oder *Programme* erfolgt in der Regel bei standardisierten, sich wiederholenden Aufgaben. Ziel von Programmen ist es, Probleme zu klassifizieren und entsprechende Verfahren zur Lösung der einzelnen Problemklassen anzubieten. Als Paradebeispiel für die Verwendung von standardisierten Programmen ist die öffentliche Verwaltung, insbesondere Behörden und Ämter, zu nennen. Für jeden behördlich definierten Problemfall gibt es ein Formular, das nicht selten die Bearbeitung weiterer Formulare erforderlich macht. Umfangreiche Handbücher sollen dagegen in Unternehmen Handlungsmuster vorgeben.

Gegenüber den Programmen unterscheidet sich die Koordination durch *Pläne* durch eine konkrete, auf die Zukunft gerichtete Zielorientierung. Beispielsweise kann ein Plan das Ziel einer Marktanteilssteigerung von 10 Prozent verfolgen. Die Koordination über Pläne ist – sobald ein gewisses Niveau an Detailliertheit überschritten wird (Planungstechnokratie) – eher negativ zu beurteilen.

Die wichtigsten *nichtstrukturellen* Koordinationsinstrumente sind die Koordination über *organisationsinterne Märkte*, d. h. über die Einrichtung von Profit Centern und die Koordination über Verrechnungspreise, sowie die *Unternehmenskultur*. Die Unternehmenskultur erleichtert die Koordination, da die Mitarbeiter eines Unternehmens gewisse unternehmensspezifische Grundsätze verinnerlicht haben und ihre Aktivitäten ohne strukturelle Vorgaben aufeinander abstimmen.

Wir wollen die Diskussion an dieser Stelle nicht zu weit führen. Vor dem Hintergrund unserer speziellen Perspektive ist insbesondere die Frage relevant, wie kostengünstig die einzelnen Koordinationsinstrumente sind. In diesem Zusammenhang konstatieren wir regelmäßig, daß die strukturellen Koordinationsmechanismen in vielen Unternehmen sehr intensiv und kostentreibend angewandt werden. Beispielhaft seien hier folgende Phänomene genannt:

1. Auf der Basis einer massiven hierarchischen Orientierung werden selbst bei Detailentscheidungen Vorgesetzte eingeschaltet. Dies verzögert Entscheidungsprozesse und führt zur Überlastung des Managements mit operativen Aufgaben.

2. In vielen Unternehmen wird eine Planungstechnokratie betrieben, die jeglicher Beschreibung spottet. Aufgrund der aufwendigen Struktur der Planungssysteme wird bereits sehr früh mit der Planung für das kommende Geschäftsjahr begonnen. Der betriebene Aufwand steht häufig im krassen Gegensatz zur inhaltlichen Qualität der Pläne. Im Regelfall sind die Prämissen schon zu Beginn des relevanten Geschäftsjahres überholt, die Pläne somit Makulatur.

3. Es ist immer wieder überraschend, insbesondere in Großunternehmen zu konstatieren, wieviel Energie in die Formulierung von Verfahrensrichtlinien, Organisationshandbüchern und ähnlichen Unterlagen investiert wird. Der Versuch, in einem überzogenen Umfang mit Programmen zu koordinieren, kann ebenfalls sehr kostenintensiv werden: Die Einhaltung von Regeln wird mehr und mehr zu einem Selbstzweck, die Mitarbeiter beschäftigen sich stärker mit Regeln als mit eigentlichen Inhalten von Aufgaben.

Wir sind der Auffassung, daß im Gegensatz hierzu die Unternehmenskultur langfristig ein äußerst günstiges Koordinationsinstrument darstellt. Allerdings kann man in sehr vielen Unternehmen beobachten, daß dieses Managementinstrument nur unzureichend genutzt wird. Beispielsweise hat unseres Wissens kaum ein Unternehmen bislang die mittlerweile verfügbaren Ansätze zur Messung der Unternehmenskultur angewandt.[5] Man sollte sich darüber klar werden, daß gerade in Zeiten zunehmender Dynamik und Komplexität die Koordination durch strukturelle Instrumente sehr kostenintensiv ist und natürliche Grenzen hat. Zukünftiges erfolgreiches Kostenmanagement sollte sich daher in hohem Maße auf die Unternehmenskultur konzentrieren. Es kann an dieser Stelle keine Diskussion darüber erfolgen, wie man Unternehmenskulturen messen und managen kann. Wir verweisen in diesem Zusammenhang auf Homburg/Werner (1997).

---

5 Vgl. hierzu Homburg 1995 (a).

8.2 Ablauforganisation: Der teure »Sand im Getriebe«

Im Rahmen organisatorischer Maßnahmen konzentrierten sich Unternehmen lange Zeit darauf, Zuständigkeiten einzelner Bereiche zu fixieren. Die Aufbauorganisation dominierte die Ablauforganisation. Erst im Zuge einer zunehmenden Orientierung auf den Kunden bzw. Markt gewann die Ablauforganisation an Bedeutung.

Die Ablauforganisation erstreckt sich auf die Prozesse im Unternehmen. Es werden Arbeits- und Bewegungsvorgänge in räumlicher und zeitlicher Hinsicht untersucht. Die Struktur der Bewegungsvorgänge hängt davon ab, wie die organisatorischen Elemente gruppiert sind, wie Arbeitsprozesse in Raum und Zeit angeordnet sind und wie die Objekte weitergegeben werden.

Wir wollen im folgenden zunächst erläutern, was eigentlich ein *Prozeß* ist, welche *Elemente* er hat und wie man ihn *darstellen* kann. Darüber hinaus wollen wir dem Leser einen Überblick vermitteln, welche *Arten* von Prozessen es gibt und welche *Kernprozesse* in Unternehmen existieren. Eng verbunden hiermit ist die Frage, welche *Erfolgsmaßstäbe* zur Beurteilung von Prozessen heranzuziehen sind. Schließlich geht es um *Techniken der Prozeßoptimierung*. Dies geht von einfachen Dingen (z. B. Delegation von Verantwortung an die ausführenden Mitarbeiter) bis hin zu *Veränderungen der Aufbauorganisation im Hinblick auf die Prozeßorientierung* (z. B. Vertriebsinseln zur Abwicklung eines Auftrags bis in die Produktion hinein).

Bei einem *Prozeß* handelt es sich um eine sich wiederholende Folge einzelner, wertschöpfungsorientierter Tätigkeiten mit meßbarem In- bzw. Output. Der Output eines Prozesses ist dabei auf einen bestimmten Kunden oder Markt gerichtet. Im Vergleich zur Aufbauorganisation, die hierarchische Abhängigkeiten widerspiegelt, verlaufen Prozesse horizontal und damit quer durch verschiedene Funktionen eines Unternehmens.

Ein Prozeß besteht aus verschiedenen *Prozeßelementen*, die den Prozeß im Hinblick auf Kriterien wie Tätigkeit, ausführende Organisationseinheit, technische Hilfsmittel etc. beschreiben. Welche Prozeßelemente und mögliche Darstellungsformen gibt es nun? Der Beginn eines Prozesses wird durch ein *Ereignis* (z. B. den Eingang eines Kreditantrages) ausgelöst und verursacht damit eine Reihe von *Tätigkeiten*. Die gestellten Aufgaben werden in unterschiedlichen *Abteilungen* ausgeführt. Gelegentlich ist es sinnvoll, die Tätigkeiten nach der *Art der Ausführung*

(z. B. manuell oder automatisch) zu differenzieren. Tätigkeiten basieren auf *Entscheidungen*, die das Ergebnis einer *Prüfung* oder *Messung* (z. B. Kreditwürdigkeitsprüfung des Kunden) sind. Entscheidungen führen dabei zu *Verzweigungen* und legen damit den Prozeßverlauf fest (z. B. wenn Bedingung A erfüllt ist, dann gehe zu Schritt y, sonst zu Schritt z). *Zeitliche Verzögerungen* innerhalb des Prozesses, wie z. B. Lagerung oder spezielle Wartezeiten, beeinflussen die Durchlaufzeit und können ebenfalls gesondert aufgeführt werden. Der Prozeß endet mit einem *Prozeßergebnis* oder *-output*. Prinzipiell sind noch zahlreiche weitere Spezialformen denkbar. Unsere Erfahrungen haben jedoch gezeigt, daß eine zu große Detailgenauigkeit im Hinblick auf einzelne Prozeßelemente mehr zur Verwirrung beiträgt als wesentliche Zusatzinformationen zu bieten. Daher empfehlen wir bei der Analyse eine Konzentration auf zentrale Prozeßelemente. Da eine wesentliche Grundfunktion der prozeß-orientierten Darstellungsweise die Offenlegung überflüssiger Schnittstellen ist, sind üblicherweise Abteilungen als Prozeßelemente abzubilden. Abbildung 8-5 stellt beispielhaft einige Prozeßelemente graphisch dar.

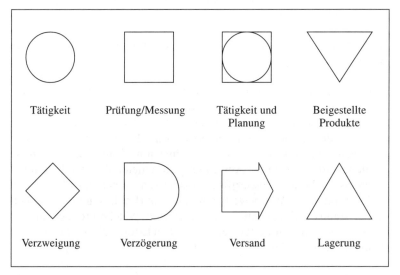

Abbildung 8-5: Darstellung von Prozeßelementen durch Prozeßsymbole nach ISO 9000

Ähnlich wie bei der Darstellung der Prozeßelemente gibt es bei der Darstellung der Prozesse – je nach Unternehmenssituation und Aufgabenkomplexität – eine Vielzahl an Möglichkeiten. Es ist dabei nicht besonders hilfreich, lediglich eine Aneinanderreihung von Prozeßelementen vorzunehmen. Als Orientierungshilfe und zur Bestimmung der zentralen Aspekte eines Prozesses können deshalb folgende vier Fragen dienen:[6]

1. *Was* wird ausgeführt? Die Frage betrifft also die *Tätigkeit* selbst, die ausgeführt wird (z. B. die Ermittlung der Bonität oder die Angebotserstellung).
2. *Wer* führt die Tätigkeit aus? Dabei geht es um die *ausführende Organisationseinheit*, d. h. um die ausführende Abteilung, Funktion oder Person (z. B. der Außendienst, die Niederlassung oder die Zentrale).
3. *Womit* wird die Tätigkeit ausgeführt? Dabei sind die zur Anwendung kommenden *Werkzeuge* wie Kommunikationsinstrumente (Fax, Telefon etc.), EDV-Systeme etc. gemeint.
4. *Wie lange dauert, wie gut und wie kostenintensiv ist die Ausführung der Tätigkeit?* Es geht hierbei um die Beurteilung der Leistung anhand der Kriterien Zeit, Qualität und Kosten (z. B. zwei Tage für die Angebotserstellung).

Abbildung 8-6 verdeutlicht die Prozeßdarstellung am Beispiel einer Angebotserstellung

Während wir bisher allgemein Verfahren zur Prozeßdarstellung analysiert haben, geht es uns nun um die verschiedenen *Arten* von Prozessen, die in einem Unternehmen existieren. Sommerlatte/Wedekind[7] haben neun idealtypische Schlüsselprozesse identifiziert. Jeder dieser Prozesse, die in Tabelle 8-1 aufgelistet sind, kann Grundlage für den Unternehmenserfolg sein. Da es sich hier um idealtypische Prozesse handelt, sind diese bei der Anwendung auf einen konkreten Fall unternehmens- und branchenspezifisch anzupassen. Außerdem ist unter Berücksichtigung des Wettbewerbsumfelds – im Hinblick auf Preis, Qualität, Leistungsmerkmale etc. – zu analysieren, welche Prozesse im Zusammenhang mit den wettbewerbskritischen Erfolgsfaktoren stehen und damit als zentrale Kernprozesse gelten.

6 Vgl. Kühlechner 1994, S. 256.
7 Vgl. Sommerlatte/Wedekind 1991, S. 29.

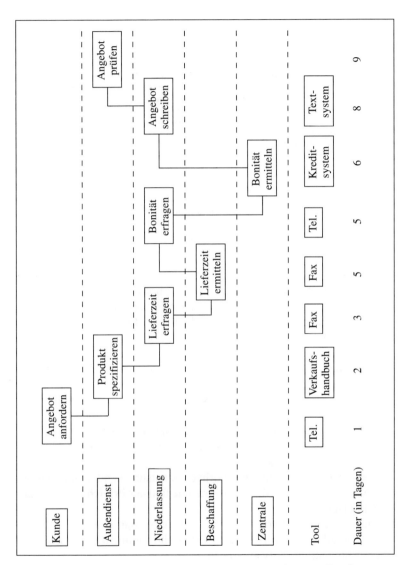

Abbildung 8-6: Prozeßdarstellung am Beispiel einer Angebotserstellung[8]

8 Quelle: Kühlechner 1994, S. 257.

Kundennutzen-Optimierungs-Prozeß
Marktkommunikations-Prozeß
Produkt-/Leistungsbereitstellungs-Prozeß
Logistik- und Service-Prozeß
Auftragsabwicklungs-Prozeß
Rentabilitäts- und Liquiditätssicherungs-Prozeß
Kapazitätssicherungs-Prozeß
Strategieplanungs- und Umsetzungs-Prozeß
Personalschulungs- und Motivations-Prozeß

Tabelle 8-1: Schlüsselprozesse im Unternehmen[9]

Jeder der genannten Prozesse setzt sich aus einer Reihe von Teilprozessen zusammen. Hier kann eine weitere Anpassung an unternehmens- bzw. branchenspezifische Gegebenheiten erfolgen. Auf der zweiten Ebene setzt sich beispielsweise der »Kundennutzen-Optimierungs-Prozeß« aus folgenden sechs Teilprozessen zusammen:[10]

1. Feststellen von Defiziten des Kundennutzens bei bestehenden Produkten und Leistungen.
2. Bewertung der Technologie- und Markenstärken des Unternehmens, mit denen ein erhöhter Kundennutzen entwickelt werden kann.
3. Definition und Durchführung eines Entwicklungsvorhabens; d. h. Festlegung von Zielvorgaben, Zuordnung von Ressourcen und Abschätzung eines Zeitrahmens.
4. Steuerung des Entwicklungsvorhabens entsprechend dem potentiellen Beitrag zu einer Marketingstrategie und der Erreichung des Kundennutzens.
5. Aufnahme in das Fertigungs- und Vertriebsprogramm.
6. Sicherstellung der geplanten Marktdurchdringung und Amortisation der Entwicklungsaufwendungen.

9 Quelle: Sommerlatte/Wedekind 1991, S. 30.
10 Vgl. Sommerlatte/Wedekind 1991, S. 29.

Ein Computerhersteller definierte beispielsweise als drei zentrale Kernprozesse den Prozeß der Neuproduktentwicklung, den Prozeß der Auftragsannahme und -abwicklung und den Prozeß der integrierten Logistik.[11] Ein anderes Unternehmen der Computerbranche holte mit seinen Geschäftsprozessen etwas weiter aus und identifizierte deren acht. Dazu zählte u. a. die Auftragslogistik als Kernprozeß mit den Teilprozessen der Angebotsunterstützung, Vertragsverwaltung, Auftragsverwaltung, Produktversorgung, Warenverteilung, Installation/Abbauten, Rechnungsschreibung und Behandlung von Kundenforderungen.[12] Bei dem Versandhaus Quelle zählen beispielsweise die Katalogerstellung, die Auftragsabwicklung (24- bzw. 48-Stunden-Service) und die Auslieferung zu den Kernprozessen, die die unternehmensspezifischen Wettbewerbsvorteile begründen.[13]

Wie kann nun die Güte eines Prozesses beurteilt werden? Generelle *Erfolgsmaßstäbe* zur Beurteilung von Prozessen und damit zur Erlangung von Wettbewerbsvorteilen sind die drei Dimensionen Zeit, Qualität und Kosten.

Bereits in Abschnitt 4.2 haben wir die Bedeutung des Faktors *Zeit* für den Prozeß der Produktentwicklung herausgestellt. Schneller als die Konkurrenz am Markt zu sein, kann, wie wir gesehen haben, zu wesentlichen Umsatz- und Kostenvorteilen führen. Den Zeitvorsprung kann man aber auch nutzen, um seine Kunden dauerhaft an sich zu binden. Der Kunde selbst fordert zudem häufig eine umgehende Bearbeitung seiner Anfrage oder erwartet mitunter Lieferungen innerhalb kürzester Zeit. Übertragen auf den Prozeßgedanken geht es also um die nachhaltige Reduzierung der *Durchlaufzeiten*. In der Fertigung herrscht in vielen Unternehmen bereits seit langem eine konsequente Prozeßorientierung mit dem Ziel der Minimierung der Durchlaufzeiten, die bis zu einer produktionssynchronen Beschaffung reicht. Wo irgend möglich werden Liegezeiten vermieden, werden parallel Teile gefertigt und anschließend als Komponenten eingefügt. Doch der in der Fertigung gewonnene Zeitvorteil wird in den indirekten Bereichen (z. B. bei der Auftragsbearbeitung) oft leichtfertig verschenkt. Uns sind Beispiele bekannt, in denen die Auftragsbearbeitung bis zur Auslieferung dreimal so lange wie der

11 Vgl. Kaplan/Murdoch 1991, S. 30.
12 Vgl. Holst 1991, S. 274.
13 Vgl. Rolz/Lehmann 1994, S. 148.

gesamte Fertigungsprozeß dauert. Wir haben diese Diskrepanz häufig beobachten können. Erst eine Ausrichtung der indirekten Bereiche an Prozessen offenbart z. B. überflüssige Schnittstellen, an denen regelmäßig Aufträge hängenbleiben. Die Durchlaufzeit setzt sich aus

– den Bearbeitungszeiten,
– den Transferzeiten und
– den Warte- bzw. Liegezeiten

zusammen. Die *Bearbeitungszeit* ist die Zeit, in der das Prozeßobjekt tatsächlich bearbeitet wird, unabhängig davon, ob die Tätigkeit einen wertschöpfenden Charakter besitzt oder nicht. In der *Transferzeit* wird die Zeit erfaßt, die für den Transport von Waren, Informationen und Nachrichten anfällt. Die *Warte- und Liegezeit* enthält die Dauer, in der ein Vorgang sich unbearbeitet in einem Prozeß befindet. Eine geeignete Kennzahl zur Beurteilung eines Prozesses ist das Verhältnis zwischen der Bearbeitungszeit und der gesamten Durchlaufzeit, das erfahrungsgemäß eine Größenordnung von 1 zu 30 hat (vgl. das Beispiel in Abbildung 8-7 mit den Durchlaufzeiten des Prozesses Vertrags- und Auftragsfreigabe unterschiedlicher Prozeßvarianten). Aufgrund dieser Relation gilt es, sich zunächst auf die Reduzierung der Liege- und Transferzeiten zu konzentrieren, die in aller Regel die Hauptursache langer Durchlaufzeiten bilden. Daher ist insbesondere der Prozeßablauf reibungslos zu gestalten, Verzögerungen sind zu verhindern und Schnittstellen zu reduzieren. Als Zielsetzung kann ein Verhältnis von gesamter Bearbeitungszeit zu Durchlaufzeit von 1 zu 10 bis 1 zu 6 gesetzt werden. Erhöht man beispielsweise den Verantwortungsbereich einzelner Mitarbeiter oder führt eine permanente Qualitätssicherung ein, so lassen sich Überarbeitungs- und Prüfschleifen vermeiden.

Prozeßqualität kann unter zwei Aspekten gesehen werden. Ein Ansatz zur Bestimmung der Prozeßqualität unterteilt einen Prozeß in Teilprozesse und mißt die Abweichungen der Teilprozeßergebnisse von den Zielvorgaben (*conformance to specification*, z. B. im Rahmen der Auftragsabwicklung die Anzahl fehlerfrei bearbeiteter Anträge). Sind alle Teilergebnisse im Rahmen der vorgegebenen Zielgrößen, so erfüllt der Gesamtprozeß die Qualitätsanforderungen. Der zweite Aspekt der Messung der Prozeßqualität ist outputbezogen. Dabei wird das Qualitätsverständnis des Kunden zugrunde gelegt. Demnach wird dem Kunden

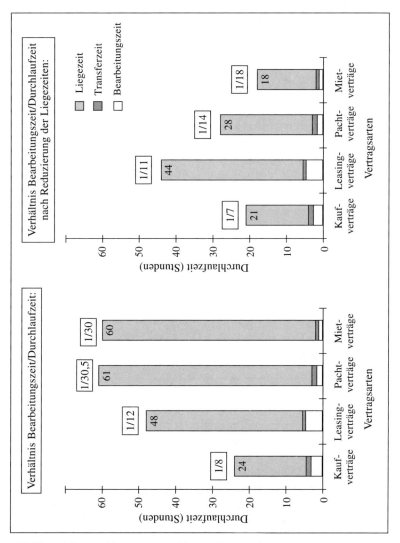

Abbildung 8-7: Durchlaufzeiten in Abhängigkeit von der Vertragsart am Beispiel eines Immobilienunternehmens[14]

14 Quelle: Scholz/Vrohlings 1994 (a), S. 72.

der Prozeßoutput zur Beurteilung vorgelegt. Erfüllt das Produkt die Qualitätsanforderungen des Kunden, so erfüllt auch der Prozeß die Qualitätserfordernisse (*conformance to customer requirements*). Erfüllt ein Prozeß nicht die geforderte Outputqualität, ist dies zumeist auf spezielle Fehler wie ungenau spezifizierte Vorgaben, nicht synchronisierten Prozeßablauf, Nicht-Beherrschen der Umsetzungsregeln von Input zu Output oder eine mangelnde Motivation der Mitarbeiter zurückzuführen.[15] Bei den ersten drei genannten Gründen sind Qualitätsverbesserungsmaßnahmen durch zusätzliche Prüfschritte oder Eingriffe in den Prozeßablauf in Erwägung zu ziehen. Einige beispielhafte Kennzahlen zur Beurteilung der Qualität in der Auftragsabwicklung verdeutlicht Tabelle 8-2.

Prozeß	Qualitätskennzahl: Anteil der

– Vertrag freigeben
– Auftrag freigeben
– Auftrag disponieren
– Ware empfangen
– Ware lagern
– Ware versenden
– Installationen/Abbauten
   einbuchen
– Rechnung generieren
– Zahlungen bearbeiten/
   zuordnen
	– Vertragskorrekturen
	– fehlerhaften Einbuchungen
	– nicht eingehaltenen Liefertermine
	– unvollständigen/fehlerhaften Begleitpapiere
	– Falschlieferungen
	– Falschlieferungen
	– unvollständigen/fehlerhaften Installations-
	   papiere
	– Rechnungskorrekturen
	– unvollständigen/fehlerhaften Zahlungs-
	   belege

Tabelle 8-2: Qualitätskennzahlen in der Auftragsabwicklung[16]

Als dritte Dimension zur Prozeßbeurteilung dienen die *Prozeßkosten*. Mit der Prozeßkostenrechnung, die wir bereits an anderer Stelle erläutert haben (vgl. Kapitel 7), erreicht man vor allem eine verursachungsgerechtere Zuordnung der Gemeinkosten. Die prozeßorientierte Erfassung der Kosten hat als Grundlage sogenannte Hauptprozesse, die sich aus einer kostenstellenübergreifenden Zusammenfassung von mehreren sachlich zusammenhängenden Teilprozessen ergeben.[17]

15 Vgl. Scholz/Vrohlings 1994 (b), S. 104.
16 Quelle: Scholz/Vrohlings 1994 (a), S. 63.
17 Vgl. Coenenberg 1992, S. 201, vgl. auch die Ausführungen hierzu in Abschnitt 7.1.

Die Vorgehensweise bei der Ermittlung eines Prozeßkostensatzes verdeutlichen wir am Beispiel einer Kalkulation eines Kleinkredits (Laufzeit zwei Jahre, vgl. Tabelle 8-3). Im ersten Schritt werden die für den Abschluß eines Kleinkredits erforderlichen Aktivitäten erfaßt und konkretisiert (Vorgespräch, Bearbeitung des Antrages, Kontoeröffnung usw.). Diesen kostenstellenübergreifenden Aktivitäten werden in einem zweiten Schritt Standardbearbeitungszeiten und Einzelkosten zugerechnet. So werden beispielsweise für die Bearbeitung des Kreditantrages 30 Minuten veranschlagt, so daß sich bei Kosten von 0,60 DM pro Minute insgesamt 18,– DM für diesen Vorgang errechnen. Zusammengefaßt ergeben sich Personalleistungen in Höhe von 91,80 DM. Bei den Kosten der Personalleistungen wird dabei das unterschiedliche Qualitätsniveau der Mitarbeiter kostenmäßig berücksichtigt. Beispielsweise werden Vorgespräche von Mitarbeitern geführt, die höher qualifiziert sind als Mitarbeiter, die die Eröffnung eines Kontos vornehmen. Dementsprechend fällt der Vorgang »Vorgespräche« teurer aus als z. B. der Vorgang »Kontoeröffnung«. Im vorliegenden Beispiel fließen außerdem in die Kalkulation des Kleinkredits die Kosten für EDV-Leistungen sowie die Kosten sonstiger Sachmittel-Leistungen ein. Während bei den ersten beiden Kategorien (Personal- und EDV-Leistungen) Zeitstudien zur Erfassung der Standard-Stückkosten pro Einheit durchgeführt wurden, handelt es sich bei den sonstigen Sachmittel-Leistungen um Kosten pro Einheit. Insgesamt errechnet sich ein Prozeßkostensatz für die Bearbeitung eines Kleinkredits in Höhe von 124,20 DM.

Der Nutzen einer derartigen prozeßorientierten Kalkulation für das Prozeßmanagement ist vielfältiger Art. Prozeßkostensätze können im Rahmen der *Prozeßsteuerung* als Ansatzpunkte für Kostensenkungsmaßnahmen herangezogen werden. Aus dem Beispiel der Kalkulation der Standard-Stückkosten eines Kleinkredits ist zu erkennen, daß ca. 80 Prozent der sonstigen Sachmittel-Leistungen auf Porti und dergleichen entfallen. Maßnahmen zur Kostensenkung könnten nun auf die Nutzung alternativer Kommunikationsformen (beispielsweise von E-mail oder Fax anstatt von Briefen) oder einen reduzierten Verwaltungsumfang abzielen. Viel stärker fällt jedoch der Personalkostenblock ins Gewicht. Der Anteil der Personalkosten an den Standard-Stückkosten des Kleinkredits macht nahezu 75 Prozent aus. Prozeßstandardisierung und -beschleunigung könnten Ansatzpunkte für das Prozeßmanagement sein, die Teilprozesse zu beschleunigen und damit die Kosten zu senken.

Prozeßkostensätze lassen sich zudem als Benchmarking-Kennzahlen für den Vergleich mit anderen Unternehmen heranziehen. Aber auch durch den Vergleich der Prozeßkostensätze im Zeitverlauf gewinnt das Prozeßmanagement Anhaltspunkte für die Wirkungen von bereits in die Wege geleiteten Maßnahmen der Produktivitätssteigerung.

Wir gehen im folgenden noch kurz auf die *Prozeßoptimierung* ein. Sie beginnt meistens mit einer Bestandsaufnahme und der Abbildung der Ist-Prozesse. Durch Gespräche, Selbstaufzeichnungen oder durch Beobachtung sind die vorhandenen Prozesse aufzuzeichnen. Wir haben in zahlreichen Unternehmen beobachten können, daß eine derartige Bestandsaufnahme immer wieder zu überraschenden Erkenntnissen führte. Prozesse, die bisher nicht sichtbar waren, sind nun in Flußdiagrammen visualisiert und können somit kommuniziert werden. Ausgehend von den Prozeßzielen wird im zweiten Schritt ein Idealprozeß entwickelt. Jeder Prozeß und Prozeßschritt wird hierbei zunächst auf seine Notwendigkeit hin kritisch hinterfragt. Erfahrungen zeigen, daß im Prozeßablauf häufig beachtliche Reserven an Zeit und Mitarbeiterkapazität vorhanden sind, die sich in Zeiten hoher Gewinne angesammelt haben. Zudem gibt es meistens eine Vielzahl an Prüfschleifen, die sich aufgrund eines falschen Qualitätsverständnisses etabliert haben, denn Qualität läßt sich nicht in Prozesse hineinprüfen. Derartige Prozeßschleifen oder überflüssige Schnittstellen sind Gegenstand von Rationalisierungsmaßnahmen. In diesem Zusammenhang kann durch eine *Komplexitätsreduktion* bzw. *Standardisierung* oder durch eine *parallele Bearbeitung von Teilprozessen* der Ablauf von Prozessen weiter beschleunigt werden.

Im folgenden wollen wir einige Instrumente und Maßnahmen vorstellen, mit deren Hilfe Prozesse optimiert werden können. Dabei lassen sich die Instrumente anhand der drei Dimensionen *Fokussierung, Standardisierung* und *Information* systematisieren. Fokussierung bedeutet hierbei beispielsweise, im Rahmen einer *Prozeß-Wert-Analyse* zwischen wertschöpfenden und nicht-wertschöpfenden Prozessen zu differenzieren. Ziel ist es, die nicht-wertschöpfenden Prozesse auf ein Minimum zu reduzieren. Ein weiterer Schritt geht nun dahin, Maßnahmen zur *Komplexitätsreduktion* und *Standardisierung* mit dem Ziel der Optimierung der Prozeßzeiten in die Wege zu leiten. Da Prozesse abteilungsübergreifend verlaufen, ist vor allem ein flüssiger *Informations- und Datentransfer* sicherzustellen. Die Prozeßoptimierung orientiert sich

Personalleistungen			
Vorgang	**Einheiten pro Kreditfall**	**Minuten pro Einheit**	**Kosten pro Minute**	**Standard- Stückkosten pro Einheit**
	(1)	(2)	(3)	(4) = (1) x (2) x (3)
Vorgespräch	1	20	0,70	14,00
Bearbeitung des Antrages	1	30	0,60	18,00
Kontoeröffnung	1	10	0,60	6,00
Schufa-Meldung	1	5	0,60	3,00
Anlegen der Kreditkarte	1	10	0,60	6,00
Kontoauswertung	8	8	0,70	44,80
Summe	-	-	-	**91,80**

EDV-Leistungen			
Vorgang	**Einheiten pro Kreditfall**	**Sekunden pro Einheit**	**Kosten pro Sekunde**	**Standard- Stückkosten pro Einheit**
	(1)	(2)	(3)	(4) = (1) x (2) x (3)
Kontoeröffnung bzw. -löschung	2	0,3	2,50	1,50
Kontoführung	24	0,3	2,50	18,00
Kontoabschluß	2	0,5	2,50	2,50
Summe	-	-	-	**22,00**

Sonstige Sachmittel-Leistungen		
Material	**Einheiten pro Kreditfall**	**Kosten pro Einheit**	**Standard- Stückkosten pro Einheit**
	(1)	(2)	(3) = (1) x (2)
Antragsformular	1	0,40	0,40
Formular zur Sicherheitenbestellung	1	0,20	0,20
Schufa-Mitteilung	1	0,20	0,20
Kreditaktenordner	1	1,45	1,45
Kreditbestätigungsformular	1	0,15	0,15
Porti etc.	8	1,00	8,00
Summe	-	-	**10,40**
Standard-Stückkosten eines Kleinkredits (Laufzeit 2 Jahre)			**124,20**

Tabelle 8-3: Kalkulation der Standard-Stückkosten eines Kleinkredits[18]

18 Quelle: Schierenbeck 1994, S. 662.

dabei immer am Markt bzw. Kunden, weswegen ein funktionierendes *Benchmarking* wertvolle *externe* Informationen liefern kann.

Ein zentrales Instrument der Prozeßoptimierung ist die Bestimmung der Prozesse, die den Kundennutzen steigern. Die *Prozeß-Wert-Analyse (PWA)* ist ein Verfahren, das diejenigen Prozesse, die die Wertschöpfung des Produkts steigern und von zentraler Bedeutung für die Zufriedenheit der Kunden sind, von denen zu unterscheiden hilft, die lediglich zu Kostenerhöhungen führen.[19] Ansatzpunkte für Maßnahmen zur Effizienzsteigerung und Rationalisierung ergeben sich aus der Unterscheidung in *wertschöpfungsbezogene* Prozesse und *nicht-wertschöpfungsbezogene* Prozesse. Während die erstgenannten Prozesse kundengerechte Produkte produzieren und damit die Wettbewerbsposition eines Unternehmens definieren, bewirken nicht-wertschöpfungsbezogene Prozesse keine Steigerung des Kundennutzens. Sie sind vielmehr Ansatzpunkte für Kostensenkungsmaßnahmen, da sie Ineffizienzen aufdecken wie z. B. Fehllieferungen, Zwischenlagerungen, Reklamationen, Reparaturen oder Nacharbeiten. Abbildung 8-8 zeigt ein Beispiel einer PWA. Eine Analyse der nicht-wertschöpfungsbezogenen Prozesse ergab hier ein Einsparungspotential von ca. 500 000,– DM und eine Halbierung der gesamten Durchlaufzeit.

Zentrale Optimierungspotentiale sind vor allem in der *Komplexitätsreduktion* und der *Standardisierung* von Prozeßabläufen zur Verringerung der Durchlaufzeiten zu sehen. Dabei bewirkt beispielsweise bereits eine Unterscheidung von Prozessen mit geringem, mittlerem und hohem Prozeßaufwand und eine damit verbundene unterschiedliche Bearbeitung der Prozesse eine nachhaltige Komplexitätsreduktion. Prozesse mit geringem Prozeßaufwand können beispielsweise gezielt standardisiert werden und dadurch schneller als bisher ablaufen. Die Einbindung des Managements erfolgt dann im Regelfall nur noch bei Prozessen mit hohem Aufwand.

Ein weiteres einfach zu handhabendes Instrument zur Identifikation von Standardisierungspotentialen ist die Beschreibung von Prozessen anhand der zwei Dimensionen Repetitivität und Entscheidungsspielraum (vgl. Abbildung 8-9). Vor allem Prozesse, die eher repetitiv sind und dabei gleichzeitig einen geringen Entscheidungsspielraum aufweisen, bergen ein besonderes Standardisierungspotential. Sie sollten konsequent

---

19 Vgl. im folgenden Fischer 1993 (b), S. 315f.

a) Gesamtprozeß vor der Optimierung

Waren-eingang	Rohmaterial lagern	Trans-port	Bearbei-tung Nr. 1	Transport und Warten	Bearbei-tung Nr. 2	Fertigerzeug-nisse lagern	Liefe-rung
NWB	NWB	NWB	WB	NWB	WB	NWB	WB
1	5	1	1	2	1	8	1

Bearbeitungszeit: WB: 3
                     NWB: 17
                     Gesamt: 20   **jährliche Kosten: 1,2 Mio. DM**

b) Gesamtprozeß nach der Optimierung

Waren-eingang	Rohmaterial lagern	Trans-port	Bearbei-tung Nr. 1	Transport und Warten	Bearbei-tung Nr. 2	Fertigerzeug-nisse lagern	Liefe-rung
NWB	NWB	NWB	WB	NWB	WB	NWB	WB
1	2	1	1	1	1	3	1

Bearbeitungszeit: WB: 3
                     NWB: 7
                     Gesamt: 10   **jährliche Kosten: 0,7 Mio. DM**

WB: Wertschöpfungsbezogene Prozesse
NWB: Nicht-wertschöpfungsbezogene Prozesse

Abbildung 8-8: Beispiel einer Prozeßoptimierung auf der Basis einer Prozeß-Wert-Analyse[20]

auf noch nicht ausgeschöpfte Standardisierungsmöglichkeiten durchleuchtet werden. Insbesondere vier Geschäftsprozesse sind als weitgehend standardisierbar zu erachten:[21]

– der Produkt-/Leistungsbereitstellungs-Prozeß (Materialbereitstellung, Arbeitsvorbereitung, Fertigung, Montage, Prüffeld),

20 Quelle: Fischer 1993 (b), S. 316.
21 Vgl. Fischer 1993 (b), S. 314.

- der Logistik- und Service-Prozeß (Beschaffung, Transport, Distribution, Installierung),
- der Auftragsabwicklungs-Prozeß (Angebotsabgabe, Auftragsbestätigung, Auftragsdisposition, Fakturierung, Lieferung) und
- der Kapazitätssicherungs-Prozeß (Instandhaltung, Wartung).

Standardisierbarkeit ist nicht nur auf organisatorischer Ebene gegeben, vielmehr werden bereits heute bei international agierenden Unternehmen derartige Potentiale im Kommunikations- und Informationsbereich genutzt.[22] Beispielsweise zählen dazu unternehmensweite Grundsätze oder Definitionen, zentrale Kennzahlen aus dem Rechnungswesen oder einheitliche Bilanzierungs- und Reportinggrundsätze. Die Verwendung der Sprache der Konzernmutter, wie es bei PROCTER & GAMBLE oder MCKINSEY weitgehend praktiziert wird, ist ein Ansatz, um Informatio-

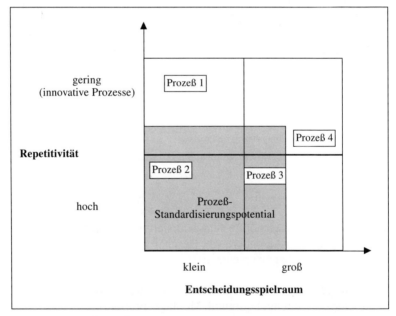

Abbildung 8-9: Standardisierungspotentiale von Prozessen

22 Vgl. Kreutzer 1987, S. 171.

nen (beispielsweise in Form von Marktforschungsstudien) global nutzen zu können.

Ein weiterer zentraler Ansatzpunkt zur Prozeßoptimierung ist die Anwendung des *Prinzips des internen Kunden.* Die Grundidee besteht darin, interne Leistungsbeziehungen zwischen einzelnen Mitarbeitern oder Abteilungen weitgehend den gleichen Grundsätzen zu unterwerfen wie Leistungsbeziehungen zwischen Marktpartnern. Zentraler Grundsatz ist hierbei die Orientierung an Kundenbedürfnissen. Die im Wertschöpfungsprozeß nachgelagerte Abteilung wird als Kunde angesehen, deren Bedürfnisse für ihre »Zulieferer« maßgeblich sind. Nach unseren Erfahrungen geht es hierbei nicht in erster Linie um eine rigide Anwendung der Prinzipien von Markt und Wettbewerb. Der unmittelbare Nutzen dieses Ansatzes liegt vielmehr darin, daß viele Bereiche sich überhaupt einmal mit den Bedürfnissen der nachgelagerten Funktionsbereiche auseinandersetzen. Man beobachtet nämlich häufig, daß bezüglich der Tätigkeiten anderer Funktionsbereiche massive *Informationsdefizite* bestehen. Viele Mitarbeiter einer Abteilung A wissen beispielsweise nicht, wie sie durch die Art und Weise ihrer Aufgabenerfüllung den Kollegen in der Abteilung B das Leben mehr oder weniger leicht machen können. Die systematische Behebung solcher abteilungsübergreifenden Informationsdefizite ist wahrscheinlich der wesentliche Nutzen der Anwendung des Prinzips des internen Kunden.

Abschließend gehen wir auf das kostenorientierte *Benchmarking von Prozessen* ein. Das *Benchmarking* vergleicht Produkte, Prozesse, Dienstleistungen und Strukturen mit denen anderer Unternehmen. Der branchenübergreifende Vergleich dient dazu, eigene Schwachstellen zu entdecken, von Anwendungsverfahren anderer Unternehmen zu lernen und sich wettbewerbsorientierte Ziele zu setzen. Das Benchmarking ist häufig *wettbewerbsorientiert,* d. h. es findet ein Vergleich zwischen direkten Konkurrenten statt. Bei einem *funktionalem* Benchmarking werden gleichartige Funktionen in möglicherweise völlig verschiedenen Unternehmen gegenübergestellt.

Ein bekanntes Beispiel für einen solchen branchenübergreifenden Vergleich liefert das amerikanische Unternehmen XEROX. Hier wurden bewußt eigene Funktionen mit Bereichen von Nichtkonkurrenten verglichen, die gerade in der Ausführung dieser Bereiche als »Best-Practice-Unternehmen« galten. So verglich XEROX seine Fakturierung mit der von AMERICAN EXPRESS, seine Kapitalumschlagshäufigkeit mit der von

Sony und seinen Vertrieb mit einem Unternehmen, das auf Versandhandel spezialisiert ist.[23] Ein derartiger branchenübergreifender Vergleich hat wesentliche Vorteile:[24]

- Es gelingt ein »Blick über den Tellerrand«. Impulse anderer Industriezweige werden aufgenommen. Beispielsweise hat sich die Strichkodierung über den Lebensmittelhandel hinaus in zahlreichen anderen Bereichen durchgesetzt.
- Informationen sind bei Nicht-Konkurrenten leichter verfügbar. Ein Unternehmen ist eher zu einem Erfahrungs- und Informationsaustausch bereit, wenn es vom anderen Unternehmen nichts zu befürchten hat. Zentrale Frage ist dabei auch nicht, um *wieviel* der andere besser ist, sondern *wie* es anderen Unternehmen gelingt, bestimmte Probleme besonders gut zu lösen.

Unsere bisherigen Ausführungen haben bereits verdeutlicht, daß Benchmarking die unterschiedlichsten Betrachtungsobjekte haben kann. Keineswegs muß es sich hierbei um Produkte handeln. Auch Prozesse können Objekte des Benchmarking sein. Abbildung 8-10 zeigt ein prozeßbezogenes Benchmarking am Beispiel eines Getränkehandels. Hier werden lediglich die Kosten mit dem Branchendurchschnitt verglichen. Bereits bei einer groben Betrachtung zeigt sich, daß das Problem im Vertrieb liegt. Eine diesbezügliche detaillierte Betrachtung identifizierte Ineffizienzen im Bereich der Lagerhaltung. Durch eine gezielte Reduktion des Lagerbestandes konnte das Kostenniveau deutlich unter den Branchendurchschnitt gesenkt werden.

23 Vgl. Horváth/Herter 1991, S. 8.
24 Vgl. Horváth/Herter 1991, S. 5.

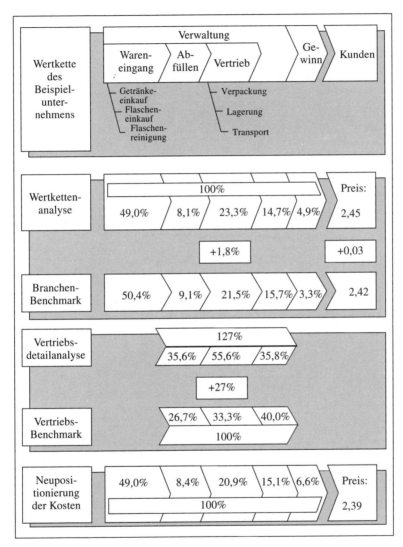

Abbildung 8-10: Prozeßbezogenes Benchmarking am Beispiel eines Getränkehandels[25]

25 Quelle: Becker 1995.

9. Epilog

Der Begriff *Kostenmanagement* weckt bei den meisten Managern und ihren Mitarbeitern nicht gerade positive Assoziationen: Zum einen wird Kostenmanagement häufig mit Kosten*rechnung* identifiziert. Man denkt an die starren Zahlenfriedhöfe, die das betriebliche Rechnungswesen generiert, die die relevanten Fragestellungen nicht beantworten und die sich im Zweifelsfall schon aufgrund von EDV-Problemen jeglicher Aktualisierungsforderung erfolgreich erwehren. Man denkt zum anderen an hastige Kostensenkungsprogramme, phantasieloses »Kostenkloppen« mit der Rasenmäher-Methode, das sich in pauschalen Personalanpassungen, Reduktion von Sachmittelbudgets (bis hin zu Schreibutensilien) sowie Halbierungen des Weiterbildungsbudgets manifestiert.

Wir haben mit diesem Buch versucht, ein anderes Bild von Kostenmanagement zu zeichnen. Es ging uns im wesentlichen um Ansatzpunkte zur intelligenten, kreativen und langfristig orientierten Beeinflussung kostenbestimmender Größen.

So verstandenes Kostenmanagement ist ganz offensichtlich eine Managementaufgabe. Es kann nicht im Verantwortungsbereich von Controlling/Rechnungswesen liegen. Allerdings obliegt es dem Controlling, den Prozeß des *Marktorientierten Kostenmanagements* in allen seinen Facetten adäquat zu unterstützen. Wir sind der Überzeugung, daß nahezu keine Controllingabteilung in einem Unternehmen dieser Anforderung derzeit gerecht wird. Es ist eine neue Orientierung des Controlling erforderlich. Die zunehmende Berücksichtigung weicher Größen (wie z. B. Kundenzufriedenheit), eine stärkere externe Orientierung (im Hinblick auf marktbezogene Gegebenheiten) sowie eine intensive Auseinandersetzung mit dem Faktor Zeit sind nur einige der Anforderungen.

Die Kernaufgabe dieses neuen Controllingprofils besteht darin, komplexe Zusammenhänge in Unternehmen zu durchleuchten und sie transparent zu machen. Letztlich geht es darum, im Unternehmen Verständnis für kostenbeeinflussende Zusammenhänge zu schaffen. Beispielhaft seien hier Kostenauswirkungen der Komplexität (vgl. Kapitel 5) sowie Kostenauswirkungen von organisatorischen Gestaltungsentscheidungen (vgl. Kapitel 8) erwähnt. Möchte das Controlling der Aufgabe, im Unternehmen das Verständnis für derartige Zusammenhänge zu schärfen, gerecht werden, so ist das bisher vielerorts zu beobachtende Exaktheitsstreben fehl am Platze. Die Erhöhung der Transparenz kostenbeeinflussender Zusammenhänge ist von größerer Bedeutung als deren exakte Quantifizierung.

Diese Forderung hat sehr viel gemeinsam mit Webers Forderung nach einer stärkeren Verhaltensorientierung der Kostenrechnung:[1] Controlling muß viel stärker darauf abzielen, Verhaltensweisen im Unternehmen zu beeinflussen. Die starke Fokussierung auf die exakte Quantifizierung spezieller Sachverhalte hat – wie wir verdeutlicht haben – zur Vernachlässigung zentraler kostenbestimmender Faktoren geführt.

Es ist unsere Hoffnung, daß dieses Buch die Perspektive des Lesers in Sachen Kostenmanagement erweitert hat. Wir haben versucht, die faszinierende Vielfalt dieses Themas sowie das große Potential für kreative Problemlösungen zu vermitteln. Marktorientierung ist der größte gemeinsame Nenner, den wir für die vielfältigen Facetten des Kostenmanagements in diesem Buch gefunden haben. *Marktorientiertes Kostenmanagement* soll Unternehmen beim Erreichen zweier zentraler Zielsetzungen unterstützen: Kosteneffizienz und Kundennähe.

---

1 Vgl. Weber 1994.

Abbildungsverzeichnis

Tabellenverzeichnis

Literaturverzeichnis

Albach, H.: Kosten, Transaktionen und externe Effekte im betrieblichen Rechnungswesen, in: Zeitschrift für Betriebswirtschaft (ZfB), 58, 11, 1988, S. 1143–1170.

Albach, H. (Hrsg.): Organisation: mikroökonomische Theorie und ihre Anwendungen, Wiesbaden 1989.

Arnold, U.: Beschaffungsmanagement, Stuttgart 1995.

Back-Hock, A.: Produktlebenszyklusorientierte Ergebnisrechnung, in: Männel, W. (Hrsg.): Handbuch Kostenrechnung, Wiesbaden 1992, S. 703–714.

Backhaus, K. u. a.: Multivariate Analysemethoden – Eine anwendungsorientierte Einführung, 8., verbesserte Aufl., Berlin u. a. 1996.

Bagdasarjanz, F./Hochreutener, K.: Prozeßmanagement als Voraussetzung für Kundenzufriedenheit – Das Customer Focus-Programm bei ABB, in: Simon, H./Homburg, Ch. (Hrsg.): Kundenzufriedenheit, Konzepte – Methoden – Erfahrungen, Wiesbaden 1995, S. 207–227.

Becker, W.: Benchmark Costing als kostenpolitisches Instrument zur Optimierung der Wettbewerbsposition, Vortrag anläßlich der Konferenz »Intelligentes Kostenmanagement« (Management Circle), 23./24. März 1995, Bad Homburg 1995.

Blechschmidt, H.: Qualitätskosten?, in: Qualität und Zuverlässigkeit (QZ), 33, 8, 1988, S. 442–445.

Booz Allen & Hamilton, Inc.: New Products Management for the 1980's, New York 1982.

Cammish, R./Keough, M.: A Strategic Role for Purchasing, in: The McKinsey Quarterly, 3, 1991, S. 22–39.

Carroll, J. D./Green, P. E.: Psychometric Methods in Marketing Research: Part I, Conjoint Analysis, in: Journal of Marketing Research, 22, November, 1995, S. 385–391.

Cervellini, U.: Prozeßkostenrechnung im Vertriebsbereich der Porsche AG, in: IFUA Horváth & Partner (Hrsg.): Prozeßkostenmanagement, Methodik, Implementierung, Erfahrungen, München 1991, S. 223–248.

Chao, C./Scheuing, E. E./Ruch, W. A.: Purchasing Performance Evaluation: An Investigation of Different Perspectives, in: Journal of Purchasing and Materials Management, 29, Summer, 1993, S. 33–39.

Coenenberg, A. G.: Kostenrechnung und Kostenanalyse, Landsberg am Lech 1992.

Coenenberg, A. G./Fischer, Th. M./Schmitz, J.: Target Costing und Product Life

Cycle als Instrumente des Kostenmanagements, in: Zeitschrift für Planung (ZP), 5, 1994, S. 1–38.

Crosby, P. B.: Quality is free, New York u. a. 1980.

Dellmann, K./Franz, K. P. (Hrsg.): Neuere Entwicklungen im Kostenmanagement, Bern u. a. 1994.

Deutsch, Ch.: Vertriebscontrolling – Völliges Desaster, in: WirtschaftsWoche, 26, 25.6.1993, S. 46–50.

Diller, H.: Beziehungsmanagement, in: Tietz, B./Köhler, R./Zentes, J. (Hrsg.): Handwörterbuch des Marketing, 2., vollst. überarb. Aufl., Stuttgart 1995, S. 285–300.

Diller, H./Lücking, J./Prechtel, W.: Gibt es Kundenlebenszyklen im Investitionsgütergeschäft? Ergebnisse einer empirischen Studie, Arbeitspapier Nr. 12, Universität Erlangen-Nürnberg 1992.

Dwyer, F./Schurr, P./Oh, S.: Developing Buyer-Seller Relationships, in: Journal of Marketing, 51, April, 1987, S. 11–27.

Eckseler, H.: Quantensprünge sind notwendig, in: Beschaffung aktuell, 11, 1995, S. 22–23.

Fahlbusch, H.: Durch Kundenorientierung zur Kundenzufriedenheit – Das Total Customer Care-Programm bei Schott, in: Simon, H./Homburg, Ch. (Hrsg.): Kundenzufriedenheit, Konzepte – Methoden – Erfahrungen, Wiesbaden 1995, S. 415–428.

Fischer, Th. M. (a): Kostenmanagement strategischer Erfolgsfaktoren: Instrumente zur operativen Steuerung der strategischen Schlüsselfaktoren Qualität, Flexibilität und Schnelligkeit, München 1993.

Fischer, Th. M. (b): Sicherung unternehmerischer Wettbewerbsvorteile durch Prozeß- und Schnittstellen-Management, in: Zeitschrift Führung + Organisation (zfo), 62, 5, 1993, S. 312–318.

Franz, K. P.: Moderne Methoden der Kostenbeeinflussung, in: Kostenrechnungspraxis (krp), 3, 1992, S. 127–134.

Frese, E.: Grundlagen der Organisation, Konzept – Prinzipien – Strukturen, 6., überarb. Aufl., Wiesbaden 1995.

Frese, E./Maly, W. (Hrsg.): Organisationsstrategien zur Sicherung der Wettbewerbsfähigkeit, Düsseldorf 1994.

Fröhling, O./Spilker, D.: Life Cycle Costing, in: io Management Zeitschrift, 59, 10, 1990, S. 74–78.

Gaiser, B.: Schnittstellencontrolling bei der Produktentwicklung: Entwicklungszeitverkürzung durch Bewältigung von Schnittstellenproblemen, München 1993.

Gaitanides, M. u. a.: Prozeßmanagement, München/Wien 1994.

Gerhardt, T./Nippa, M./Picot, A.: Die Optimierung der Leistungstiefe, in: HARVARD manager, 3, 1992, S. 136–142.

Gerpott, T. J.: Simultaneous Engineering, in: Kern, W. u. a. (Hrsg.): Handwörterbuch der Produktionswirtschaft, 2., völlig neu gestaltete Aufl., Stuttgart 1996, S. 1852–1861.

Geschka, H.: Wettbewerbsfaktor Zeit: Beschleunigung von Innovationsprozessen, Landsberg am Lech 1993.

Günther, Th.: Operative und strategische Entscheidungsunterstützung im Konsumgüterbereich durch »Direkte Produkt-Rentabilität«, in: Controlling, 5, 2, März/April, 1993, S. 64–72.

Gruner, K./Garbe, B./Homburg, Ch.: Objektorientierte Formen der Marketingorganisation, in: Die Betriebswirtschaft (DBW), 57, 2, 1997.

Hippel von, E.: The Sources of Innovation, New York/Oxford 1988.

Hoitsch, H.-J./Lingnau, V.: Charakteristika variantenreicher Produktion – Ergebnisse einer empirischen Untersuchung, in: Die Betriebswirtschaft (DBW), 55, 4, 1995, S. 481–491.

Holst, J.: Prozeß-Management im Verwaltungsbereich der IBM Deutschland GmbH, in: IFUA Horváth & Partner (Hrsg.): Prozeßkostenmanagement, Methodik, Implementierung, Erfahrungen, München 1991, S. 271–290.

Homburg, Ch.: Das industrielle Beschaffungsverhalten in Deutschland, in: Beschaffung aktuell, 3, 1994, S. 9–13.

Homburg, Ch. (a): Kundennähe als Managementherausforderung, Reihe Management Know-how, Zentrum für Marktorientierte Unternehmensführung (ZMU) an der Wissenschaftlichen Hochschule für Unternehmensführung (WHU), Otto-Beisheim-Hochschule, Koblenz 1995.

Homburg, Ch. (b): Kundennähe von Industriegüterunternehmen, Konzeption – Erfolgswirkungen – Determinanten, Wiesbaden 1995.

Homburg, Ch. (c): Single Sourcing, Double Sourcing, Multiple Sourcing ...?, in: Zeitschrift für Betriebswirtschaft (ZfB), 65, 8, 1995, S. 813–834.

Homburg, Ch./Demmler, W.: Instrumente zur Unternehmensstraffung und -sanierung, in: Zeitschrift für Betriebswirtschaft (ZfB), 64, 12, 1994, S. 1591–1607.

Homburg, Ch./Rudolph, B. (a): Theoretische Perspektiven zur Kundenzufriedenheit, in: Simon, H./Homburg, Ch. (Hrsg.): Kundenzufriedenheit, Konzepte – Methoden – Erfahrungen, Wiesbaden 1995, S. 29–49.

Homburg, Ch./Rudolph, B. (b): Wie zufrieden sind Ihre Kunden tatsächlich? in: HARVARD BUSINESS manager, 1, 1995, S. 43–51.

Homburg, Ch./Rudolph, B./Werner, H.: Messung und Management von Kundenzufriedenheit in Industriegüterunternehmen, in: Simon, H./Homburg, Ch. (Hrsg.): Kundenzufriedenheit, Konzepte – Methoden – Erfahrungen, Wiesbaden 1995, S. 313–340.

Homburg, Ch./Werner, H.: Kundenorientierung mit System, Frankfurt a. M. 1997.

Homburg, Ch./Werner, H./Englisch, M.: Kennzahlengestütztes Benchmarking im Beschaffungsbereich: Konzeptionelle Aspekte und empirische Befunde, in: Die Betriebswirtschaft (DBW), 57, 1, 1997, S. 48–64.

Horváth, P. (Hrsg.): Target Costing – marktorientierte Zielkosten in der deutschen Praxis, Stuttgart 1993.

Horváth, P./Herter, R. N.: Benchmarking, Vergleich mit den Besten der Besten, in: Controlling, 3, 1, Januar/Februar, 1991, S. 4–11.

Horváth, P./Mayer, R.: Prozeßkostenrechnung – Der neue Weg zu mehr Kostentransparenz und wirkungsvolleren Unternehmensstrategien, in: Controlling, 1, 4, Juli/August, 1989, S. 214–219.

Horváth, P./Niemand, S./Wolbold, M.: Target Costing – State of the Art, in: Horváth, P. (Hrsg.): Target Costing – marktorientierte Zielkosten in der deutschen Praxis, Stuttgart 1993, S. 1–27.

Horváth, P./Urban, G. (Hrsg.): Qualitätscontrolling, Stuttgart 1990.

IFUA Horváth & Partner (Hrsg.): Prozeßkostenmanagement, Methodik, Implementierung, Erfahrungen, München 1991.

Jünnemann, R.: Materialfluß und Logistik, Berlin 1989.

Kaplan, R. B./Murdoch, L.: Core Process Redesign, in: The McKinsey Quarterly, 1, 1991, S. 27–43.

Kern, W. u. a. (Hrsg.): Handwörterbuch der Produktionswirtschaft, 2., völlig neu gestaltete Aufl., Stuttgart 1996.

Kersten, G.: FMEA (Fehler-Möglichkeits- und -Einfluß-Analyse), in: Kern, W. u. a. (Hrsg.): Handwörterbuch der Produktionswirtschaft, 2., völlig neu gestaltete Aufl., Stuttgart 1996, S. 512–525.

Kieser, A./Kubicek, H.: Organisation, 3., völlig neu bearb. Aufl., Berlin/New York 1992.

Klein, H.: Management von Kundenzufriedenheit bei der Deutschen Lufthansa AG, in: Simon, H./Homburg, Ch. (Hrsg.): Kundenzufriedenheit, Konzepte – Methoden – Erfahrungen, Wiesbaden 1995, S. 367–385.

Knöbel, U.: Was kostet ein Kunde? Kundenorientiertes Prozeßkostenmanagement, in: Kostenrechnungspraxis (krp), 1, 1995, S. 7–13.

Köhler, R.: Beiträge zum Marketing-Management – Planung, Organisation, Controlling, 3., erw. Aufl., Stuttgart 1993.

Kreutzer, R.: Prozeßstandardisierung im Rahmen eines Global Marketing – Charakterisierung und strategische Analyse ihrer Einsatzfelder und Wirkungen, in: Marketing ZFP, 19, 3, August, 1987, S. 167–176.

Kühlechner, P.: Visionen als Katalysator, in: Gaitanides, M. u. a.: Prozeßmanagement, München/Wien 1994, S. 245–275.

Küpper, H.-U.: Vergleichende Analyse moderner Ansätze des Gemeinkosten-managements, in: Dellmann, K./Franz, K. P. (Hrsg.): Neuere Entwicklungen im Kostenmanagement, Bern u. a. 1994, S. 32–77.

Küpper, H.-U./Weber, J./Zünd, A.: Zum Verständnis und Selbstverständnis des Controlling, in: Zeitschrift für Betriebswirtschaft (ZfB), 60, 3, 1990, S. 281–293.

Kummer, S./Lingnau, M.: Global Sourcing und Single Sourcing, in: Wirtschafts-wissenschaftliches Studium (WiSt), 21, 8, 1992, S. 419–422.

Linden, F. A.: Traurige Bilanz, in: manager magazin, 8, August, 1996, S. 112–113.

Little, A. D. (Hrsg.): Management der Hochleistungsorganisation, 2. Aufl., Wiesbaden 1991.

Löffler, J.: Prozeßkostenrechnung im Beschaffungs- und Logistikbereich bei Hewlett-Packard, Ziele, Umsetzung und Erfahrungen, in: IFUA Horváth & Partner (Hrsg.): Prozeßkostenmanagement, Methodik, Implementierung, Er-fahrungen, München 1991, S. 185–201.

Männel, W. (Hrsg.): Handbuch Kostenrechnung, Wiesbaden 1992.

Mansfield, E. u. a.: Research and Innovation in the Modern Corporation, New York 1971.

Marn, M. V./Rosiello, R. L.: Balanceakt auf der Preistreppe, in: HARVARD BUSINESS manager, 2, 1993, S. 46–56.

Mayer, E./Liessmann, K. (Hrsg.): F+E-Controllerdienst: Konzepte aus den Unternehmen Lindt & Sprüngli GmbH, Stuttgart 1994.

McKinsey & Company, Inc./Kluge, J. u. a.: Wachstum durch Verzicht: Schnel-ler Wandel zur Weltklasse: Vorbild Elektronikindustrie, Stuttgart 1994.

McKinsey & Company, Inc./Rommel, G. u. a.: Einfach Überlegen – Das Unter-nehmenskonzept, das die Schlanken schlank und die Schnellen schnell macht, Stuttgart 1993.

McQuarrie, E.: Der Beitrag von Kundenbesuchen zur Kundenzufriedenheit, in: Simon, H./Homburg, Ch. (Hrsg.): Kundenzufriedenheit, Konzepte – Metho-den – Erfahrungen, Wiesbaden 1995, S. 293–310.

Melchert, M.: Entwicklung einer Methode zur systematischen Planung von Make-or-buy-Entscheidungen, Aachen 1992.

Miller, J. G./Vollman, Th. E.: The hidden factory, in: Harvard Business Review, 55, 5, 1985, S. 142–150.

Niemand, S./Habiger, G./Ruthsatz, O.: Baustein des strategischen Qualitätscon-trolling: FMEA, in: Horváth, P./Urban, G. (Hrsg.): Qualitätscontrolling, Stutt-gart 1990, S. 63–114.

O. V. (a): Augen auf, in: auto motor und sport, 11, 19.5.1995, S. 8–15.

O. V. (b): Frankfurter Allgemeine Zeitung, 5.10.1995, S. 19.

O. V.: Weiche Wende, in: manager magazin, 1, Januar, 1996, S.144–152.

Pfeifer, T.: Qualitätsmanagement, Strategien, Methoden, Techniken, München/ Wien 1993.

Picot, A.: Ein neuer Ansatz zur Gestaltung der Leistungstiefe, in: Schmalenbachs Zeitschrift für betriebswirtschaftliche Forschung (zfbf), 43, 4, 1991, S. 336–356.

Plinke, W.: Die Geschäftsbeziehung als Investition, in: Specht, G./Silberer, G./ Engelhardt, W. (Hrsg.): Marketing-Schnittstellen, Stuttgart 1989, S. 305–325.

Rathnow, P. J.: Integriertes Variantenmanagement: Bestimmung, Realisierung und Sicherung der optimalen Produktvielfalt, Göttingen 1993.

Reichheld, F. F./Sasser, W. E.: Zero-Migration: Dienstleister im Sog der Qualitätsrevolution, in: HARVARD manager, 4, 1991, S. 108–115.

Reichmann, Th.: Controlling mit Kennzahlen und Managementberichten, 3., erw. Aufl., München 1993.

Riffner, B. (a): Reduzierung der Lager-/Bestellpositionen und der Lieferantenanzahl, in: Beschaffung aktuell, 8, 1995, S. 17–19.

Riffner, B. (b): Qualifizierter Angebotsvergleich, in: Beschaffung aktuell, 11, 1995, S. 37–39.

Roever, M.: Goldener Schnitt – Überkomplexität II, in: manager magazin, 11, November, 1991, 253–264.

Rolz, G./Lehmann, P.: Aktuelle Reorganisationstendenzen bei der Quelle, in: Frese, E./Maly, W. (Hrsg.): Organisationsstrategien zur Sicherung der Wettbewerbsfähigkeit, Düsseldorf 1994, S. 143–162.

Sabatzki, N.: Prozeßkostenrechnung und Target Costing bei Hewlett-Packard, Vortrag anläßlich der Konferenz »Intelligentes Kostenmanagement« (Management Circle), 23./24. März 1995, Bad Homburg 1995.

Scheiter, S./Binder, C.: Kennen Sie Ihre rentablen Kunden?, in: HARVARD manager, 2, 1992, S. 17–22.

Schierenbeck, H.: Prozeßorientierte Standard-Einzelkostenrechnung und Produktivitätssteuerung im Kundengeschäft der Banken, in: Dellmann, K./Franz, K. P. (Hrsg.): Neuere Entwicklungen im Kostenmanagement, Bern u. a. 1994, S. 647–679.

Schmalen, H.: Preispolitik, 2., neubearb. u. erw. Aufl., Stuttgart/Jena 1995.

Schmelzer, H. J.: Organisation und Controlling von Produktentwicklungen: Praxis des wettbewerbsorientierten Entwicklungsmanagements, Stuttgart 1992.

Schmelzer, H. J.: Entwicklungscontrolling – Ziele, Anforderungen, Komponenten, in: Controlling, 5, 4, Juli/August, 1993, S. 180–189.

Scholz, R./Vrohlings, A. (a): Prozeß-Leistungs-Transparenz, in: Gaitanides, M. u. a.: Prozeßmanagement, München/Wien 1994, S. 57–98.

Scholz, R./Vrohlings, A. (b): Prozeß-Redesign und kontinuierliche Prozeßverbesserung, in: Gaitanides, M. u. a.: Prozeßmanagement, München/Wien 1994, S. 99–122.

Schulte, C.: Produzieren Sie zuviele Varianten?, in: HARVARD manager, 2, 1989, S. 60–66.

Schulte, C.: Aktivitätsorientierte Kostenrechnung – Eine Strategie zur Variantenreduktion, in: Controlling, 3, 1, Januar/Februar, 1991, S. 18–23.

Schulz, Ch.: Kostensenkung durch Komplexitätsmanagement, Vortrag anläßlich der Konferenz »Intelligentes Kostenmanagement« (Management Circle), 23./24. März 1995, Bad Homburg 1995.

Simon, H.: Die Zeit als strategischer Erfolgsfaktor, in: Zeitschrift für Betriebswirtschaft (ZfB), 59, 1, 1989, S. 70–93.

Simon, H.: Preismanagement: Analyse, Strategie, Umsetzung, 2., vollst. überarb. u. erw. Aufl., Wiesbaden 1992.

Simon, H./Homburg, Ch. (Hrsg.): Kundenzufriedenheit, Konzepte – Methoden – Erfahrungen, Wiesbaden 1995.

Simon, H./Tacke, G.: Mit nichtlinearer Preisbildung zu höheren Gewinnen, in: HARVARD manager, 4, 1992, S. 48–62.

Sommerlatte, T./Wedekind, E.: Leistungsprozesse und Organisationsstruktur, in: Little, A. D. (Hrsg.): Management der Hochleistungsorganisation, 2. Aufl., Wiesbaden 1991, S. 23–42.

Specht, G./Schmelzer, H. J.: Qualitätsmanagement in der Produktentwicklung, Stuttgart 1991.

Specht, G./Silberer, G./Engelhardt, W. (Hrsg.): Marketing-Schnittstellen, Stuttgart 1989.

Stauss, B./Seidel, W.: Beschwerdemanagement, München 1996.

Stevenson, T./Barnes, F./Stevenson, S.: Activity-Based Costing: An Emerging Tool for Industrial Marketing Decision Makers, in: Journal of Business & Industrial Marketing, 8, 2, 1993, S. 40–52.

Tanaka, T.: Target Costing at TOYOTA, in: Cost Management, Spring, 1993, S. 4–11.

Tietz, B./Köhler, R./Zentes, J. (Hrsg.): Handwörterbuch des Marketing, 2., vollst. überarb. Aufl., Stuttgart 1995.

Wangerin, K.: Einkaufsqualität wird von Menschen bestimmt, in: Beschaffung aktuell, 11, 1995, S. 20–21.

Weber, J.: Kostenrechnung zwischen Verhaltens- und Entscheidungsorientierung, in: Kostenrechnungspraxis (krp), 2, 1994, S. 99–102.

Weber, J.: Zur Neuausrichtung der Kostenrechnung – vom Datenfriedhof zum selektiven Rechnungswesen, in: Buchführung, Bilanz und Rechnungswesen (BBK), Nr. 14, 19.7.1996, S. 687–692.

Weinke, K.: Lieferantenmanagement als Voraussetzung für Kundenzufriedenheit, in: Simon, H./Homburg, Ch. (Hrsg.): Kundenzufriedenheit, Konzepte – Methoden – Erfahrungen, Wiesbaden 1995, S. 75–89.

Wildemann, H.: Die Fabrik als Labor, in: Zeitschrift für Betriebswirtschaft (ZfB), 60, 7, 1990, S. 611–630.

Wildemann, H.: Kosten- und Leistungsrechnung von Qualitätssicherungssystemen, in: Zeitschrift für Betriebswirtschaft (ZfB), 62, 7, 1992, S. 761–782.

Wildemann, H. (a): Die modulare Fabrik: Kundennahe Produktion durch Fertigungssegmentierung, 4., neubearb. Aufl., München 1994.

Wildemann, H. (b): Prozeßkosten senken ist gemeint und nicht Preisdrückerei, in: Beschaffung aktuell, 4, 1994, S. 26–33.

Wolters, H.: Die Effizienz der Beschaffung ist entscheidend für den Wettbewerb, in: Beschaffung aktuell, 4, 1994, S. 23–25.

Stichwortverzeichnis

Die Autoren

Univ.-Prof. Dr. *Christian Homburg* ist Inhaber des Lehrstuhls für Betriebswirtschaftslehre, insbesondere Marketing, der Wissenschaftlichen Hochschule für Unternehmensführung (WHU), Koblenz, Wissenschaftlicher Direktor des Zentrums für Marktorientierte Unternehmensführung (ZMU) an der WHU sowie Vorsitzender des Wissenschaftlichen Beirats der IMM (Institut für Marketing und Management) GmbH.

Dipl.-Kfm. *Daniel Daum* ist Wissenschaftlicher Mitarbeiter am Lehrstuhl für Betriebswirtschaftslehre, insbesondere Marketing, der Wissenschaftlichen Hochschule für Unternehmensführung (WHU), Koblenz, mit den Schwerpunkten Produktivitäts- und Kostenmanagement sowie Projektleiter bei der IMM GmbH.